홍길동젼

박씨부인젼
젼우치젼

홍길동전

박씨부인전
전우치전

허균 외 씀 ─ 로은욱 외 고쳐 씀

보리

겨레고전문학선집을 펴내며

우리 겨레가 갈라진 지 반백년이 넘어서고 있습니다. 그러나 함께 산 세월은 수천, 수만 년입니다. 겨레가 다시 함께 살 그날을 위해, 우리가 함께 한 세월을 기억해야 합니다.

예부터 우리 겨레가 즐겨 온 노래와 시, 일기, 문집 들은 지난 삶의 알맹이들이 잘 갈무리된 보물단지입니다.

그동안 남과 북 양쪽에서 고전 문학을 되살리려고 줄곧 애써 왔으나, 이제껏 북녘 성과들은 남녘에서 좀처럼 보기 어려웠습니다.

북녘에서는 오래 전부터 우리 고전에 깊은 관심과 사랑을 보여 왔고 연구와 출판도 활발히 해 오고 있습니다. 그 가운데 〈조선고전문학선집〉은 북녘이 이루어 놓은 학문 연구와 출판의 큰 성과입니다. 〈조선고전문학선집〉은 가요, 가사, 한시, 패설, 소설, 기행문, 민간극, 개인 문집 들을 100권으로 묶어 내어, 고전을 연구하는 사람들과 일반 대중 모두 보게 한 뜻 깊은 책들입니다. 한문으로 된 원문을 현대문으로 옮기거나 옛글을 오늘의 것으로 바꾼 성과도 놀랍고 작품을 고른 눈도 참 좋습니다. 〈조선고전문학선집〉은 남녘에도 잘 알려진 홍기문, 리상호, 김하명, 김찬순, 오희복, 김상훈, 권택무 같은 뛰어난 학자분들이 머리를 맞대고 연구한 성과를 1983년부터 펴내기 시작하여 지금도 이어 가고 있습니다.

보리 출판사는, 조선민주주의인민공화국 문예 출판사가 펴낸 〈조선고전문학선집〉을 〈겨레고전문학선집〉이란 이름으로 다시 펴내면서, 북녘 학자와 편집진의 뜻을 존중하여 크게 고치지 않고 그대로 내는 것을 원칙으로 삼았습니다. 다만, 남과 북의 표기법이 얼마쯤 차이가 있어 남녘 사람들이 읽기 쉽게 조금씩 손질했습니다.

이 선집이, 겨레가 하나 되는 밑거름이 되고, 우리 후손들이 민족 문화 유산의 알맹이인 고전 문학이 지니고 있는 아름다움을 제대로 맛보고 이어받는 징검다리가 되기 바랍니다. 아울러 남과 북의 학자들이 자유롭게 오고 가면서 남북 학문 공동체가 이루어지는 날이 하루라도 앞당겨지기 바랍니다. 그리고 이 자리를 빌려 어려운 처지에서도 이 선집을 펴내 왔고 지금도 그 작업에 몰두하고 있는 북녘의 학자와 출판 관계자들에게 고마운 마음을 전합니다.

2004년 11월 15일
보리 출판사 대표 정낙묵

차례

• 겨레고전문학선집을 펴내며　4

홍길동전

아버지를 아버지라 부르지 못하고　13
천한 신분의 영웅호걸　19
한밤의 자객　28
활빈당 행수 홍길동　36
망신살 뻗친 포도대장　44
홍길동이 붙잡혔다　54
여덟 홍길동, 진짜를 찾아라　60
새 땅, 새 식구　67
아버지는 산소에, 어머니는 곁에 모시고　79
새로운 세상　84
거리마다 태평세월 노랫소리　92

전우치전

천하로 집을 삼고 백성으로 몸을 삼겠노라   97
"신을 잡을 공력으로 백성이나 편안케 하소서."   102
죽은 돼지 주둥이에 물린 관리   107
젠체하다 오줌보가 터질 뻔   111
"하늘이 어진 사람을 구하시는구나."   116
족자 속의 곳간   118
전우치의 벼슬살이   123
흉악한 도적을 깨우쳐 양민으로   128
반역 죄인 전우치   135
여우로 변한 이조 판서   141
그림 속 미인과 구렁이 안해   144
상사병 난 남자와 외로운 처녀   150
우치, 화담을 따르다   157

박씨부인전

하늘이 보내 준 아들　165
옥 같은 신랑, 끔찍이 흉한 신부　169
재주 많은 별당 아씨　180
허물 벗은 절세미인　193
나라의 위엄을 빛낸 임경업　202
자객으로 온 호국 공주　212
호국에 무릎 꿇은 조선　220
혼쭐난 호국 장수　226
한 번 나면 한 번 죽는 것이 마땅하거늘　237

- 원문
  홍길동전　243
  전우치전　272
  박씨부인전　303
- 세 소설에 관하여—정홍교　340

- 일러두기

1. 《홍길동전, 전우치전, 박씨부인전》은 북의 문예출판사에서 1985년에 펴낸 《홍길동전》을 보리 출판사가 다시 펴내는 것이다.

2. 고쳐 쓴 이와 북 문예출판사 편집진의 뜻을 존중하는 것을 큰 원칙으로 했으나, 한자와 옛날 말투들은 지금 독자들이 알아듣기 쉽도록 풀어 썼다.
   예: 즐비하다→빼곡하다, 일변→한편, 무수히→수없이

3. 맞춤법과 띄어쓰기는 '한글 맞춤법'을 따랐다.
   ㄱ. 한자어들은 두음법칙을 적용했고, 모음과 ㄴ 받침 뒤에 오는 한자 '렬'은 '열'로 '률'은 '율'로 고쳤다. 단모음으로 적은 '게'나 '폐' 자를 '한글 맞춤법' 대로 했다.
   예 : 뢰물→뇌물, 름름하다→늠름하다, 군률→군율, 황페→황폐
   ㄴ. 'ㅣ' 모음동화, 사이시옷, 된소리 따위의 표기도 '한글 맞춤법' 대로 했다.
   예 : 헤염치다→헤엄치다, 고간→곳간, 코구멍→콧구멍, 손벽→손뼉, 일군→일꾼

4. 남에서는 흔히 쓰지 않는 표현이지만, 북에서 쓰는 입말들은 다 살려 두어 우리 말의 풍부한 모습을 살필 수 있게 했다.
   예 : 감투꾼, 강구다, 끌끌하다, 눈귭, 눈찌, 드티다, 마스다, 무더기비, 선불질, 안속, 애어리다, 어망결에, 웅글다, 쪽잠

5. 북의 문예출판사가 펴낸 책에 실려 있던 원문을 그대로 실었다. 다만, 오자를 바로잡고, 표기를 지금 독자들이 알기 쉽도록 고쳤으며, 몇몇 낱말은 한자를 병기하였다.

홍길동전

허균 씀
로은욱 고쳐 씀

아버지를 아버지라 부르지 못하고

휘영청 밝은 달빛 아래 귀뚜라미 소리만이 동안 뜨게 들려온다. 가락 맞게 울어 대는 소리가 높은 담장에 둘러싸인 홍 대감 댁 넓은 뜰을 한결 정적 속에 몰아넣고 있었다. 고래 등 같은 기와집 쌍바라지 창문들에서는 불빛이 사라진 지 오래고, 식객들이 머물러 있는 사랑채에서도, 종들이 사는 행랑채에서도 불빛을 찾아볼 수 없다.

이렇게 고요가 깃든 깊은 한밤중에 집주인 홍성관은 홀로 잠을 이루지 못하고 처량한 귀뚜라미 소리를 벗 삼아 넓은 마당을 어슬렁거리고 있었다.

홍성관으로 말하면 대대로 이름 높은 집안에 태어나서 일찍이 소년 시절에 과거 급제하여 지금은 이조 판서라는 높은 벼슬자리에 있는 몸이다. 특히 왕이 총애하는 재상으로 조정 안은 물론이요, 온 나라에 이름이 드높았다.

홍 대감에게는 두 아들이 있는데, 병조 좌랑을 지내는 큰아들 인형은 정실 유 씨 소생이요, 둘째 아들 길동은 여종 춘섬이 낳았다. 둘째 아들이 커 갈수록 홍 대감은 가슴이 답답했다. 길동은 총기가 넘치는 아이라 장차 집안을 빛내고 온 나라에 이름을 떨치고도 남을 터인데, 종의 몸에서 태어난 아이라 종들에게도 사람대접을 받지 못했다. 홍 대감은 길동이 아깝고 안타까웠다.

오늘도 답답한 마음을 달래려 마당을 어슬렁거리고 있는데, 갑자기 어디선가 "와지끈!" 하고 무엇인지 무너져 내리는 소리가 났다. 줄기차게 울어 대던 귀뚜라미 소리가 뚝 멎어 버린다. 아닌 밤중에 뜻하지 않은 소리가 들리자 홍 대감은 소스라치도록 놀랐다.

머릿속에 심상치 않은 예감이 떠올랐다. 이 울안에 불길한 징조가 찾아든 것만 같았다. 요즘 화적들이 떼를 지어 재물을 빼앗아 가고 심지어 목숨까지 끊어 놓는다는 소문이 돌고 있었던 것이다.

홍 대감은 어망결에 당장 몸을 피하고 봐야 한다는 생각이 들어 얼른 담벼락에 바싹 붙었다. 정신을 가다듬고 귀를 강구어 소리 나는 뒤뜰의 동정을 살피기 시작하였다. 그런데 이게 웬일인가. 홍 대감은 제 눈을 의심하였다.

방금 전까지 머릿속에서 맴돌고 있던 길동이가 양손에 육 척 장검을 비껴들고 뒷담 곁 두어 길 넘어 보이는 나무 꼭대기로 후다닥 뛰어 올라가서는 두 팔을 휘두르며 장검을 쓰는데, 홍두깨 같은 나뭇가지들이 뭉청뭉청 잘려 땅바닥에 떨어졌다. 바로 그 소리에 홍 대감이 놀랐던 것이다.

홍 대감은 이 광경을 보고 안도의 숨을 내뿜었다. 그러면서도 길동의 사람 같지 않은 힘에 넋을 잃고 그 자리에 굳은 것처럼 움직이지 못했다. 길동의 칼 쓰는 법이 하도 묘하고 신기하여 그 모습을 이윽히 바라보고 있던 홍 대감은 마음이 착잡해졌다.

열 몇 해 전 일이었다. 어느 날 밤, 우렛소리가 하늘땅을 뒤흔드는데, 하늘이 둘로 쩍 갈라지면서 그 속에서 불이 쏟아지더니 푸른 용이 긴 수염을 곤추세우고 구불럭구불럭 헤엄치듯 내려와 홍 대감 품으로 안겨 드는 바람에 깜짝 놀랐다. 눈을 뜨고 보니 덧없는 한 자락 꿈이었다.

예부터 용꿈을 꾸면 반드시 귀한 아들을 낳는다고 하였으니, 홍 대감은 여간 기쁘지 않았다. 하지만 세상일이 다 사람 뜻대로 되어 주는 것은 아니다. 홍 대감은 부인이 아들 하나 더 낳아 주기를 바랐는데, 용꿈을 꾼 때부터 열 달 만에 여종 춘섬의 몸에서 길동이 태어난 것이다.

길동이 골격 남다르고 영웅호걸의 기상이 어려서 홍 대감은 기쁜 마음을 누를 수 없었으나 본댁한테서 낳지 못한 것이 여간 서운하지 않았다.

세월은 흘러 어느덧 길동이 일여덟 살이 되니 누구보다 총명했다. 하나를 배우면 열을 알고 백을 헤아리니 세상 물정을 가려보는 품이 한다하는 어른들도 따르지 못할 만큼이었다.

이런 아들이지만 홍 대감은 기대보다는 아픔이 더 컸다. 제아무리 뛰어난 재주를 타고났어도 천한 첩의 아들일 뿐 홍씨 집안을 빛내 주기는커녕 제 몸의 영달도 이루지 못할 것이기 때문이다. 이리하여 홍 대감은 벙어리 냉가슴 앓듯 혼자 애태웠는데, 오늘 저녁 길동의 거동을 보니 조만간 큰일을 낼 재목이었다.
홍 대감은 얼빠진 사람처럼 멍청하니 서서 혼자 중얼거렸다.
"잘되면 충신이요, 못되면 역적이라. 저놈을 지금부터라도 단단히 단속하지 않으면 우리 집안에 무슨 변을 가져올지 모르겠구나."
홍 대감은 담벼락 그늘을 벗어나서 달빛 아래로 나왔다. 큰기침을 하면서 인기척을 내더니 길동에게 말을 건넸다.
"거기 있는 게 길동이 아니냐?"
길동은 목소리를 듣자 아버지라는 것을 알고 뒤를 돌아보며 바로 대답하였다.
"예, 저올시다."
"네 무슨 흥이 그리 나서 밤이 깊도록 자지 않고 온 뜰 안이 들썩하게 와지끈거리느냐?"
길동은 아버지의 꾸지람 섞인 물음에 한마디 말로는 다 대답할 수 없었다. 세상에 태어나서 말을 배웠고 글도 익혀 왔건만 한 번도 아버지를 아버지라 부르지 못하고, 형이 있으나 형이라고 부르지 못하였다.
이 밤도 아픈 마음을 달랠 길이 없어 길동은 읽던 책을 밀쳐놓고 마당으로 나왔다. 때는 마침 보름이어서 환한 달빛만이 어두운 마음을 어루만져 주는 듯하였고, 밤바람은 울분을 날려 주는 것만 같아, 평소에 품은 생각이 되살아났다.
'대장부가 세상에 태어나서 성인을 따르지 못할 바에야 차라리 병법을 배워서 장검을 휘둘러 이 어지러운 세상과 맞서 보리라.

내 무엇 때문에 이 좁은 홍씨 집안에 갇혀 가슴을 쥐어뜯으며 살아야 하는가. 내 갈 길은 따로 있다.'

이렇게 속다짐한 길동은 두 팔을 휘둘러 몸을 날리며 검술을 익히고 있던 참이었다.

길동은 아버지에게로 몸을 돌려 묻는 말에 공손히 대답하려고 하였으나, 울분이 섞여 나오지 않을 수 없었다.

"사람이 세상에 태어나면 누구나 사람답게 살고자 하기 마련인데 저에게만은 그것이 차례지지 않아, 이렇게 깊은 밤에 달빛이나 벗 삼는 것을 위안으로 여기고 있나이다."

홍 대감은 짐짓 거친 말투로 꾸짖었다.

"네 무슨 말을 그렇게 하느냐?"

이에 대답하는 길동의 목소리는 오히려 또릿또릿 밤공기를 흔들어 놓았다.

"말씀 올리는 김에 한 말씀 더 여쭙겠나이다. 제 가슴에 한으로 맺힌 것은 대감마님의 아들로 태어나서 이제껏 부모님이 저를 키워 주신 은혜가 깊사오나, 아버지를 아버지라 부르지 못하고 형을 형이라 부르지 못하오니 어찌 사람이라 하오리까."

말을 마치고 길동은 눈물을 소매로 씻었다.

홍 대감은 길동이 가엾긴 했으나, 자식의 마음을 눌러놔야 한다는 생각이 앞섰다.

"재상집에서 천한 몸으로 태어난 사람이 너뿐 아니거늘 어찌 이리 버릇없는 말을 함부로 하느냐? 앞으로 다시 이런 말을 하면 그냥 두지 않을 테니 썩 물러가거라!"

길동은 하고 싶은 말을 다 못 하고 방으로 돌아왔다.
길동은 벽을 마주하고 앉아 생각에 잠겼다. 곰곰이 생각할수록 이 집에 더는 있고 싶지 않았다. 버림받은 몸이 이 집에 무슨 미련이 있으랴만 떠나자고 결심하면서도 저를 낳아 준 어머니가 가엾어 홍씨 집안이 더없이 저주로웠다.

오늘의 길동은 어제의 길동이가 아니다. 이제는 용력도 도량도 더욱 커져서 한번 품은 뜻을 펴야 할 때가 왔다고 생각하는 길동이었다.

천한 신분의 영웅호걸

홍 대감의 또 다른 첩 곡산댁은 곡산에서 기생 노릇을 하다가 왔는데, 이름은 초란이었다.

본디 초란이란 계집은 인물이 빼여지게 고운 데다가 사람 홀리는 재간까지 겹쳐 그 수에 넘어가지 않는 사람이 없었다. 표독하기가 살쾡이보다 더한 계집이라, 세력 있고 돈 많은 홍 대감을 제 손에 넣기만 하면 한평생 잘 먹고 잘살 팔자가 될 뿐더러, 이 집의 처첩을 물리치면 자기가 홍 대감의 본댁으로 될 것이요, 늙어 빠진 홍 대감이 죽으면 재산은 모두 제 차지가 될 것이었다. 이런 앙큼한 속마음으로 홍 대감의 애첩이 되었으니 홍 대감에게 날마다 거짓을 꾸며 고자질하는 것이 버릇이었다.

초란이 들어오고부터 집안은 하루도 편안한 날이 없었다. 이러니 종들까지도 초란을 미워하였다. 더구나 초란은 사람됨이 모질어 남이 생각지 못하는 온갖 악착스럽고 끔찍한 짓을 식은 죽 먹기로 꾸며 냈다.

초란은 아이를 못 낳아 안달이 나서 이틀이 멀게 가까운 절간을 찾아가서 부처에게 비는가 하면, 닷새가 멀게 숱한 종들을 데리고 이름난 산과 강을 찾아 먼 길을 떠나곤 하였으나, 아무 소용이 없었다.

그런데 춘섬은 가만히 앉아 있어도 길동이 같은 끌끌한 아들을 낳아 홍 대감의 귀여움을 받으니, 초란이 춘섬을 눈에 든 가시처럼 미워하는 것은 말할 것도 없고 길동이를 아예 없애 치울 생각을 품었다.

하루는 초란이 무당을 집에 끌어들였다. 그러고는 요즘 꿈자리가 사납다는 둥 누가 저를 해치려고 칼부림을 한다는 둥 수작을 늘어놓더니 무당을 구슬리기 시작하였다.

"여보게, 내 소원을 좀 풀어 주게. 평생 이 한 몸이 홍 대감을 모시고 편안히 지내려면 춘섬이 아들을 없애 버려야 하네. 이 일을 성사시켜 주기만 하면 그 은혜를 이만저만 갚겠나. 그러니 나를 위해 수고를 아끼지 말아 주게."

초란이 무당의 잔등을 두드려 주면서 말하였다. 그런데 이 무당이란 것이 또한 천하에 몹쓸 년이어서 워낙 사람 속이는 것이 일이요, 배 쓸어 주고 간 빼 먹는 데는 이골이 난지라 이런 일이 없어서 나서지 못하는 판이었다.

"곡산 아씨의 말씀을 제가 털끝만치라도 드틸 리가 있겠사오니이까. 제 힘껏 해 보겠나이다."

"고맙기도 하지. 그럼 이 일을 어떻게 한다?"

초란은 무릎을 바싹 당겨 무당에게 맞붙이면서 다그쳐 물었다. 무당은 혹시 누가 엿듣지나 않을까 해서 방 안을 두리번거렸다. 그러고는 여우같이 뾰족한 주둥이를 내밀어 초란이 귀에 바싹 붙이고 한참 동안 쏭알거렸다.

"저 흥인문 밖에 사는 관상쟁이 여자가 용하다고 팔도에 소문이 자자하더이다. 관상을 한 번 보기만 하면 그 사람의 앞뒤 신수를 손금 보듯 훤히 알아내니 기막힌 재주라 하더이다. 이 여자를 불러다가 아씨의 소원을 자세히 일러 준 다음 대감에게 보내소서."

초란은 까딱까딱 고갯방아를 찧는데, 상판은 온몸의 피가 다 쏠린 듯 검으락푸르락 흙빛이 된다. 사람을 죽여 치울 흉계가 무르익다 보니 퍽이나 열이 오르는 모양이다.

"여보게, 이것은 자네한테 상으로 주는 것이니 먼저 은전 쉰 냥 받아 두게."

무당은 입이 헤벌어지면서 두 귀밑에 가 붙었다.

이튿날이었다. 홍 대감은 안방에서 부인 유 씨와 마주 앉아 한탄하고 있었다.

"길동이 그 녀석이 보통 놈이 아니오. 참 아깝구려."

홍 대감은 전날 밤 뒤란에서 길동의 거동을 본 뒤부터 이런 생각이 더욱 머리를 파고들었다.

'저 녀석이 부인한테서 태어났으면 분명 홍씨 집안에 큰 기둥이 되련만 아쉽게도 천한 사람한테서 태어났으니, 가슴에 맺혀 내려가지 않는구나.'

그러나 유 씨는 남편의 마음을 알아주려 하지 않았다. 유 씨에게는 아들 인형이 있는 것이다. 유 씨에게는 인형이 제 몸이나 마찬가지요, 또한 자기 인생의 전부였다. 첩의 자식이 어찌 고울 리요마는, 양반집 부인 체면 때문에 어찌할 수 없어 잠자코 있을 뿐이었다. 그러니 춘섬이도 유 씨에게는 눈엣가시 같았다. 그러니 홍 대감이 길동이를 제아무리 칭찬해 봐야 통할 리가 없었다. 남편이 하는 말이니 응하지 않을 수 없어,

"글쎄요."

하는 것이 고작이었다.

홍 대감은 부인이 시큰둥하게 구니 말할 재미가 없어 자리에서 일어서려고 하였다.

이때 문득 밖에서 인기척이 났다. 웬 낯선 여인 하나가 찾아왔다. 차림새로 보아 양반집 부인은 아니었다. 재상집 안방까지 이런 낯선 여인이 찾아 들다니, 그 숱한 하인들은 다 어데 가고 이렇게 바깥사람을 들여놓는단 말인가. 여인은 벌써 마루 아래 꿇어앉아 절을 하고 있었다.

"대감마님 양주 분께 인사드리옵나이다."

절한 사람을 외면할 수 없어 홍 대감이 물었다.

"그대는 누구며, 무슨 일로 왔는가?"

"쇤네는 홍인문 밖에 사는 관상쟁이옵나이다."

홍 대감은 관상쟁이라는 말에 고개를 한번 기웃하고 물었다.

"관상 보는 여인이 어찌 우리 집에 왔느냐?"

관상쟁이 계집은 얼른 제가 찾아온 내력을 늘어놓았다.

"자랑은 아니오나 제 관상 보는 재간이 널리 알려져 날마다 집으로 찾아오는 사람이 이루 헤아릴 수 없나이다. 그러나 대감마님처럼 지체 높으신 분들이야 어찌 누추한 관상쟁이 집을 찾아오시겠나이까. 그래서 제가 가끔 이렇게 서울 대감마님들 댁으로 찾아다니면서 관상을 보아 드리고 있나이다."

홍 대감은 관상을 보아 주러 왔다는 말에 귀가 솔깃해졌다.

'나야 벼슬자리도 이만하면 높고 이미 늙어서 더 바랄 것이 없으니 관상을 봐서 무엇 하겠냐만, 길동이 녀석 때문에 늘 마음이 쓰이니, 그 아이 사주팔자나 한번 보고 앞날이 어찌 될 것인지 알아봐야겠구나.'

홍 대감은 길동을 불러다 잠깐 마루에 앉게 하더니 관상쟁이더러 보라고 하였다. 길동이 얼굴을 찬찬히 뜯어보던 관상쟁이가 짐짓 놀라는 척하였다.

"아드님의 얼굴을 보니 참으로 기특하옵나이다. 타고난 기상이 지금껏 보지 못한 영웅호걸이오나……."

그러더니 말을 할 듯 말 듯 꼬리를 얼버무린다.

홍 대감은 관상쟁이의 얼버무리는 말 속에 무엇인가 말하기 어려운 것이 있음을 짐작했다. 길동을 물러가게 하고 관상쟁이에게 말했다.

"무슨 말이든지 바른대로 고하게."

관상쟁이는 마지못해 말을 이었다.

"아드님의 상을 보니 가슴속에 조화가 무궁하고 두 눈썹 사이에 산천 정기가 완연히 어렸으니 임금의 기상이요, 못 돼도 장수, 재상 재목이 틀림없나이다. 허나 천한 신분을 타고났는지라 장차 자라시면 나라에 반역죄를 저지를 인물이옵나이다. 이 댁처럼 큰 가문이 멸족의 화를 피할 길이 없을까 염려스럽나이다."

홍 대감은 가슴이 섬뜩하였다. 충신 집안에 반역자가 난다니 어찌 있을 법한 말인가. 홍 대감은 믿고 싶지 않으나 길동이 녀석 사람됨과 행동거지가 여느 사람과 다르니 관상쟁이 말이 틀리라는 법도 없었다. 뜻하지 않은 말에 홍 대감은 마음이 여간 번거롭지 않았다.

"사람 팔자라는 게 피하기 어렵지만, 이런 말이 밖으로 나가선 절대 안 되네."

홍 대감은 관상쟁이에게 은전을 얼마 주어 돌려보냈다.

그 뒤부터 홍 대감은 길동을 뒤란 별당에 혼자 머물게 하는 행동 하나하나를 엄격히 살폈다. 그러니 길동은 마음이 편할 리 없었다. 그러나 이미 집을 나갈 결심을 했으니, 이렇게 지내는 것도 이제 며칠 남지 않았다는 뱃심도 있었다. 그리하여 밤낮 손에서 책을 놓지 않고 천문, 지리와 병서를 읽기에 여념이 없었다. 길동은 이제 병법에 능할 뿐 아니라 둔갑하는 술법까지 터득하였다.

한편, 초란은 흉계를 행동으로 옮기기 시작하였다. 이제는 길동을 없애는 일만 남았다. 제 평생의 소원을 푸는 데 천금을 아끼랴. 초란은 무당을 시켜 숱한 돈을 들여 자객을 구했다. 특재라는 놈이 나섰다. 초란은 특재에게 앞뒤 일을 자세히 일러 주었다.

그러는 한편, 초란은 홍 대감을 조르기 시작하였다.

"소첩은 요즘 대감의 앞일을 생각하면 살아도 사는 것 같지 않사오이다. 일전에 온 관상쟁이가 그렇듯 귀신같이 알아맞힌다 하지 않사오이까. 그러니 길동을 어찌 처리하시려 하나이까? 제 눈으로 대감께서 화 입는 것을 보느니 차라리 지금 죽는 게 낫겠사옵니다."

홍 대감은 눈썹을 찡그리며 노기 어린 목소리로 핀잔을 주었다.

"내가 알아서 할 터이니 시끄럽게 굴지 말라."

말은 그렇게 했으나 홍 대감은 밥맛을 잃은 데다 잠을 이룰 수 없었다. 겨우 잠이 들어도 무서운 꿈나락에 빠지곤 하였다. 길동이에게 이끌려 같이 반역죄를 저지르고 자기는 물론 온 홍씨 집안이 멸족을 당하는 끔찍한 참변을 겪는 꿈이다. 그러다가 울화병에 걸려 시름시름 앓기 시작하더니 아예 몸져눕고 말았다.

이렇게 되니 유 씨와 아들 인형의 근심은 날로 커 갔다. 홍씨 집안의 어른이며 나라의 재상이 한낱 천한 소생 때문에 몸져누워 날로 위태해지고 있으니 분이 치받쳤다. 그래도 내색하지 않고 하루빨리 낫기만을 바랐다.

간특한 초란이 걱정에 싸인 유 씨와 인형의 마음을 모를 리 없었다. 때를 놓쳐서는 안 된다고 생각한 초란이 하루는 유 씨와 인형이 한방에 있을 때 찾아 들어갔다. 그러고는 홍 대감을 위하고 홍씨 집안을 생각한다는 듯이 걱정스레 말하였다.

"대감의 병환이 위독하신 것은 길동이 때문이옵나이다. 그깟 천한 아들 때문에 그리 앓으시니 될 법이나 한 일이옵나이까. 차라리 그 아이를 없애 버리면 대감의 병도 곧 나을 것이고 우리 홍씨 집안도 화를 입지 않을 터인데 어찌 이 일을 생각지 않으시나이까?"

유 씨와 인형이 잠자코 듣고 있다가 유 씨가 먼저 입을 열었다.

"대감을 위해서는 그럴 수 있다지만 사람이 지켜야 할 도리가 중하거늘 차마 그리할 수 있겠나."

하지만 초란은 바싹 들이댔다.

"사람의 도리도 중하지만, 대감께서 위중하시니 가만있을 수는 없지 않사옵나이까? 듣자 하니 특재라는 자객이 사람 죽이는 것쯤 식은 죽 먹듯 한다더이다. 그자에게 돈만 주면 밤새 쉽게 처리할 것이고, 그때는 대감이 아신들 별수 없을 것이오니 마님은 깊이 생각하사이다."

그러자 유 씨는 눈물을 흘리면서 마지못해 말했다.

"이는 차마 못할 일이나 첫째는 나라를 위함이요, 둘째는 대감을 위함이요, 셋째는 홍씨 집안을 지키기 위함이니 네 재주껏 해 보아라."

초란은 자기 뜻대로 일이 되어 가니 속으로는 여간 기쁘지 않았다. 허나 사람을 죽이는 일에 겉으로 기쁨을 드러낼 수는 없어 제 딴엔 퍽 신중한 체하였다. 그러나 그 표독스런 눈에 살쾡이 웃음을 감추지 못하였다.

홍 대감은 초란을 무척 귀여워하는 터라 어떤 일을 하든지 내버려 두고 있을 뿐이었다. 그런 만큼 초란이 뒤에서 무슨 짓을 하고 있든 알려고도 하지 않았다. 때문에 홍 대감은 관상쟁이가 찾아와서 무슨 꿍꿍이를 하는지도 모르고 그들의 수작에 속고 있었다.

길동은 요즘 초란이 꾸민 흉계가 손을 뻗치고 있는 것을 육감으로 느끼고 있었다. 초란이 꾸미는 흉계를 발가 놓지 않는다면 자기가 집을 뛰쳐나간다 해도 어머니는 초란의 독심을 이겨 내지 못하리라는 것도 알고 있었다. 아무리 괴롭더라도 지금의 처지를 꾹 참아야 했다.

 길동은 오늘 밤처럼 이렇게 자기 처지를 통탄하며 이가 갈리기는 처음이었다.

 "내가 홍씨 집안을 거스르는 것은 피할 길이 없다. 그러자니 내 앞길이 참으로 험난하구나."

 거물거리는 등잔불을 마주하고 천장만 쳐다보고 있었다.

한밤의 자객

바깥 지붕마루 위로 문득 까마귀가 세 번 울며 날아갔다. 길동은 지금까지 짓궂게 갈마들던 생각은 가뭇없이 사라지고 불안감에 사로잡혔다.

"까마귀가 워낙 밤을 꺼리거늘 나 혼자 있는 지붕마루로 울고 가니 불길한 징조로구나."

심상치 않은 예감에 길동은 팔괘를 벌여 보더니 펄쩍 놀라 책상을 물리고는 둔갑법을 써서 몸을 감춘 뒤 바깥 동정을 살펴보았다.

이때였다. 마당에 두억시니 같은 검은 그림자 하나가 비수 쥔 손을 꽁무니에 감추고 발소리를 죽여 걸어오고 있었다. 그리고 문고리를 더듬어 잡더니 살며시 문을 열고 들어서서 온 방 안을 두리번거렸다. 사람의 자취가 보이지 않았다.

'등잔불이 그대로 켜 있는 것으로 보아 방 주인이 어디 숨어 있

으렷다?'

 그러나 아무리 살펴보아도 도저히 찾을 수가 없었다. 문득 불길한 예감이 들어 바깥으로 되돌아 나가려고 들어온 문을 밀었다. 그런데 웬일인가. 문이 열리지 않았다. 다른 문을 열려고 해 보아도 모두가 억척이었다. 그때 홀연 음산한 바람이 몰아치더니 집은 간 데없고 첩첩산중이었다. 검은 사내는 겁이 나기 시작하였다.

 '떠도는 말에 홍길동이 귀신도 부리고 둔갑술도 쓴다더니 지금 내가 걸려든 건가?'

 사내는 겁에 질려 쥐었던 비수를 허리춤에 감추었다. 달아날 구멍을 찾아야 했다. 이리저리 헤매어도 마치 캄캄한 밤 깊은 산속에서 길을 잃고 떠도는 것 같았다. 간신히 찾아낸 길이 갑자기 끊어지면서 층암절벽이 우뚝 가로막아 이러지도 저러지도 못하다 보면 어느새 드넓은 들판을 헤매는데 문득 앞뒤가 다 막혀 버렸다. 더 나아가지도, 물러서지도 못하고 쩔쩔매고 있는데, 난데없이 우렛소리가 나며 무더기비가 내리듯, 모래가 흩날려 눈을 뜰 수가 없었다.

 이때 어디선가 퉁소 소리가 온갖 소음을 밀어내면서 은은히 들려왔다. 정신을 가다듬고 소리 나는 곳을 찾으려고 두리번거리니, 소년 하나가 나귀를 타고 옥퉁소를 불며 오고 있었다. 가만히 보니 길동이었다.

 길동이 퉁소 하나만 들고 특재 앞에 서더니,

 "네 이놈, 무슨 일로 죄 없는 사람을 죽이려고 하느냐! 하늘이 무섭지도 않으냐?"

 길동이 말이 사내 귀에 먹혀들 리 없었다. 길동이 놈 재주가 제

아무리 신통하다 해도 제 힘을 당해 낼 수 있으랴 싶었다.
"길동아, 나를 원망치 마라. 초란이 지시로 무당과 관상쟁이가 짜고서 안방마님과 좌랑의 승낙을 얻어 너를 죽이는 것이니 나를 원망한들 무슨 소용이냐?"
사내는 칼을 다시 빼들고 달려들었다.
길동은 분을 참지 못하여 번개같이 몸을 날려 사내의 손아귀에서 칼을 앗아 냈다. 눈 깜짝할 사이였다. 길동이 힘쓰는 것에 겁을 먹은 사내는 무릎 꿇고 앉아 부들부들 떨었다.
"네 이놈! 아무리 돈에 환장했기로서니 사람 죽이기를 떡 먹듯 여기느냐? 너같이 무지막지한 놈은 아예 없애 치우리라!"
그러자 사내는 두 손을 싹싹 빌며 목숨을 살려 달라고 애걸하였다.
"이놈, 바른대로 말해라. 네 이름이 무엇이냐? 그리고 아까 네 입으로 말한 대로 곡산댁, 무당, 관상쟁이 셋이서 짠 것이 틀림없느냐?"
길동이 따져 물었다.
"제 이름은 특재이옵고, 그 셋이 짠 일이 틀림없나이다."
말이 떨어지기 바쁘게 번쩍 쳐든 길동의 칼에 특재의 머리가 방바닥에 떨어졌다.
길동은 그래도 분이 사그라지지 않았다.
'사람 죽이기를 좋아하는 놈들은 없애야 화근이 없어지는 법.'
길동은 그 달음으로 달려가 관상쟁이와 무당을 잡아다가 특재가 죽은 방에 쓸어 넣었다.
"이 몹쓸 년들, 나하고 무슨 원수를 졌다고 날 죽이려 하느냐?"

길동은 두 계집이 살려 달라고 애걸할 틈도 주지 않고 저승으로 보내고 말았다.

이렇게 순식간에 세 원수를 요절냈어도 분이 가시지 않았다. 초란이 남아 있는 것이다.

'이년을 마저 요절내야 한다.'

길동은 손에 든 비수를 으스러지도록 꽉 쥐었다. 그런데 그 억센 손아귀에 힘이 모이는 것이 아니라 스르르 풀리기 시작하였다. 홍 대감이 피뜩 떠오른 것이다.

'이렇든 저렇든 대감은 나를 낳아 준 아버지가 틀림없다. 아버지가 사랑하는 사람 몸에 칼질을 하는 것은 도리에 어긋나리라.'

마침내 길동은 비수를 내던지고 말았다.

그러나 길동은 여간 서글프지 않았다. 그동안 무예를 닦고 검술을 익힌 것은 결코 이런 칼부림을 하기 위한 것이 아니었건만 오늘 죄진 몸이 되고 말았다.

'어쩌면 타고난 운명의 장난이란 것이 어찌 이리도 모질단 말인가.'

답답한 가슴을 달랠 길 없어 먼 하늘을 쳐다보니 은하수는 서쪽으로 기울고 둥근달도 제 빛을 잃은 듯 희미해졌다. 싸늘한 밤바람만이 달아오른 길동의 몸을 식혀 주며 소리 없이 지나갔다.

'이 집은 더 머물러 있을 곳이 못 된다.'

길동은 작별을 고하리라 마음먹고 홍 대감이 거처하는 방으로 발길을 옮겼다.

밤이 깊었건만 홍 대감은 잠을 이루지 못하다가 인기척을 알아차렸다. 아닌 밤중에 또 무슨 괴이한 일이 생긴 것이나 아닌가 하여 홍 대감은 창을 열었다. 길동이 토방 마루 아래에 엎드려 있었다.

"밤이 깊었거늘 네 어찌 아직도 자지 않고 어슬렁거리느냐?"

홍 대감은 의아한 눈길로 아들을 유심히 살피면서 물었다.

"부모님이 낳아 키워 주신 은혜를 만분의 일이라도 갚는 것이 소인이 일찍부터 품어 오던 바람이었나이다. 그런데 간악한 사람이 없는 허물을 만들어 대감께 고자질하고 소인을 죽이려는 찰나에 겨우 목숨을 건져 이렇게 찾아왔나이다. 대감마님을 오래 모실 길이 없을 것 같아 오늘 떠나려 하옵나이다."

홍 대감은 몹시 놀랐다. 그러나 짐짓 태연한 듯 되물었다.

"네 무슨 바람이 불어 아직 어린 나이에 집을 버리고 간단 말이냐?"

"날이 새면 대감마님께서 절로 아시리라고 생각하옵나이다. 천한 신세를 타고나서 대감마님께 버림받은 자식이 무엇이 두렵겠나이까."

길동의 말이 비장하게 울렸다. 말을 하는 길동이 자신도, 듣고 있던 홍 대감도 다 같이 눈시울이 뜨거워졌다. 막상 길동이 떠나겠다고 하니 홍 대감은 여태껏 길동에게 따뜻한 말 한마디 못 해 준 것이 가슴 저렸다.

"네가 품은 원한을 모르지 않으니, 오늘부터라도 아버지라고 부르고 형이라고 불러라."

길동이 정작 이 말을 들으니 고맙기도 하고 한이 풀리는 것도 같았다.

"아버님께서 이 못난 자식의 소원을 이루어 주시니 이제 죽어도 한이 없나이다. 이 자식은 아버님께서 평안히 오래 사시기를 빌면서 떠나겠나이다."

길동이 정중히 절을 하니 홍 대감은 더 말리지 못하고 다만 무사하기만을 당부했다.

길동은 그 달음으로 어머니 방에 들어갔다.

"오늘은 어머님께 섭섭한 말씀을 드리려 하옵나이다. 아들이 어머니를 모시는 것이 마땅한 도리이오나, 이 홍씨 집안에서는 제 목숨 하나도 간수하기 힘들 것 같사와 별수 없이 어머님 곁을 떠나려고 하옵나이다. 제 걱정은 마시고 부디 몸 건강히 오래 사시옵소서."

춘섬은 하나밖에 없는 아들이 떠나겠다니 날벼락이었다. 억이 막히는 와중에도 이는 서자 된 설움 때문이리라 짐작하고는 엄히 타일렀다.

"재상집에서 천한 신분을 타고난 사람이 어디 너뿐이더냐? 어찌 그리 마음이 옹졸해서 어미 속을 태우느냐?"

"이 못난 자식을 아껴 주시는 그 깊은 마음을 제가 왜 모르겠나이까. 제가 집을 떠나는 것은 그 때문만이 아니라, 이 어지러운 세상을 바로잡아 볼 꿈을 이루고자 하는 것이옵나이다. 옛날 장충의 아들 장길산도 천한 태생이지만 어미와 헤어지고 운봉산에 들어가 도를 닦아 아름다운 이름을 후세에 전하지 않았나이까. 그러니 마음 놓으시고 제 앞날을 기다려 주소서."

춘섬은 아들이 애처롭고 제 신세가 가엾어 그저 하염없이 눈물만 흘리고 있다가, 애써 마음을 가다듬고 말하였다.

"한 울안에 살면서도 서로 떨어져 있어 늘 너를 그리는 마음 애절하더니, 이제 또 너를 정처 없이 떠나보내려니 이 어미의 마음 달랠 길이 없구나. 네 생각이 벌써 그리 정해졌다면 어미 걱정은 말고 네 소원대로 해 보아라."

길동은 어머니 무릎에 머리를 수그리고 흐느꼈다.

"이제 날이 새면 아실 일이 있사오니 부디 놀라지 마시고, 저와 다시 만날 날을 기다려 주소서."

길동이 절하고 일어나려 하니, 춘섬은 아들을 붙잡고 울기만 했다. 이제 헤어지면 언제 다시 만날지 모를 자식을 정작 내놓자니 놓아줄 수가 없었다. 하룻밤이라도 아들을 자기 방에서 재워 보내고 싶었다. 그런데 벌써 닭이 첫 홰를 치며 목청을 돋우는 소리가 들려왔다.

한편, 날이 훤히 밝도록 특재에게서 소식이 없어 초란은 안절부절못하고 있었다. 기다리다 못해 안달이 난 초란은 길동의 별당으로 종을 보내어 알아보게 하였다.

"길동이는 간데없고 특재와 두 여자의 시체가 방 안에 너부러져 있더이다."

별당에 다녀온 종은 말하면서도 벌벌 떨었다.

초란은 질겁하여 저도 모르게 유 씨 방으로 뛰어 들어가 이 소식을 전하였다. 유 씨 또한 얼굴이 새파래지며 아들을 불러들여 간밤 별당에서 벌어진 일을 이야기하고 홍 대감에게도 알리게 하였다.

홍 대감도 이 소식을 듣고 놀라기는 매한가지였다.

"간밤에 길동이가 찾아와서 그렇게도 슬피 작별을 고하기에 괴이하게 여겼더니 이런 끔찍한 일이 있어났구나. 이럴 줄은 내 미처 몰랐도다."

한탄하던 홍 대감은 인형을 다그쳤다.

"네 어찌 된 영문인지 더 자세히 말하지 못할까!"

인형은 감히 더 숨길 수 없어 초란이 꾸며 낸 작간이라는 것을 털어놓았다. 진상을 알게 된 홍 대감은 더욱 분노하여 초란을 당장 내치고, 아들에게 누구도 이 일을 입 밖에 내지 못하도록 단속하라고 단단히 일렀다.

활빈당 행수 홍길동

집을 나선 길동의 앞길은 칠칠야밤이요, 동서남북 보이나니 첩첩 산발이라. 길동은 정처 없이 헤매며 끼니를 번지기가 일쑤고, 인가도 없는 산속에서 구새 먹은 나무통˚에 기대어 쪽잠으로 밤을 새우기도 한두 번이 아니었다.

모진 고생과 풍파를 겪으면서 길동은 처음 집 떠날 때 품은 결심이 더욱 굳어져 점점 억센 장부로 자라났다.

어느 곳에 이르니 산 모양이 묘하고 골짜기가 깊은데, 경치 또한 빼어났다. 분명 이 골 안에 인가가 있으리라 짐작되었다.

부지런히 걸음을 다그쳐 인가를 찾아 점점 깊이 들어가니 큰 바위 밑에 돌문이 하나 있었다. 이상히 여기고 굳게 닫힌 돌문을 가만

˚ 속이 썩어서 구멍이 생긴 나무통.

히 밀어 보니 가볍게 열렸다. 안으로 들어가 다시 한동안 걸어가다가 문득 발길을 멈추었다. 눈앞에 오곡백과가 무르녹은 넓디넓은 벌판이 펼쳐지고 양지바른 언덕 아래 수백 집이 빼곡하게 늘어서 있는 것이 아닌가. 마을 한복판에서 낭랑한 풍악이 울려오고 그에 맞추어 즐기며 떠드는 사람들 소리가 온 골 안을 메우고 있었다.

길동은 큰 잔칫상이 차려진 넓은 마당으로 이끌리듯 걸어갔다. 웬 장정이 낯선 사람을 보고 달려왔다.

"그대는 어떤 사람인데 이곳에 왔소?"

"정처 없이 동서남북으로 떠다니는 길손이오이다. 그런데 여기서 무슨 잔치를 베푸시었소?"

장정은 길동의 아래위를 자세히 훑어보았다. 다부진 몸집과 녹록지 않아 보이는 눈찌며 웅근 목소리로 보아 예사 사람이 아닌 듯했다.

"여기엔 사람대접을 받지 못하는 사람들이 팔도강산에서 모여 와 사는 곳이외다. 모두가 호걸들이라 아직은 두령을 정하지 못하여 오늘 두령을 뽑는 잔치를 차린 것이외다. 보아하니 길손도 힘이 보통이 아닐 듯한데, 우리와 어울리는 것이 어떠하오?"

길동은 지쳤던 몸에서 갑자기 기운이 솟는 듯했다. 지금까지 정처 없이 헤맨 것은 바로 사람대접 받지 못하는 뜻있는 사람들을 찾아 헤맨 것이 아닌가.

길동은 깊이 머리 숙여 절하고 말하였다.

"나는 서울 홍 판서의 서자 홍길동이올시다. 양반 가문의 천대를 참을 길 없어 집을 뛰쳐나와 뜻있는 사람들을 찾아 헤매던 터에 오늘 여기 모인 호걸들을 만나니 기쁘기 그지없소이다."
　이 말을 듣자 사람들은 예절 바르고 늠름해 보이는 길동을 따뜻이 환영하면서 술을 권하였다. 그와 벗이 된 것을 더없이들 기뻐하였다. 잔치는 점점 무르익고 흥은 더해 갔다.
　문득 누군가가 마당 한복판에 놓인 큰 바윗돌을 가리키며 길동에게 말했다.
　"저 바위를 드는 사람을 두령으로 삼으려고 하는데, 그런 장수가 여기엔 아직 없소. 새로 우리 벗이 된 장사가 한번 들어 보는 것이 어떠하오?"
　길동이 자리에서 일어나며 말하였다.
　"여러분들 마음이 그러하다면 한번 들어 보겠나이다."
　그러더니 성큼성큼 걸어가서 그 바윗돌을 한 아름으로 그러안더니 끙 소리도 없이 머리 위로 들어올렸다. 그러고는 마당을 수십 걸음이나 거닐다가 쾅 내던졌다. 무게가 천 근을 헤아리는 바위를 번쩍 들어올리는 모습을 숨죽이며 지켜보고 있던 사람들은 모두 환호를 울리며 소리 높여 길동을 칭찬하였다.
　이때 사람들 머리 위로 솔개 두어 마리가 높이 날았다. 길동은 날쌔게 활을 찾아 쥐고 하늘을 향해 시위를 당겼다. 핑 소리와 함께 살맞은 솔개가 커다란 돌멩이처럼 사람들 앞에 떨어졌다. 모두들 크게 기뻐하며 그 뛰어난 활 솜씨에 혀를 내두르며 감탄하였다.
　"과연 장사외다. 명궁이외다. 우리 수천 명 가운데 이런 재주와 힘을 가진 사람이 여태 없더니, 하늘이 도와서 오늘 우리에게 장군을 보내 주셨소이다."

사람들은 길동을 맨 윗자리에 앉히고는 차례로 술을 올리면서 새 두령에게 충성할 것을 맹세하였다. 새로 큰 소를 잡고, 잔치는 종일토록 흥청거렸다.

두령이 된 길동은 그동안 갈고 닦은 병법과 무술을 사람들에게 가르쳐 주며 절도 있게 훈련시켰다. 이렇게 몇 달을 지내니 군율이 바로 서고 모두들 힘이 장사가 되었다.

이때 합천 해인사 중들의 패악질이 말도 못 하게 심해 백성들 원망 소리가 하늘을 찌르고 있었다. 중들이 관가 세력을 등에 업고 농사꾼들에게 강제로 제물을 바치게 하고, 응하지 않으면 고발하여 잡아 가두거나 매질을 하였다. 농사꾼들은 하릴없이 하루하루를 견디며 살아가는 형편이었다. 이런 억울한 사정을 알고 여기 모인 무리가 무슨 수를 내야겠다고 하면서도 신통한 꾀가 생기지 않아서 벼르기만 하던 참이었다.

"저희가 벌써부터 해인사를 쳐서 중놈들의 버릇을 떼 놓으려고 하였으나 지략이 모자라 주춤거리고 있었나이다. 두령님 뜻은 어떠하시나이까?"

한 사나이가 묻자, 길동은 껄껄 웃으면서 대답하였다.

"사정이 그렇다면 우리가 나섭시다. 내 먼저 그 절에 가서 동정을 살피고 올 테니 그대들은 내 지휘를 따르시오."

길동이 검은 띠를 맨 푸른 도포 차림으로 나귀에 몸을 싣고 하인들까지 양옆에 거느리니 영락없는 대감 댁 도련님 행차였다.

해인사에 다다르자 길동은 절에 들어가 먼저 우두머리 중을 불러냈다.

"나는 서울 홍 판서 댁 아들인데 이 절에 글공부를 하러 왔소. 앞으로 여러 대사님들의 신세를 져야겠기에 내일 쌀과 음식을 보내 잔치를 차리고 대사님들을 대접할까 하오."

길동은 깍듯이 인사치레를 하였다.

우두머리 중은 뜻하지 않게 서울 대감 댁 도령이 와서 잔치를 차려 주겠다니 이게 웬 떡이냐 싶었다. 길동의 본색을 알 리 없는 중은 길동을 친절히 맞이하여 온 절간을 데리고 다니면서 두루 구경시켰다. 길동은 길동대로 절간 동정을 샅샅이 눈여겨보았다. 그러고는 뒷날 다시 올 것을 약속하고 절 문을 벗어났다. 본거지로 돌아온 길동은 이튿날 흰쌀과 음식을 해인사로 바리바리 실어 보냈다.

며칠 지나 길동은 양반 댁 하인으로 꾸민 부하 수십 명을 거느리고 해인사에 이르렀다. 숱한 중들이 굽실굽실 일행을 맞아들였다.

길동은 우두머리 중에게 물었다.

"내가 보낸 쌀과 음식이 모자라지 않더이까?"

"모자랄 리가 있겠나이까? 그저 황송할 뿐이오이다."

이윽고 떡 벌어지게 차린 진수성찬이 나왔다. 길동이 맨 윗자리에 앉아 중들을 모두 청하였다. 그리고 제가끔 상을 받게 하더니 길동이 먼저 술을 마시고 중들에게 차례로 권했다. 중들은 황송하여 어찌할 바를 모르고 쩔쩔매었다.

술잔이 몇 차례 돌았을 때 길동이 미리 소매 속에 넣어 둔 모래알을 슬며시 꺼내 입 안에 넣고 지끈 소리가 나게 깨물었다. 그 소리가 어찌나 요란했던지 중들이 듣고 흠칠 놀라 머리를 조아리며 사죄하였다. 길동은 일부러 성을 내어 중들을 호되게 꾸짖었다.

"괘씸하도다! 어찌 음식을 이다지도 부정하게 차렸는고? 사람을 업수이여겨도 분수가 있는 법이니라, 이 고얀 놈들!"

그러더니 자기가 데리고 간 하인들에게 명을 내렸다.

"여봐라, 이 중놈들에게 모조리 오라를 지워라!"

길동의 분부가 떨어지기 바쁘게 부하들이 달려들어 중들을 한 줄에 묶어서 꿇어앉히니, 중들은 속절없이 벌벌 떨 뿐이었다.

바로 이때였다. 숱한 장정들이 한꺼번에 달려들어 절간의 창고 문을 마스고 안에 든 재물과 곡식 들을 번개 치듯 날라 갔다. 중들은 꽁꽁 묶인 채 고래고래 소리 지를 뿐이었다.

이때 마침 부엌에서 일하던 불목하니가 바깥으로 나왔다가 이 꼴을 보고 놀라 그 자리에서 도망쳐 관가로 달려갔다.

합천 고을 사또는 불목하니에게 절에서 벌어진 일을 듣고 곧 나졸 수백 명을 풀어 도적 무리를 모조리 잡아들이라고 명을 내렸다. 나졸들이 해인사로 달려가 도적 떼의 뒤를 쫓고 있을 때, 문득 산등성이 위에서 갓 쓰고 장삼 입은 중 하나가 나졸들한테 외쳤다.

"도적 떼들이 저기 북쪽 샛길로 빠졌으니 빨리 가서 잡으시오!"

나졸들은 중이 알려 주는 대로 북쪽 샛길로 바람같이 달려갔으나 도적은 간데없었다. 게다가 날이 점점 저물어 어둠에 휩싸이는 바람에 헛물만 켜고 돌아갔다.

길동이 부하들을 남쪽 큰길로 보내 놓고 자기는 홀로 떨어져 중 차림으로 나졸들을 감쪽같이 속여 넘겼던 것이다. 본거지로 돌아오니 부하들은 벌써 해인사의 재물들을 죄다 옮겨 놓고 두령이 오기를 기다리고 있었다.

부하들은 길동을 반겨 맞으며, 새 두령의 뛰어난 지혜 덕분에 일이 성공했다고들 감탄하면서 모두 좋아하였다.
 길동은 부하들의 인사를 받으면서,
 "사내대장부로 태어나 이만 재주도 없으면 어찌 여러분의 두령이 되겠소이까."
하고 껄껄 웃어넘겼다.
 그때부터 길동은 자기가 거느린 무리의 이름을 '활빈당活貧黨'이라고 하였다. 가난에 시달리는 사람들을 도와주자는 뜻을 모은 것이다. 그리하여 활빈당은 조선 팔도를 두루 돌아다니며 고을 사또들이 나쁜 짓을 하여 모아 둔 재물이 있으면 기어코 빼앗아 가난한 백성들에게 나누어 주곤 하였다. 그러나 백성들의 물건은 결코 건드리지 않을 뿐더러 나라의 재물에도 손대는 일이 없었다.
 하루는 길동이 부하들을 모아 놓고 함경 감영을 칠 계획을 이야기하였다.
 "함경 감사가 탐욕스러운 놈이라 나랏돈을 좀먹고 백성들의 피땀을 짜내어 제 욕심만 차리니 그놈을 그냥 두고 볼 수 없소. 그러니 여러분은 내 지휘에 따라 움직여 주시오."
 어느 날 밤이었다. 함경 감영 남문 밖에서 불길이 치솟아 밤하늘에 시커먼 연기를 내뿜었다. 활빈당 패에서 재빠른 사람 몇 명이 불을 지른 것이다. 깜짝 놀란 함경 감사는 감영의 관속과 나졸 들을 내몰아 불을 끄라고 호령하였다. 백성들까지도 끌려나와 불을 끄느라 온통 수라장이 되었다.
 바로 이때, 길동은 미리 숨겨 두었던 부하 수백을 이끌고 감영 안으로 들이닥쳤다. 그러더니 창고들을 모조리 까부수고 돈과 곡식, 병장기 들을 죄다 거두어 북문으로 빠져 감쪽같이 사라졌다.

함경 감사는 한밤중에 뜻하지 않던 변을 겪게 되자 어쩔 줄을 모르고 허둥지둥하였다. 날이 밝아서야 정신이 들어 창고마다 살펴보니 가득 찼던 곡식이며 돈이며 병장기가 온데간데없이 텅텅 비어 있었다.

간밤의 불도 모두 도적의 소행임을 알아챈 감사는 노발대발하며 도적을 잡으라고 호통을 쳤다. 그때 사령이 북문에 나붙었다는 방을 떼어 왔다.

어젯밤 거두어 간 곡식과 돈, 병장기는 모두가 관가에서 부정하게 모은 재물이라, 본디 주인인 백성들에게 돌려주려고 압수해 갔노라.

활빈당 행수 홍길동

함경 감사는 다시 한 번 놀라 홍길동을 잡아들이라고 날뛰면서 나졸들을 풀었다. 그러나 길동은 벌써 활빈당 패거리들을 이끌고 둔갑법을 써서 밤을 도와 무사히 본거지로 돌아와 있었다.

망신살 뻗친 포도대장

하루는 길동이 부하들을 모아 놓고 말하였다.
"우리가 합천 해인사에서 재물을 털어 오고, 뒤이어 함경 감영의 돈과 양곡을 모조리 빼앗아 왔으니 그 소문이 팔도강산에 자자하게 퍼졌거니와 더욱이 내 이름을 써서 방까지 붙였으니 머지않아 잡힐 위험도 없지 않소. 허나 내 재주를 보면 앞일을 짐작할 수 있을 것이오."
그러더니 짚으로 일곱 허수아비를 만들어 한바탕 주문을 외우며 넋을 불어넣었다. 그랬더니 일곱 허수아비가 갑자기 일곱 홍길동으로 변하였다. 일곱 홍길동이 서로 왁자하게 소리치며 한곳에 모여드는데 길동이 그 속에 섞여 들어 떠들며 수작을 나누니 정작 어느 것이 진짜 길동인지 도무지 가려낼 수가 없었다. 활빈당 패거리들은 그저 입만 떡 벌리고 감탄할 뿐이었다.

이때부터 여덟 길동이 저마다 부하를 수백 명씩 거느리고 팔도에 한 무리씩 흩어지니, 그중 진짜 홍길동이 어느 곳에 있는지 알 수가 없었다. 여덟 길동은 팔도로 다니면서 바람을 일으키고 비를 몰아오는 조화를 부려 양반들의 간담을 서늘케 하였다. 활빈당은 백성들의 양식과 옷감을 빼앗아 쌓아 놓은 관가 창고를 그냥 두지 않았다.

서울 양반들한테 보내는 봉물짐들도 어김없이 빼앗아 냈다. 그것은 지방 벼슬아치들이 백성들의 재물을 긁어모아 벼슬자리를 하루라도 더 유지하려고 재상들에게 올려 보내는 뇌물들이다. 이렇게 관가 창고와 서울로 올라가는 봉물짐을 털고는 그 뒤끝에 꼭 홍길동이 하였다는 방을 써 붙이곤 하였다.

팔도에 흩어져서 활동하는 두목들도 다 홍길동이라는 이름을 쓰고 있었다. 그러니 습격을 당한 관가에서는 으레 진짜 홍길동이 자기네 고을에 온 줄만 알았다. 수십 수백 명이 하룻밤 사이에 감영이나 관가를 습격하곤 하였으나, 개 짖는 소리 하나 안 나고 회오리바람같이 몰려왔다가 그림자같이 사라지니 그 술법에 놀라 벌벌 떨기만 하였다.

백성들 사이에서는 홍길동이 신통한 재주를 부리니 그 재주나 힘을 당해 낼 사람은 없다는 소문이 널리 퍼졌다. 고을 관아마다 홍길동을 잡아 보려고 나졸들을 풀어놓기는 했으나 해가 떨어지면 바깥출입은 얼씬도 못 하는 형편이었다. 오히려 홍길동이 또 언제 나타날까 두려워 나졸들은 밤잠을 제대로 못 잤다. 이러니 홍길동을 잡는 것은 그림자를 묶어 보려는 격이었다.

이리하여 함경 감사는 제힘으로는 홍길동 패거리를 잡을 수 없다는 것을 깨닫고 왕에게 글을 올렸다.

저희 고을에 난데없이 홍길동이란 큰 도적이 나타나 비바람을 몰아오는 조화를 부리면서 여러 고을의 재물을 빼앗고, 서울로 올려 보내는 봉물짐을 앗아 가는 등 그 행패를 헤아릴 길이 없나이다. 오래 전부터 도적 홍길동을 잡으려고 나졸들을 늘렸으나 참으로 재주 무쌍하고 힘 또한 당할 자 없사오니, 잡을 길 막연하여 앞으로 어느 지경에 이를지 헤아리기 어려워 상감마마께 아뢰옵나이다. 엎드려 바라옵건대 좌우 포도청에 명하여 홍길동을 잡도록 도와주시옵소서.

상소문을 받은 왕은 크게 놀랐다. 왕은 스스로를 정사에 밝고 어진 임금으로 믿는 터였다. 백성들은 그 은덕으로 태평세월을 만나 왕을 칭송하는 노래가 그치지 않는 줄 알고 있었는데, 난데없는 큰 도적 떼가 나타나 세상을 소란케 한다니 놀라는 것이 당연하다.

그런데 왕의 놀라움은 그것으로 그치지 않았다. 함경 감사에게 첫 상소를 받은 뒤로 잇따라 팔도 감사들의 상소가 올라왔다. 내용을 살펴보니 모두가 도적 때문에 어려움을 겪고 있다는 것이며, 그 도적의 이름은 묘하게도 다 홍길동이라 하였고, 관가의 양곡 창고가 털린 날짜를 보니 팔도가 다 한날한시였다.

왕은 급기야 좌우 포도대장을 불러들였다.

"이 도적의 용맹과 술법은 고금의 그 어떤 도적도 당해 내지 못하리로다. 제아무리 신통한 놈인들 어찌 한 몸이 팔도에 흩어져 한날한시에 도적질을 하리오. 이는 예사 도적이 아니니 좌우 포도대장은 기어이 그 홍길동이란 놈을 잡아들이라."

왕 앞에 엎드려 명을 받고 있던 우포도대장 이흡이 호기 있게 머리를 쳐들며 왕에게 사뢰었다.

"신이 재주는 없사오나 홍길동을 잡아 올리겠사오니 전하께옵서는 근심치 마시옵소서. 한낱 작은 도적으로 하여 어찌 좌우 포도대장이 다 나서겠나이까. 이 일을 신에게 맡겨 주시오면 전하의 기대에 크게 어긋나지 않을 줄로 아뢰옵나이다."

"음! 과인은 그대의 용맹과 충성을 믿노라. 그럼 이번 일은 그대에게 맡기노니 지체 말고 바삐 움직여라."

이흡은 머리를 조아리며 왕에게 하직을 고하였다.

떠나기에 앞서 거느리고 갈 포졸들을 모아 놓고, 어찌들 움직여야 하는지 밝혔다.

"내 말을 명심하여 들으라. 홍길동이란 놈이 신기한 술법에 능하여 한 놈이 두 놈으로 되고, 두 놈이 네 놈도 되고, 그 네 놈은 여덟 놈이 되어, 지금 팔도에 흩어져서 장난을 수없이 하니, 이것이 분신술이라는 것이다. 그러니 이놈에게 선불질을 하여 놀래 놓으면 여덟 놈이 열여섯 놈 되고, 그것이 다시 서른두 놈으로 될지 뉘 알겠느냐. 그러면 잡기가 더 힘들게 될 터이니 당분간은 그놈이 있는 곳만 알아내라. 이제부터 제가끔 변복하고 흩어져 떠나되 아무 날 경상도 문경 고을로 모여라."

이렇게 포졸들에게 엄격히 분부를 내리고는 자기도 농사꾼 차림을 하고 부하 셋만 거느린 채 길을 떠났다.

이흡이 홍길동을 찾아다니던 어느 날이었다.

이날도 헛물만 켜다가 날이 저물어 어느 주막집에 들었다. 문득 애어린 젊은이 하나가 나귀를 타고 와서 이흡이 들어 있는 방으로 들어왔다. 아마 이 젊은이도 날이 저물어 쉬어 갈 길손인 것 같았다. 이흡은 젊은이의 풍채나 용모가 예사 사람이 아닌 것 같아 눈여겨보고 있는데, 젊은이가 먼저 이흡에게 공손히 인사를 하였다. 이흡이 답례를 하니, 젊은이가 이흡을 바라보며 말하였다.

"오늘 이렇게 시골 주막집에서나마 알게 되어 반갑나이다. 아직 초저녁이니 방해가 되지 않는다면 같이 말동무나 할까 하오니이다."

이흡은 본디 사람 잡는 데 이골이 나고 성품이 포악하기 짝이 없는 놈이나, 젊은이가 하도 의젓하고 점잖은 데 끌려 같이 수작을 하였다.

"보매 뜻있는 젊은이 같은데, 그대는 어디로 가는 길에 이 주막에 들렀는가?"

이흡의 말끝에 젊은이는 적이 한숨을 지으며 말을 받았다.

"제 마음을 알아주어 고맙소이다. 저도 오늘 저녁 뜻있는 형을 만났나 보오이다. 무릇 하늘 아래 임금의 땅이 아닌 곳이 없고 나라 안에 임금의 백성 아닌 사람이 없거늘, 제가 시골에 묻혀 그날그날을 지내기는 하나 이 나라를 위하여 근심되는 바가 적지 않나이다."

이흡은 눈이 둥그레지며 젊은이에게 물었다.

"그 말뜻이 매우 깊은 것 같은데 젊은이는 무엇을 말하려는 겐

가?"

젊은이는 자못 분한 듯 말하였다.

"지금 홍길동이란 도적 떼가 팔도로 돌아다니며 장난을 치는 통에 민심이 소란하기 이를 데 없거늘 이 도적을 잡아 없애지 못하니, 이 나라 백성 된 도리를 못 하는 것이 하도 분하와 한 말씀 여쭙는 것이옵나이다."

이흡은 저도 모르게 귀가 솔깃해졌다.

"젊은이의 말이 매우 장하구먼. 그대 기골이 장대하고 나라 위한 충성심 또한 돋보이니 나도 그대와 함께 그 도적 잡을 생각이 불같이 일어나는구려."

"내 일찍이 그 도적을 잡고자 하나 뜻이 같고 힘센 장사를 얻지 못하여 주저하던 터에 오늘 노형을 만나니 천만다행이외다. 그렇지만 노형의 재주를 내 모르고, 내 재주를 노형이 모르니, 조용한 곳에 가서 서로 힘과 지략을 시험해 보는 것이 어떠하나이까?"

이렇게 두 사람은 이튿날 어떤 산속으로 찾아 들어가게 되었다. 웬 곳에 이르니 높다란 바위가 나타났다. 젊은이가 나는 듯이 바위 위로 훌쩍 뛰어올라 앉으며 이흡에게 말하였다.

"형도 이리 올라와서 두 발로 힘껏 내 등을 걷어차 보사이다."

이흡은 의아쩍은 생각이 들었다.

'제아무리 힘이 장사여서 몸이 바위에 뿌리내렸다 한들 한번 걷어차면 어찌 떨어지지 않으랴.'

이흡은 있는 힘을 다해 젊은이의 잔등을 냅다 걷어찼다. 그러나 젊은이는 끄떡도 않더니 태연히 돌아앉으면서 말하였다.

"힘이 과연 장사외다. 내 일찍이 여러 사람을 시험해 보았으나 내가 움직이도록 차는 사람이 없더니, 형이 처음으로 내 오장 육부를 울리게 한 듯하나이다. 우리가 힘을 합치면 홍길동쯤 능히 잡을 듯하나이다."

젊은이는 이렇게 말하고는 이흡의 말은 들어 보지도 않고 첩첩한 산속으로 들어가고 있었다. 이흡은 젊은이 뒤를 따르며 속으로 생각하였다.

'내 힘도 이만하면 누구한테 짝지지 않을 만큼 세다고 자랑해 왔건만 이 젊은이는 힘이 참으로 놀랍도다. 저이 혼자라도 홍길동 잡는 것쯤은 걱정이 없겠으나, 어차피 예까지 온 거 따라가 보리라.'

얼마 동안 산속 깊이 들어가더니 젊은이가 문득 돌아서서 손을 들어 가리키며 말하였다.

"여기가 홍길동의 소굴이외다. 내 먼저 들어가 속사정을 알아보고 올 터이니 형은 여기서 기다리소서."

이흡은 홍길동의 소굴이란 말에 더럭 겁이 나기도 했으나 이미 산속 깊이 끌려왔으니 되돌아설 수도 없는 노릇이었다. 하릴없이 젊은이 말대로 기다리는 수밖에 없었다.

한자리에서 서성이면서 한쪽으로 고개를 돌렸을 때였다. 갑자기 위쪽 골짜기에서 장정 수십 명이 요란하게 소리치며 당장 이흡을 덮칠 듯이 내달려왔다. 이흡은 펄쩍 놀라 몸을 피하려고 하였으나 손쓸 새도 없이 꽁꽁 묶이고 말았다.

"네가 포도대장 이흡이냐? 우리는 염라대왕의 영을 받고 네놈을 잡으러 왔다!"

장정들이 어찌나 드세게 몰아세우는지 사나운 비바람에 빨래 날리듯 이흡은 정신을 못 차리고 그저 끌려가기만 하였다.

웬 곳에 다다라서 꿇어앉으라는 고함에 정신이 들어 고개를 쳐들자 이흡은 또 한 번 정신이 아찔해졌다. 이흡은 제 눈을 의심하며 둘레를 살펴보았다. 이게 어찌 된 감투끈인가. 눈앞에는 궁궐이 으리으리하고, 수많은 장수들이 좌우 양쪽으로 갈라져 쭉 늘어서 있고, 옥좌에 왕인 듯한 사람이 앉아 있었다. 이흡의 눈에는 지금 자기가 어느 나라 임금 앞에 붙잡혀 와 있는 것이 틀림없었다.

왕은 목소리를 가다듬어 이흡을 꾸짖었다.

"포도대장 이흡은 들으라. 하잘것없는 주제에 감히 홍 장군을 잡으려 하는고? 바로 그 죄 하나로 너를 잡아 지옥에 가두려 하노라. 할 말은 없느냐?"

이흡은 겨우 정신을 차리고 머리를 조아리며 빌었다.

"저는 한낱 보잘것없는 농사꾼이옵나이다. 아무 죄 없이 잡혀 왔사오니 살려 보내 주시옵소서."

그러자 갑자기 웃음소리가 나더니 또 꾸짖는 소리가 들렸다.

"이 사람아, 나를 자세히 보라. 나는 활빈당 행수 홍길동이로다. 그대가 자진하여 나를 잡으려 한다기에 그대의 힘과 뜻을 알아보고자 내 어제 길손 차림으로 그대를 속였노라. 오늘 예까지 데려온 것은 이렇게 내 위엄을 보이고자 함이었노라."

길동은 말을 마치자 이흡의 결박을 풀어 주더니 제 옆으로 올라오게 하였다. 그러고는 술을 권하면서 말하였다.

"부질없이 날뛰지 말고 빨리 돌아가는 것이 좋으리라. 그러되 나를 보았다고 하면 붙잡지 못한 죄를 피할 길이 없을 것이니 입 밖에 내지 않는 게 그대에게 이로우리라."

그리고 길동은 다시 술을 부어 권한 뒤, 부하들에게 이흡을 돌려보내라고 하였다.

이흡은 꿈인지 생시인지 어리둥절하기만 하였다. 어떻게 여기로 붙잡혀 왔는지 홍길동의 조화가 신기하기만 하였다. 어쨌든 이 자리를 빨리 피해야겠다는 생각으로 자리에서 일어나려고 하였다. 그런데 웬일인지 몸을 꼼짝달싹할 수가 없었다.

다시 살펴보니 제 몸뚱이가 가죽으로 만든 자루 속에 들어 있는 것이 아닌가. 소스라치게 놀라 있는 힘을 다 내어 간신히 가죽 자루 속에서 기어 나왔다. 두리번거리며 둘레를 살펴보니 가까운 큰 나뭇가지에 가죽 자루 세 개가 걸려 있었다.

괴이쩍게 여기며 하나씩 차례로 끌어내려서, 첫 번째 자루를 풀어 보고는 또 깜짝 놀랐다. 가죽 자루 속에서 자기가 떠날 때 데리고 왔던 포졸이 기어 나오는 것이 아닌가. 두 번째, 세 번째 자루에서도 마찬가지였다. 포졸들은 이흡을 알아보고서야 제정신이 돌아와서 제가끔 지껄이기 시작하였다.

"이것이 어찌 된 일이오이까? 우리가 떠날 때에 문경으로 모이자고 하였는데 어찌 이곳에 와 있나이까?"

네 사람이 어안이 벙벙하여 두루 살펴보니 지금 서 있는 곳이 바로 서울 북악산 꼭대기였다. 넓은 서울 장안이 한눈에 굽어보였다. 이흡은 기가 막혀 부하들에게 물었다.

"너희는 어찌 이곳으로 왔느냐?"
세 사람이 약속이나 한 듯 동시에 대답하였다.
"주막집에서 정신없이 자다가 꿈결같이 비바람에 휩싸여 왔으니 무슨 영문인지 종잡을 길이 없나이다."
"정말 맹랑하게 되었도다. 이 일을 절대로 다른 사람에게는 말하지 말라. 길동의 재주 신출귀몰하여 이루 헤아리기 어려우니 사람 힘으로는 잡지 못할 것이 뻔하다. 우리가 이대로 돌아가면 분명 죄를 면치 못할 것이니 몇 달 기다렸다가 들어가자."
이렇게 말하고 이홉은 부하들을 데리고 산에서 내려왔다.

홍길동이 붙잡혔다

왕이 홍길동을 잡아 올리라고 팔도에 명을 내린 지도 몇 달이 지났다. 그러나 길동은 오히려 조정과 관가를 농락하는 듯 동에 번쩍 서에 번쩍 나타나서 조화를 부렸다. 그러니 관가에서는 한층 더 겁이 날 뿐이었다.

길동은 버젓이 재상의 위풍으로 외바퀴 가마를 타고 다니거나, 여러 고을에 출두한다는 기별을 미리 띄우고 쌍가마를 타고 나타나기도 하였다. 그런가 하면 또 어떤 때는 암행어사처럼 역졸들을 풀어 백성들의 피땀을 짜내는 탐관오리들을 처단하기도 하였다. 그러고는 왕에게 "가짜 암행어사 홍길동이 아뢰옵나이다." 하고 제가 한 일을 적어 조정에 올려 보내곤 하였다. 이렇게 되니 왕은 더욱 노발대발하였다.

"홍길동이란 놈이 팔도에 돌아다니면서 이처럼 말썽이 심한데 아무도 잡지 못하니 이 일을 어찌하리오."

그 많은 신하들 가운데 누구도 감히 대답을 못 하였다.

한편, 각 도에서는 상소문이 꼬리를 물고 올라왔다. 상소마다 팔도에서 홍길동의 행패가 심하다는 것뿐이었다. 왕은 더욱 깊은 근심에 싸여 여러 신하들에게 말하였다.

"이놈이 아마도 사람은 아니로다. 이는 분명 귀신의 작간이로다. 그대들 가운데 누가 이놈의 근본을 알아낼 수 없겠는가?"

왕의 물음에 한 신하가 아뢰었다.

"홍길동이라면 전 이조 판서 홍성관의 서자이오며 병조 좌랑 홍인형의 이복동생이오니, 그 아비와 형을 부르시어 물어보시면 아실 것이옵나이다."

이 말을 듣고 왕은 크게 성을 내었다.

"이런 말을 어찌 이제야 하느뇨!"

임금은 곧바로 영을 내려 홍성관과 맏아들 홍인형을 잡아다가 의금부에 가두었다. 먼저 홍인형을 끌어내어 왕 앞에 꿇어앉혔다. 왕은 홍길동이라는 큰 도적이 자기가 가장 믿던 신하인 전 홍 판서의 아들이며 홍인형의 동생이라는 데 더욱 노하였다.

"홍길동이라는 도적이 네 이복아우라니, 어찌하여 미리 단속지 않고 그냥 두어 나라에 큰 걱정을 끼치느뇨? 네 아우이니 네 손으로 잡아들이라! 그놈을 잡아들이지 못하면 너희 부자가 여태껏 바쳐 온 충성이 다 수포가 될 것이니 한시바삐 잡아들여 나라의 근심을 덜게 하라. 들었는고?"

인형은 그저 황공하여 머리를 조아리며 거듭 충성을 맹세하였다.

"황송하옵나이다. 소신의 이복아우가 일찍이 사람을 죽이고 도망하온 지 여러 해가 되오나 소식을 알 길이 없사와 소신의 늙은 아비가 병이 들어 매우 위급한 지경이옵나이다. 그런데도 길동이 무도하게도 전하께 걱정을 끼치오니 소신의 죄 백번 죽어 마땅하옵나이다. 그러하오나 바라옵건대 전하께옵서 신의 아비 죄를 용서하시어 집에 돌아가 병 조리를 하게 해 주시오면 신은 죽기로 길동을 잡아들여 저희 부자의 죄를 씻을까 하나이다."

그렇게 펄펄 뛰던 왕은 인형의 말을 듣고 나더니 마음이 누그러진 듯했다.

"과인은 그대 부자의 충성심을 저버리고 싶지 않노라. 소원이 그렇다니 그대 아비는 집에 돌아가서 병조섭을 하게 하라. 그대가 아무 직책도 없으면 길동을 잡기 힘들 터이니 그대를 경상 감사로 임명하노라. 이제부터 일 년 기한을 줄 터이니 각 도 감사들과 힘을 합쳐 죄인을 바삐 잡아들여라."

인형은 대궐에서 물러 나오자 그날로 길을 떠나 경상 감영으로 내려갔다. 인형은 길동을 잡아들여야 한다는 오직 한 가지 생각뿐이었다. 마음 같아서는 당장 손을 써야겠으나 아무리 힘을 모아 봐야 길동을 잡기 어려우리라는 것을 알고 있었다.

'그렇다면 인정으로 길동을 달래야 한다. 그 길밖에는 딴 도리가 없다.'

인형은 영문 앞에 방을 내붙였다.

사람이 세상에 태어나매 임금의 백성 아닌 사람이 없고 부모의 자식 아닌 사람 없으니, 나라를 충성으로 받들고 부모를 효성으로 섬김은 신하 되고 자식 된 근본 도리이거늘, 임금과 부모의 은혜를 저버리고 그 영을 거역하니 그 죄 어찌 세상에 용납될 수 있으리오.

 너로 말미암아 임금은 크게 걱정하시고 아버님도 병환이 자못 위급한 지경에 이르렀으니 네 죄 몹시 크도다. 우리 아우 길동은 능히 이런 일을 알 것이니 스스로 형을 찾아와서 사로잡히는 것이 어떠하냐?

 상감마마께서 특별히 나에게 감사 직책을 맡기시어 너를 잡아들이라 하셨다. 너를 잡지 못하면 여러 대를 두고 덕을 쌓은 우리 홍씨 집안이 하루아침에 망해 버릴 것이니 어찌 보고만 있을쏘냐? 일찍 자수하면 네 죄도 덜릴 것이요, 우리 집안도 보존될 것이니, 부디 만 번 다시 깊이 생각하여 자수하기를 천만번 바라노라.

새 감사 홍인형은 이 글을 각 고을에 내붙이게 하고는 길동이 제 발로 찾아와 주기만 기다리고 있었다.

 인형은 아우를 한 번도 사랑해 본 적이 없었다. 아우라고 여기고 싶지도 않았다. 하여 길동이 자기더러 형이라 부르지도 못하게 하였다. 더구나 곡산댁 초란의 꾐에 넘어가 길동이를 없애야 한다는 데도 동의했다. 본디가 이런 위인이라 지금 아우니, 형이니 하는 것은 길동을 얼러서 굴레를 씌우자는 데 지나지 않았다. 오로지 길동이 자수해야 저희 부자가 죄를 씻을 수 있다는 생각뿐이었다.

 그러던 어느 날, 애티 흐르는 젊은이가 나귀를 타고 영문 밖에 와서 감사와 만나게 해 달라고 청하였다. 인형이 들어오라 하니, 젊은

이가 대청 위에 올라와 절을 하고 문안을 드렸다.

"그동안 평안하셨나이까?"

인형이 자세히 보니 그토록 기다리던 길동이었다. 인형은 놀랍기도 하고 한편 기쁘기도 하였다. 옆 사람들을 모두 물리친 다음 길동의 손을 부여잡았다.

길동이를 잡았으니 죄를 면하게 되었다는 안도감에서였던지 아니면 제 손으로 동생을 잡아야 하는 운명 앞에서 한 오리 혈육의 정이 꿈틀거렸던지, 인형은 두 줄기 눈물을 흘렸다.

"길동아, 네가 집을 나간 뒤 죽었는지 살았는지 소식을 몰라 아버님이 몹시 근심하시더니 그만 몸져누워 날로 위중해 가시니 넌들 어찌 후회되지 않겠느냐. 네 무슨 마음으로 도적이 되어 세상에 용납 못 될 죄를 짓고 다니느냐? 상감마마께옵서 진노하시어 이 형에게 너를 잡아들이라 하시니, 이는 피치 못할 일이구나. 이제라도 서울에 올라가 하늘의 뜻을 받드는 것이 어떠하냐?"

인형이 눈물을 비 오듯 흘리니, 길동이 머리를 들고 말하였다.

"천한 몸에서 태어난 길동이 예까지 온 것은 아버님과 형님을 구원코자 함이오이다. 어찌 달리 할 말이 있사오리까. 대감께서 저더러 아버지를 아버지라 부르게 하고 형을 형이라 부르게 하셨던들 제가 어찌 이 지경에 이르렀겠소이까. 그러나 이제 와서 지난 일을 말해 봐야 소용이 없을 것이오이다. 어서 저를 묶어 서울로 올려 보내소서."

인형은 길동이 한편 가엾은 생각이 들었으나 이내 나졸들을 시켜 길동을 묶도록 하였다. 목에는 칼을 씌우고 두 발목에는 쇠고랑을 채워 꽁꽁 단속하고는 수레에 실어 건장한 장교 수십 명을 골라 압송하게 하였다.

도중에 활빈당 무리가 나타나 저희 두령을 빼앗아 갈 위험도 있고, 백성들도 홍길동을 두둔하는 판이라 생각지 않던 봉변이 걱정되어, 낮에 밤을 이어 하루 갈 길을 곱으로 해서 서울로 올라가게 하였다.

발 없는 말이 천리를 간다더니 홍길동이 잡혀서 서울로 끌려간다는 소문이 파다하게 퍼져 고을과 마을을 지날 때마다 길동을 구경하려는 사람들로 길이 메었다. 사람들은 여기서 수군거리고 저기서도 숙덕였다.

"홍 행수가 그렇게 인물이 잘생겼다는데……."
"관가의 재물을 털어서 백성들에게 나누어 주는 어진 사람이라던데, 하늘도 무심하지."
"홍 장군이 비바람도 몰아오는 조화를 부린다는데 관가 사령들한테 잡혀가다니 도무지 모를 일인걸."

길동을 실은 수레가 마을을 지날 때마다 사람들로 울타리가 서니 수레는 간신히 벗어나곤 하였다.

여덟 홍길동, 진짜를 찾아라

조정에서는 또 희한한 일이 일어났다. 팔도의 감사들이 저마다 홍길동을 잡아 올렸던 것이다. 홍길동 한 몸이 여러 사람으로 된다는 분신술 이야기를 듣기는 하였으나 조정 관리들은 통 영문을 알 수 없어 허둥거렸다.

여덟 홍길동이 조정에 잡혀 왔다는 소문이 서울 장안에 짜하니 퍼졌다.

"홍길동이 귀신을 부리는 둔갑술이 아무리 능하기로 설마 하고 믿지 않았더니 과연 귀신 찜 쪄 먹을 일일세."

"홍길동을 잡아 오기는 했어도 조정에서 다루기 쉽지는 않을걸."

이렇게 이야기가 오가고 있을 때에 왕은 왕대로 놀랐다. 어떻게 한 사람이 여덟으로 되어 한날한시에 잡혀 올 수 있단 말인가.

왕은 당장 조정의 문무 신하들을 의금부에 모이게 하고 친히 내려가 여덟 길동을 심문하였다. 본디 도적질한 죄는 형조에서 다룰 문제이나 홍길동은 활빈당이라는 큰 무리를 짓고 온 나라에 소란을 피웠으니 반역죄로 다스리는 것이다.

"이 고얀 놈들, 어느 놈이 진짜 홍길동인지 당장 앞에 나서지 못할까! 조금이라도 꾸물거리면 여덟 놈을 한꺼번에 능지처참할 터이니 그리 알고 진짜 홍길동은 썩 앞으로 나서라!"

왕의 말이 떨어지기 바쁘게 여덟 길동이 동시에 왕 앞으로 한 발자국씩 나섰다.

"제가 홍길동이옵나이다."

"제가 홍 대감의 아들이옵나이다."

"제가 홍인형의 아우옵나이다."

이렇게 저마다 제가 홍길동이라고 다투어 나서는 바람에 왕은 도무지 분간할 재간이 없었다. 그러다 문득 한 가지 좋은 수가 떠올랐다. 임금은 곧바로 길동의 아비를 불러들였다.

"아들을 알아보는 것이 아비라 하였으니 저 여덟 가운데 어느 것이 그대의 아들인지 찾아내라!"

홍 대감은 머리를 조아리며 아뢰었다.

"신의 어리석은 자식 길동은 왼쪽 무릎 위에 붉은 점이 있사오니 이로 알아낼 수 있사옵나이다."

그러고는 여덟 길동을 돌아보며 꾸짖었다.

"네 가까이에 상감마마께서 계시옵고 아래로 네 아비가 있거늘, 그렇듯 예부터 없는 죄를 지었으니 마땅히 죽음을 피할 생각 마라!"

이렇게 한마디 외치고는 그만 그 자리에서 피를 토하고 기절하였다. 임금이 곧 의원을 불러 구완하게 하였으나 깨어나지 못하였다. 그러자 여덟 길동이 모두 눈물을 흘리며 주머니에서 환약 한 알씩을 꺼내 홍 대감의 입 안에 넣으니, 한참 뒤에 아무 일도 없었던 듯이 홍 대감이 부스스 일어났다.

그러자 여덟 길동이 모두 왕 앞으로 나서서 한목소리로 아뢰었다.

"소생의 아비가 나라의 은혜를 많이 입었사오니 소생이 어찌 감히 못된 짓을 하오리까마는, 소생은 본디 천한 종의 몸에서 태어나 아비를 아비라 부르지 못하고 형을 형이라고 부르지 못하옵기에 그것이 평생의 한이 되어 가슴에 맺혔사옵기로 집을 버리고 나와 활빈당을 무었나이다. 그러나 백성들은 털끝만큼도 다치지 아니하고 오로지 고을 원들이 백성들의 피땀을 짜내 모은 재물을 빼앗았을 뿐이옵나이다. 그리고 얼마간의 세월이 지나면 소생은 아주 먼 곳으로 떠나려 하오니, 전하께옵서는 근심 마옵시고 소생을 잡으라는 부질없는 영을 거두어 주소서."

말을 마치더니 여덟 길동이 모두 밑동 잘린 나무처럼 털썩털썩 자빠졌다. 왕을 비롯한 문무백관이 놀라 자세히 살펴보니, 여덟 길동은 모두가 짚으로 만든 허수아비들이었다. 왕은 길동의 둔갑술이 퍽 신기하였으나 그보다도 길동에게 속은 것에 분통이 터졌다.

'네놈이 아무리 분신술이요 둔갑술이요 해도, 내가 다스리는 이 나라를 벗어나지는 못하리라.'

이렇게 마음속으로 되뇌면서 다시 팔도에다 대적 홍길동을 잡아들이라는 엄명을 내렸다.

길동은 궁궐에서 빠져나와 서울의 동서남북 네 대문에 방을 써 붙였다.

좌우 포도청이 아무리 애써도 홍길동은 결코 잡지 못할지니, 임금께서 나에게 병조 판서 벼슬을 내리시면 스스로 잡히리라!

방을 본 왕은 길동의 사람됨이 보통이 아니니 그 요청을 단번에 물리칠 일이 아니라고 생각하였다. 그리하여 조정 신하들을 모아 놓고 의논하였다. 의론이 분분한 가운데 한 재상이 왕 앞으로 나서며 완강하게 아뢰었다.
"전하의 존엄이 지극하시고 나라의 법규가 엄하거늘 도적을 잡으려다가 잡지 못하옵고 도리어 그 도적에게 병조 판서라는 높은 벼슬을 내리심은 부당한 처사인 줄로 아뢰오."
왕은 이 말을 옳게 여겨 다시 경상 감사 홍인형에게 길동을 잡아들이라는 영을 내렸다.
홍인형은 거듭 왕의 엄한 영을 받고 황공하여 어찌할 바를 몰라 초조한 나날을 보내고 있었다. 지난번 길동을 올려 보냈을 때 처단되었어야 한시름 놓을 터인데 그만 놓치고 말았으니 자기 죄는 그대로 남아 있는 셈이었다.
그러던 어느 날 또다시 공중에서 내려왔는지 담을 뛰어넘었는지 길동이 별안간 홍인형 앞에 나타나 공손히 절까지 하고 나서 말하는 것이었다.
"상감마마께서 형님더러 이 아우를 또 잡아 바치라 하신다니 저를 묶어 서울로 보내소서. 지금 제 몸은 거짓이 아니옵고 진짜 길동이오니 의심치 마소서."

길동이 두 번째 나타나다니, 인형에게는 오히려 처음보다 더 뜻밖이었다. 인형은 길동의 손을 부여잡고 눈물까지 흘리면서 타일렀다.

"이 철없는 아이야. 너도 내 동기이거늘 부형의 타이름을 듣지 않고 나라를 소란케 하니 이 아니 걱정이냐. 이제라도 스스로 찾아와 잡혀가기를 원하니 참말 기특한 아우로다."

말은 이렇게 하였으나 미덥지 않아 재빨리 길동의 왼쪽 무릎을 걷어 올려 보았다. 과연 붉은 점이 있었다. 인형은 이번에야말로 진짜 길동을 잡았다고 안심하며 재빨리 길동의 손발을 꽁꽁 묶어서 수레에 실었다. 그리고 힘센 장사 수십 명을 골라서 수레를 철통같이 둘러싸고 서울로 바람같이 몰아가게 하였다.

길동은 낯빛 하나 변치 않고 태연히 그들이 하는 대로 몸을 맡기고 있었다.

길동을 실은 수레가 여러 날 만에 서울에 다다라 궐문 가까이 왔을 때였다. 길동이 기지개를 켜듯 몸을 한 번 움직이자 묶였던 쇠줄이 뚝 끊어지고 수레가 와지끈 깨지더니, 마치 뱀이 허물 벗듯 길동이 하늘로 솟구쳐 올라 눈 깜빡할 사이에 구름 속으로 자취를 감추고 말았다. 길동을 호송해 가던 장교와 포졸들은 넋을 잃고 길동이 사라진 구름을 오래도록 쳐다보고 있을 뿐이었다.

소식을 들은 왕은 또다시 근심에 싸였다.

"세상에 이런 일이 어디 또 있으리오."

이때 한 신하가 아뢰었다.

"홍길동이 병조 판서를 한 번 지내면 조선을 떠나리라 한다니, 그 원을 풀어 주면 제 스스로 전하의 은혜를 보답하러 찾아올 것이옵나이다. 이때를 타서 처리하면 될까 하옵나이다."

왕이 그 말을 옳게 여겨 곧 홍길동에게 병조 판서를 내린다는 방을 서울 동서남북 네 대문에 내붙이게 하였다.

과연 며칠 지나지 않아 길동이 비단 관복에 무소뿔로 꾸민 화려한 띠를 띠고 외바퀴 가마에 위엄 있게 올라앉아 대궐 문으로 버젓이 들어왔다.

본디 홍길동이 높은 벼슬자리가 탐나서 그런 것은 아니었다. 같은 사람인데도 서자를 사람대접하지 않는 세상을 조롱해 보자는 것이었다. 그러므로 지금 이 행차도 신임 병조 판서 홍길동이 겉으로만 국왕의 은혜에 고마움을 표하는 놀음놀이에 지나지 않았다.

병조에 속한 관리들이 황급히 달려 나가 신임 판서를 영접하여 들이는 판이라 그 위엄이 또한 장관이었다. 그러나 대궐 안의 숱한 관리들이 겉으로는 예법을 갖추어 홍길동을 맞이하는 것 같지만 실상 그들의 안속은 딴 데 있었다. 길동이 왕에게 사은 절차를 마치고 궐 밖으로 나올 때 미리 숨어 있던 나졸들이 칼과 도끼를 들고 달려들어 길동을 쳐 죽이도록 짜 놓은 것이다.

이런 음모를 알 리 없는 길동은 태연히 궐 안으로 들어가 왕 앞에 꿇어 엎드려 공손히 절하고 말하였다.

"소신의 죄악이 세상 이를 데 없이 크오나 도리어 전하께옵서 크나큰 은덕을 베푸시어 평생소원을 풀어 주시니 감사한 말씀 이루

다 사뢰지 못하는 바이옵나이다. 소신은 이제 더 바랄 것이 없사와 이 길로 돌아가면 다시는 전하를 뵈옵지 못할까 하나이다. 부디 만 년 천수하옵소서."

이 말을 남기고는 몸을 하늘로 솟구쳐 올라 구름에 싸여 보이지 않으니, 길동이 어디로 사라졌는지 방향조차 가늠할 수 없었다. 여러 관속들과 나졸들은 넋을 잃었고, 왕은 도리어 감탄하여 마지않았다.

"길동은 참으로 고금에 없던 희한한 인물이로다. 길동의 말이 지금 조선을 떠나겠노라고 하였으니 다시는 말썽을 일으키지 않을 것이요, 믿기는 어려우나 그놈도 사내대장부의 큰 뜻이 있어 보이니 그리 걱정할 것은 없을 줄로 아노라."

그리하여 팔도에 홍길동의 죄를 용서한다는 글을 내리고 체포령을 거두었다.

새 땅, 새 식구

활빈당 본거지로 돌아오는 길, 길동은 축지법이나 도술을 쓰지 않고 한적한 산길을 천천히 걸었다.

정작 이 나라를 떠나자니 불쌍한 어머니 생각에 눈굽이 뜨거워졌다. 자기 때문에 혼절하던 아버지도 걱정되지 않는 것은 아니었다. 하지만 가장 큰 걱정거리는 활빈당을 어느 길로 이끌어 어떤 일을 해야 하는가이다.

"아무래도 떠나야 한다. 죄 없는 사람들에게 화가 미치게 하고서야 내가 싸워 이긴들 무슨 복이 차례지랴. 어디 먼 데로 가서 보란 듯이 자유롭고 평등한 세상을 꾸려 보자. 그러자면 먼저 우리가 살 곳을 찾아 놓고 와야 한다."

길동은 본거지로 돌아오기 바쁘게 부하들을 불러 놓고 말하였다.

"내 잠시 다녀올 곳이 있으니 그동안 아무 데도 나가지 말고 내가 돌아올 때까지 기다리시오."

길동은 자기가 돌아올 동안 활빈당 활동을 금지했다.

다음 날 아침 길동은 몸을 하늘 높이 솟구쳐 황해로 나가 남쪽으로 갔다. 구름을 타고 바람을 일으켜 한동안 가다 문득 아래를 굽어보니 끝없는 바다 한가운데 커다란 섬이 하나 둥실 떠 있었다.

길동은 회오리바람에 날려 온 나뭇잎처럼 사뿐히 섬 위에 내렸다. 율도국이라는 섬이었다. 동서남북을 살펴보니 산천이 맑고 인물이 번성하여 편안히 살 만한 곳이었다. 두루 구경하다가 율도국 북쪽 제도라는 작은 섬으로 들어갔다. 산천도 구경하고 인심도 살펴보니 섬 둘레는 칠백 리가 넘겠고 경치 또한 아름다웠다. 땅은 평평하고 드넓은 데다 기름져서 농사지으며 살아가기에는 더할 나위 없이 좋은 곳이었다. 여기에다 나라를 세우면 자손이 번성하고 사람들은 태평세월을 노래할 것이다.

'내 이미 조선을 떠나기로 결심하였으니 이 섬에 와서 터를 잡고 큰일을 이루어 보리라. 이곳은 조선과 멀리 떨어져 있으니 안심하고 살 수 있으리라.'

이렇게 생각한 길동은 그곳을 떠나 본거지로 돌아왔다. 그러고는 부하들에게 조선 땅을 떠날 채비를 하자고 일렀다.

먼저 수천 명이나 되는 사람들과 양식을 실을 배를 장만하느라 강가에서 배를 뭇기도 하고 사들이기도 하였다. 배는 마련되었는데 문제는 양식이었다. 새로 논과 밭을 일구고 곡식을 거둘 동안 먹을 양식은커녕 논밭에 뿌릴 씨앗도 모자랐다. 생각 끝에 길동은 한 가지 결심을 하였다. 그리하여 사람들에게 아무 달 아무 날 준비한 수십 척 배를 가지고 서울 한강 나루에 와서 기다리라고 하였다.

"이제 내가 서울로 올라가서 임금께 간청하여 벼 천 섬을 얻어 올 터이니 약속한 날짜를 어기지 말도록 하오."

한편, 서울의 홍 대감은 길동이 조용하니 마음고생도 사라지고 병도 씻은 듯이 나았다. 왕도 나라가 조용해지자 마음도 몸도 편안한 나날을 보내고 있었다.

때는 마침 구월 보름이었다. 왕은 달빛 어린 궁궐 안 뒤뜰을 한가로이 거닐고 있었다. 문득 한 가닥 맑은 바람이 일며 하늘에서 옥통소 소리가 들려왔다. 아닌 밤중에 뜻하지 않은 통소 소리에 귀를 기울이고 있는데, 난데없이 애어린 젊은이가 나타나더니 땅에 엎드려 절을 하였다.

왕은 궁궐 안에 낯선 사람이 나타난 데 놀라서 먼저 입을 열었다.

"보아하니 하늘의 젊은이가 인간 세상에 내려온 듯한데 무슨 일로 왔느뇨?"

젊은이는 땅에 엎드린 채 왕에게 아뢰었다.

"신은 얼마 전에 전하께서 병조 판서를 내려 주신 홍길동이옵나이다."

왕은 이 말에 또 한 번 놀랐다.

"그대 어찌 이 깊은 밤에 나타났느냐?"

"이렇게 깊은 밤을 타서 찾아온 까닭은 전하께옵서 혼자 계시는 자리를 얻고자 함이오니 신의 무엄한 소행을 널리 용서하여 주옵소서."

"그러면 그대가 나한테 무슨 할 말이 있단 말이냐? 어서 말해 볼

지이다."

길동은 고개를 들지 않고 말하였다.

"황공하옵나이다. 전하를 받들어 길이 모시려는 마음은 간절하였사오나 천한 종의 몸에서 태어났기로, 과거에 급제하여 문관이 된다 한들 옥당(홍문관)에 참례하지 못할 것이오며, 무과에 든다고 한들 사졸을 호령하고 전하의 행차를 호위하는 선전관이 될 수 없는 몸이옵나이다. 신의 신세가 이러하여 활빈당을 무어 여기저기 돌아다니며 각 고을 탐관오리들이 백성들에게서 빼앗은 재물을 다시 가난한 백성들에게 돌려주었사오나, 조정에서는 신의 소행을 나라를 소란케 하는 반역죄라 지목하여 왔나이다.

허나 이렇게 행동한 것은 신의 불우한 운명을 전하께 아뢰고자 함이오며 이 땅의 불쌍한 백성들 처지를 돌봐 주시기를 바라온 데서 나온 것이옵나이다. 그 뒤 전하께옵서는 황감하옵게도 미천한 신에게 병조 판서라는 높은 벼슬을 내리시어 서자 홍길동은 소원을 풀었사오니 인제는 조선을 떠나려 하옵나이다.

허나 활빈당의 수천 명 되는 이들과 그 처자들을 데리고 떠나자니 먹여 살릴 길이 막막하여, 전하께옵서 벼 일천 섬을 한강 나루로 보내 주옵시면 그 넓고 깊으신 은덕으로 수천 명 식솔들의 목숨을 보존할까 하나이다."

왕은 길동의 사람됨을 이제는 아는 터라 거절하면 후환이 두렵지 않은 바 아니요, 한편 나라의 골칫거리를 없애는 일인지라 달라는 대로 주어서 쫓아 보내는 것이 상책이라고 생각하였다.

"청을 다 들어줄 터이니 얼굴을 들라. 내 아직 그대 얼굴을 못 보왔더니 오늘 달빛 아래서나마 한번 자세히 보고 싶노라."

왕의 말이 떨어지자 길동이 비로소 얼굴을 쳐들었다. 그러나 눈만은 뜨지 않으므로 왕이 이상히 여겨 물었다.

"내 그대의 얼굴을 한번 보자 하였는데 어찌하여 눈을 뜨지 않느냐?"

"신이 눈을 뜨면 전하께서 놀라실까 저어하옵나이다."

왕은 길동이 과연 보통 사람이 아님을 깨닫고 위로까지 하였다. 이윽고 길동은 왕에게 머리를 조아려 깊이 사례하고 도로 몸을 하늘로 솟구쳐 유유히 사라져 갔다.

길동의 신기한 움직임에 못내 감탄하던 왕은 이튿날 선혜당상*에게 분부하여 벼 천 섬을 한강 나루로 실어 가게 하였다.

선혜당상이 영문도 모르고 왕의 분부대로 한강 나루에 이르렀다. 기다렸다는 듯 많은 장정들이 달려들어 바삐 저희 배에 양곡을 옮겨 싣고 떠나면서 큰 소리로 외쳤다.

"전임 병조 판서 홍길동이 임금님 덕분으로 벼 천 섬을 얻어 가노라!"

선혜당상은 깜짝 놀랐다. 홍길동이 또 나타나 나라의 양곡을 빼앗아 갔으니 이 노릇을 어찌 감당하랴 싶었다. 사색이 되어 왕에게 아뢰었더니, 왕은 웃으면서 말하였다.

"그것은 내가 길동에게 준 것이니 그리 알고 떠들지 말라."

길동은 배 수십 척에 벼 천 섬을 나누어 실은 뒤에, 활빈당 무리

---

* 양곡을 관리하는 선혜청의 으뜸 벼슬.

삼천 명과 그 식솔들을 거느리고 아득한 바다 검푸른 물결을 헤가르며 남쪽을 향하여 쏜살같이 갔다. 길동이 탄 배에는 지휘선 깃발이 펄펄 날리고, 그 뒤로 숱한 배들이 한 줄로 뒤따르니 그 모습이 굉장하였다.

 순풍에 돛을 단 활빈당의 수십 척 배들은 여러 날 만에 무사히 한 땅에 닿았다. 바로 제도라는 섬이었다.

 섬에 내린 길동 일행은 먼저 집 짓는 일부터 시작하였다. 며칠 새 집 몇 백 채가 일떠섰다. 땅을 갈아 농사에 힘쓰는 한편 무기도 만들고 무예를 익히니, 장정들은 나날이 힘이 세지고 또한 양식이 넉넉하여 먹고도 남았다.

 이렇게 되니 모두들 한결같이 홍 행수의 은덕을 칭송하였다. 이럴수록 길동은 더 책임이 무거웠다. 본디 이 섬은 육지와 멀리 떨어진 바다에 자리 잡고 있어서 해적 떼가 쳐들어오기 쉬웠다. 섬 안에 물산이 늘어나고 살림이 넉넉해질수록 밖에서 재물을 노리는 무리가 기어들기 마련이다. 이 방비 대책을 잘 갖추어 놓기 전에는 책임을 다했다고 할 수 없었다.

 어느 날 길동은 무리들을 모아 놓고 말하였다.

 "내 망탕산에 들어가 화살촉에 바를 독약을 구해 올 것이니 그대들은 그동안 도적들이 들어오지 못하도록 섬을 잘 지키시오."

 길동은 배를 타고 여러 날을 가 낙천이란 고장에 이르렀다. 들어 보니 이곳에 희한한 일이 있어 사람들이 떠들썩했다.

 이 고장에서 큰 부자로 사는 백룡이라는 사람이 딸 하나를 두었는데, 인물과 재질이 뛰어난 데다가 학식이 높아 모르는 일이 없고 검술 또한 능했다. 그러니 부모가 딸을 이를 데 없이 사랑하여, 천하의 영웅호걸이 아니면 사위를 삼지 않겠노라며 두루 혼처를 구하였다. 그러던 어느 날 별안간 사나운 비바람이 휘몰아치고 코앞을 분간할 수 없도록 하늘땅이 깜깜해지더니 딸이 온데간데없이 사라지고 말았다.

백룡 내외는 뜻하지 않은 불행을 당하여 몹시 슬퍼하며 사방으로 찾아 헤매었으나 도무지 자취를 알 수가 없었다. 이렇게 되자 내외가 밤낮으로 통곡하면서 말하였다.

"누구든지 내 딸을 찾아 주는 사람을 마땅히 사위로 삼으리라."

길동은 이 이야기를 듣고 가엾이 여기면서 망탕산을 찾아갔다. 약초를 캐며 점점 골 안 깊이 들어가니, 산은 험해지고 사람의 발자취도 찾아볼 수 없었다.

어느덧 날이 저물었다. 어디로 가야 할지 머뭇거리면서 두루 땅생김새를 살피고 있노라니 어디선가 문득 사람들 떠드는 소리가 들려왔다. 산속 깊은 곳에서 들려오는 사람 소리가 반가워서 소리 나는 곳을 찾으니 저쪽 골짜기에서 불빛이 보였다. 날도 어두워지니 하룻밤 신세를 져야겠다고 생각하며 그리로 갔다.

그런데 그곳에서 떠드는 이들은 사람이 아니었다. 사람 모양을 하고 있었지만 실상은 짐승의 무리였다. 워낙 이 짐승은 '울동'이란 동물로, 여러 해를 묵으면서 모습을 바꾼 요괴인데 흉물스럽기가 이를 데 없었다.

길동은 혼자 중얼거렸다.

"내 두루 안 다녀 본 데가 없으나 이런 짐승은 보다가 처음이라.

저것들을 잡아 없애 치우리라."

길동은 몸을 숨기고 가장 큰 놈 하나를 겨누어 화살을 쏘았다. 쏜 살은 그놈을 정통으로 맞추었다. 그놈이 울부짖으며 허겁지겁 달아나자 다른 놈들도 뿔뿔이 흩어졌다.

길동은 놈들을 쫓아가려다가 이미 밤이 깊었고 산도 험하여 발길을 멈추었다. 길동은 큰 나무에 기대어 그날 밤을 지냈다.

이튿날 날이 밝기 전에 길동은 활과 화살을 감추었다. 그러고는 부지런히 약초를 캐면서 골짜기를 타고 올라갔다.

이때 문득 요괴들 수십 놈이 달려들어 길동을 아래위로 훑어보더니 그중 한 놈이 따져 물었다.

"여기는 누구도 발을 들여놓지 못하는 곳인데 무슨 일로 예까지 들어왔느냐? 바른대로 말하지 못할까!"

길동은 시치미를 떼고 태연하게 대답하였다.

"나는 의술을 하는 조선 사람인데 여기에 좋은 약초가 있단 말을 듣고 찾아왔다."

의술을 하는 사람이라는 말에 요괴들은 길동을 다시 뚫어지게 살펴보더니 한 놈이 말하였다.

"우리 대왕이 새로 부인을 얻어 어제 저녁 잔치를 하다가 불행하게도 하늘의 벌을 받아 지금 병세가 위급하오. 의술 하는 분을 만나니 천만 다행이오이다. 선생이 약으로 우리 대왕을 살려 주시면 은혜를 크게 갚겠사오니 우리와 함께 가 주소서."

이 말을 듣고 나니 짐작이 갔다.

'그놈이 바로 어젯밤 내 화살에 맞은 놈이로구나.'

길동이 그놈들을 따라가노라니 큰 바위 아래 돌로 쌓은 괴상한 집들이 나타났다. 과연 피를 흘린 자국이 돌문 앞까지 나 있었다. 길동을 문밖에서 기다리게 하고 한 놈이 안으로 들어가더니 조금 있다가 도로 나와서 길동을 공손히 맞아들였다.

길동이 방 안에 들어가 보니 꾸밈새가 여간 으리으리한 게 아니었다. 방 가운데는 흉물스레 생긴 요괴의 우두머리가 누워 신음하고 있었다. 그놈은 길동을 보자 겨우 몸을 일으키며 애걸하였다.

"내가 천벌을 받아 죽게 되었으니 재주를 아끼지 말고 나를 살려 주면 은혜를 후하게 갚으리라."

길동은 그놈에게 짐짓 예절을 갖추어 대답하였다.

"대왕이 보잘것없는 의생을 그처럼 믿고 부탁하시니 황공하오이다."

짐짓 머리를 숙이는 척하고는 다시 이어서 말하였다.

"상처를 보니 그다지 중하지 않소이다. 먼저 먹는 약을 쓴 다음 독을 뽑는 약을 바르면 쉬이 나을 것 같은데, 대왕의 생각은 어떠하신지……."

우두머리는 기뻐하며 마음껏 치료하라고 말하였다.

길동은 온갖 환약을 가지고 다니는 터라 안주머니에서 독약을 꺼내어 더운물에 풀어서 권했다. 두말없이 약을 받아 마신 그놈은 한참 뒤 배를 움켜잡고 소리를 지르더니 두어 번 요동을 치다가 그만 죽고 말았다. 이 꼴을 보고 있던 요괴들이 칼부림을 하며 길동에게 와르르 달려들었다.

"너같이 흉악한 놈을 당장 베어 우리 대왕의 원수를 갚으리라!"

길동이 몸을 솟구쳐 하늘에 올라 큰바람을 일으키며 연달아 화살을 쏘니 그 무리가 제아무리 조화를 부린다 한들 길동의 신기한 술법을 당해 낼 수 없었다.

한참 싸움 끝에 요괴 무리들을 모조리 쓸어눕힌 길동은 다시 안으로 들어갔다. 웬 돌문을 열자 이상한 약 냄새가 풍겼다. 불을 켜들고 안을 살펴보니 바로 자기가 구하려던 약초가 산더미처럼 쌓여 있었다. 별로 힘들이지 않고 숱한 약재를 구한 것이다.

또 다른 돌문을 열고 들어가니 웬 젊은 여자가 겁에 질려 바들바들 떨고 있었다. 그 여자도 요괴인 줄 알고 마저 죽이려 활시위를 당기자 여자가 울며 애걸하였다.

"저는 요괴가 아니옵나이다. 요괴에게 잡혀온 사람이온데 스스로 목숨을 끊으려던 참이옵나이다. 마침 장군을 만났으니 살아서 고향으로 돌아가게 하여 주시면 그 은혜 백골이 되어도 잊지 않겠나이다."

길동이 활을 거두고 자세히 보니 세상에 드문 미인이었다.

"소저는 어디에 살며 뉘 집 따님이오?"

"저는 낙천현에 사는 백룡의 딸이옵나이다."

길동은 백룡의 딸이라니 퍽 희한한 일로 여기며 더 캐묻지 않고 곧바로 여자와 함께 산에서 내려와 여자의 집으로 찾아갔다.

백룡 내외는 잃었던 딸을 만나 미친 듯이 기뻐 서로 붙들고 울며 불며 기쁨에 넘쳐 한동안 집안이 들썩하였다.

백룡은 안해와 의논하고 일가친척들을 모아 큰 잔치를 차려 길동을 사위로 맞았다. 길동은 나이 스물이 넘도록 가정의 재미를 모르고 살다가 아름다운 안해를 맞으니 날이 갈수록 정이 살뜰하고 도타워 갔다.

그러나 길동은 오래 머물 형편이 못 되었다. 섬에 두고 온 사람들이 그리웠고 구해 놓은 약재도 빨리 가져다가 독화살을 만들어야 했다.

그리하여 안해와 백룡 내외, 일가붙이들을 거느리고 배에 올라 낙천 땅을 떠난 지 며칠 만에 제도로 돌아오니, 온 사람들이 길동 일행을 반가이 맞이하였다.

그 뒤 제도는 날로 번창하였다. 땅이 기름지고 탐관오리들의 토색질이 없는 데다 도적이 없어서, 사람들이 마음 편히 농사일에 힘쓰니 살림은 늘어만 갔다.

이렇게 즐거운 세월을 보내던 어느 해 여름이었다. 때는 칠월 보름, 둥근달이 하도 사람의 마음을 끌어 길동은 부인과 함께 달구경을 하고 있었다. 달에서 눈을 떼지 않고 있던 길동이 문득 굵은 눈물방울을 흘렸다. 옆에 섰던 백 부인이 놀라 물었다.

"무슨 일로 그리 슬퍼하시나이까? 예부터 내외간은 한 몸이라 일러 왔거늘 안해인 제가 지아비의 슬픈 내력을 모르고 있으니 황공하기도 하오나 섭섭키도 하나이다."

길동은 울적한 마음을 달래며 쓸쓸히 대답하였다.

"내 미처 부인에게 사연을 말하지 못하였소이다. 나는 세상에 용서 못 할 불효자식이외다. 나는 이곳 태생이 아니라 조선 땅 홍대감의 아들로, 첩의 몸에서 태어난 탓으로 사람대접을 받지 못하고 자랐소이다. 이것이 평생 한이 되어 부모 곁을 떠나 예까지

오게 되었소. 허나 부모님이 어찌 지내시는지 늘 걱정하던 중 저 하늘의 별들을 살펴보니, 아버님 병환이 위급하여 오래지 아니하여 세상을 떠나실 것이외다. 이렇게 내 몸이 만리타향에 와 있으니 지금 떠난다 한들 미처 고향에 가 닿지 못하겠기로 절로 슬퍼져서 그러오."

백 부인은 그제야 비로소 남편의 내력을 알고 함께 슬퍼하였다.

"이제라도 그리 늦지 않을 터이니 곧 떠날 채비를 하사이다."

이튿날 길동은 월봉산에 올라가 좋은 묏자리를 잡아 무덤을 파고 산소 앞에 세울 상석, 비석, 망두석까지 모두 마련하였다. 한편으로는 수하 장정들을 불러 큰 배를 타고 아무 날까지 조선 땅 서강에 가서 기다리라고 일렀다. 그리고 자기는 머리를 깎아 중 모습으로 꾸미고 작은 배에 올라 조선으로 떠났다.

아버지는 산소에, 어머니는 곁에 모시고

 홍 대감은 길동이 멀리 떠난 뒤 근심 걱정 없이 지내다가 여든이 넘어 그만 자리에 앓아누웠다. 병세가 점점 기울자 부인과 큰아들을 불러 앉히고 유언을 하였다.
 "내 나이 여든이라 이제 죽어도 한이 없으나 다만 길동이가 살았는지 죽었는지 알지 못하니 죽어도 눈을 감지 못하겠노라. 길동이가 죽지 않았으면 반드시 찾아올 것이니 부디 배다른 아이라고 천대하지 말며 그 어미도 잘 대해 주어라."
 말을 마친 홍 대감은 그만 숨을 거두었다.
 홍씨 일가는 슬픔에 잠겨 초상 절차를 극진히 치렀으나 마땅한 묫자리를 잡지 못하여 걱정하고 있었다. 이때 하인이 들어와서 아뢰었다.
 "대문 밖에 어떤 중이 와서 대감마님 영전에 조문하겠다 하나이다."

상주가 들여보내라 하니, 중은 들어오자마자 아버지 관 앞에 엎드려 목 놓아 울었다. 모두들 이상히 여기며 수군거렸다.

"대감마님 생전에 친한 중이 없었는데 누구기에 저다지도 슬피 우는고?"

반나절이나 구슬피 울던 중은 다시 상주 앞에서 또 한바탕 통곡하였다.

"형님, 어찌 아우를 몰라보시나이까?"

상주가 그제야 자세히 보니 배다른 아우 길동이었다. 인형은 길동을 붙들고 통곡하며 넋두리를 하였다.

"이 철없는 애야. 그새 어디 가 있었느냐? 아버님은 네 생각이 간절하여 차마 눈을 감지 못하겠다며 마지막 숨을 거두셨으니, 네 어찌 자식 된 도리를 지켰다고 하겠느냐?"

그러더니 길동이 손을 잡고 안방으로 들어가 유 씨에게 보였다. 또 춘섬을 불러 만나게 하니 어머니와 아들이 서로 붙들고 한바탕 통곡하였다. 춘섬이 정신을 차려 길동이 차림새를 보더니 깜짝 놀랐다.

"네가 어찌 중이 되었느냐?"

길동은 넌지시 꾸며서 말하였다.

"제가 처음엔 마음 내키는 대로 덤비다가 아버님과 형님이 저 때문에 화를 보실까 두려워 조선을 떠났나이다. 그 뒤로 머리 깎고 중이 되어 풍수 노릇을 하며 살아오다가 아버님이 세상을 떠나신 것을 짐작하고 돌아왔나이다."

이 말을 듣고 유 씨와 춘섬이 눈물을 거두면서 말하였다.

"네가 풍수를 하였으면 땅을 잘 가려보겠으니, 아버님을 위하여 좋은 묏자리를 하나 장만하여 보아라."

길동은 공손히 대답하였다.

"제가 이미 묏자리를 하나 마련해 놓기는 하였으나 수천 리 밖에 있사오니 너무 멀어 걱정이옵나이다."

인형이 그 말을 듣고 오히려 크게 기뻐하며 말하였다.

"네 재주와 효성을 아는 바에야 좋은 묏자리를 얻었으면 되었지 어찌 먼 것을 탓하겠느냐."

"형님 생각이 그러하면 내일 곧 떠나도록 채비를 하소서. 저는 벌써 그곳에서 장사 지낼 날까지 정하였사오니 형님은 걱정 마시오소서. 그리고 어머님도 모시고 떠나고 싶나이다."

유 씨는, 춘섬과 함께 가겠노라는 길동의 청을 들어주었다.

길동이 아버지의 상여와 함께 일행을 거느리고 서강 나루에 이르렀다. 길동이 미리 마련하여 놓은 배는 벌써 와서 기다리고 있었다.

모두들 배에 올라 서강을 떠나니 때마침 넓은 바다에 순풍이 일어나며 배가 쏜살같이 달렸다. 어느덧 한 곳에 다다르니 수십 척 큰 배들이 기다리고 있다가 길동 일행을 보고 반기는 듯 좌우로 갈라져 에워싸고 가니 그 위세가 자못 놀라웠다.

이 광경을 보고 있던 인형은 몹시 놀라며 넋을 잃고 있더니 제정신이 들자 길동에게 물었다.

"이 어찌 된 일이냐?"

길동은 그제야 모든 것을 사실대로 이야기하였다.

활빈당을 데리고 조선을 떠나 농사꾼이 되어 해마다 숱한 곡식을 거두고, 한편 장정들을 훈련하여 섬을 튼튼히 지키니 둘레에서 제도를 넘보는 자가 없다고 하였다.

"제가 사는 제도는 기름진 땅이 천 리요, 곳간에 양곡 수만 섬이 쌓였는데 이만한 것이야 못 내겠사오이까."

인형은 그저 고갯방아만 찧고 있었다.

이윽고 배가 제도에 다다랐다. 수많은 사람들이 나와 마중하는 가운데 일행이 월봉산에 오르니 산봉우리가 기묘하고 산줄기가 여간 빼어나지 않았다.

길동이 가리키는 곳을 살펴보니 산소치레가 굉장하게 꾸려져 있는지라 인형은 크게 놀랐다.

"이게 어찌 된 일인고?"

"놀라지 마소서."

상여꾼들이 절차를 따라 구덩이에 관을 내리고 무덤을 만들자, 모두들 슬피 울며 제사를 지냈다.

서산에 해가 저물어 길동은 어머니와 인형을 데리고 집으로 내려왔다.

이때 백 부인이 큰방에 나와 비로소 문안을 드리니 춘섬은 기쁘기 그지없었다. 인형이 또한 반겨 맞으며 새삼스레 감탄해 마지않았다.

이럭저럭 여러 날이 지나자 길동은 인형에게 말하였다.

"아버님을 좋은 자리에 모셨으니 마음 놓으시고 고국에 돌아가시어 어머님을 잘 봉양하소서. 형님은 아버님이 살아 계실 때 많이 모셨으니 아버님 산소는 이제부터 제가 정성껏 돌보겠나이다. 우리 형제 다시 만날 날이 있을 것이오니 바삐 길을 떠나 큰어머님이 기다리지 않게 하소서."

인형이 그 말을 듣고 곧 산소에 올라가 하직하고 내려오니 길 떠날 채비가 다 되어 있었다.

인형이 여러 날 만에 조선에 돌아와 유 씨에게 길동이 귀하게 된 사연과 좋은 자리에 뫼를 쓴 일들을 낱낱이 말하니, 유 씨는 한편 신기히 여기고 한편 기뻐하였다.

새로운 세상

세월은 흘러 어느덧 홍 대감의 삼년상도 지났다.

제도 남쪽에 큰 섬이 또 하나 있었으니 바로 율도국이다. 이 나라는 길이가 수천 리요, 사방이 막혀 든든한 천연 요새를 이루고, 본디 땅이 기름져 물산이 풍부하나, 이 나라 왕이 포악하여 사치와 안락을 일삼으며 나라를 돌보지 않아 백성들은 굶주리고 땅은 거칠 대로 거칠어졌다. 그러니 길동은 늘 율도국의 굶주리는 백성들을 구원하려는 뜻을 두고 있었다.

하루는 길동이 장수들을 모아 놓고 말하였다.

"우리가 이 제도에 머물면서 농사에 부지런히 힘쓰고 무예도 열심히 닦아 넉넉하고 든든한 곳으로 일구었소. 그런데 남쪽 율도국 백성들은 그릇된 왕과 벼슬아치들을 만나 풀뿌리를 먹으며 어렵게 살고 있소. 언젠가는 그 백성들도 우리와 함께 잘살게 하고

자 하였는데, 이제 때가 왔소. 그러니 그네들을 구하는 데 힘을 모아 주기 바라오."

여기저기서 "옳소!" 하는 외침이 들렸다. 그리하여 갑자년 구월 나뭇잎이 질 때, 여러 장수들은 길동을 따라나섰다.

길동은 부하들을 거느리고 율도국 철봉산 기슭에 다다랐다. 이때 율도국 철봉 태수 김현충은 갑자기 장수들이 삼엄히 나타난 것을 보고 크게 놀랐다. 철봉은 율도국에서 가장 중요한 요새였다. 당황하고 놀란 김현충은 먼저 왕에게 알리는 한편 군사를 내어 길동의 군사들과 맞섰다.

철봉 태수는 성 밖에서 몇 번 싸워 보지도 못하고 쫓겨 들어오고 말았다. 만만한 적이 아니라는 것을 깨달은 철봉 태수는 성문을 굳게 닫고 꼼짝하지 않았다.

여러 날이 되어도 성문이 굳게 닫혀 있자, 길동은 장수들을 모아 놓고 의논하였다.

"날짜를 오래 끌수록 우리는 양식과 말꼴이 모자랄 테니 뜻을 이루지 못할 것이오. 한시바삐 계략을 써서 철봉 태수를 사로잡고 군량과 말꼴을 빼앗은 다음 도성을 치는 것이 좋으리니, 장수들은 부하들과 사방에 숨어 있다가 적을 노리시오. 마숙 장군은 부하 오백을 거느리고 내가 시키는 대로 하시오."

마숙은 길동이 시키는 대로 부하들을 거느리고 철봉성 문 앞까지 가서 고함을 치며 싸움을 걸었다. 그러자 철봉 태수 김현충이 성문을 열고 나와 맞받아쳤다. 마숙의 부하들은 그 기세에 눌린 듯 곧 꽁무니를 돌려 도망치기 시작했다. 김현충은 더욱 기세를 돋우어 마숙 일행을 뒤쫓아 험한 골짜기로 몰아넣었다.

바로 이때였다. 골짜기에서 북소리, 고함 소리가 어지러이 일어나며 숨어 있던 장수들이 부하들을 거느리고 한꺼번에 몰려나와 철봉 군사들을 에워쌌다. 동에는 푸른 갑옷 입은 장군, 서에는 흰 갑옷 입은 장군, 북에는 검은 갑옷 입은 장군이 막고 있는데, 그 가운데서 황금 투구를 쓴 길동이 흰말에 높이 앉아 긴 칼을 휘두르며 내달아서 김현충이 탄 말을 질러 거꾸러뜨렸다. 현충이 말에서 굴러 떨어지자, 길동의 군사들이 달려들어 묶었다.

길동은 붙잡힌 현충에게 벼락같이 소리를 질렀다.

"네 목숨이 아깝거든 당장 항복하라!"

현충은 이미 대세가 기운 것을 알고 무릎 꿇고 애걸하였다.

"이미 잡힌 몸이니 남은 목숨이나 살려 주소서."

그러자 길동은 밧줄을 풀어 주며 너그러이 말하였다.

"그대를 용서할 터이니 안심하고 철봉을 지키고 있으라."

이렇게 길동은 철봉성을 김현충에게 맡기고는 포악한 율도 왕이 도사리고 있는 성으로 쳐들어가기에 앞서 왕에게 글을 보냈다.

조선국 활빈당 행수 홍길동은 율도 왕에게 이 글을 보내노라.

무릇 임금이란 한 사람의 임금이 아니요 만백성의 임금이거늘, 사치와 주색에 눈이 어두워 만백성을 괴롭히고 기름진 땅이 거칠어지도록 내버려 두었으니 어찌 하늘이 무심하리오. 백성들의 원한이 하늘에 사무쳤도다.

내 이를 바로잡고자 활빈당 장수들을 거느리고 먼저 철봉성을 쳐서 태수의 항복을 받아 내니, 이르는 곳마다 군사들이 앞을 다투어 항복하는지라. 이제 우리와 싸우려거든 싸우고 그렇지 아니하면 일찍 항복함이 옳으리라.

율도 왕에게는 마른하늘에 날벼락이었다. 겁에 질린 율도 왕은 땅이 꺼질듯 탄식을 하더니 마지막으로 비명을 질렀다.
"우리 나라가 오직 철봉의 요새를 하늘같이 믿어 왔거늘 그 성을 잃었으니 이제 끝났도다."
그러더니 그 자리에서 제 손으로 목숨을 끊고 말았다. 왕자와 왕비도 왕의 뒤를 따랐다.
왕이 죽었다는 소문이 퍼지자 도성 안의 군사들은 성문을 열고 나와 길동에게 항복하였다. 도성 안으로 들어온 길동은 율도국 백성들을 안심시키고, 소와 돼지를 잡아 장졸들의 공과 수고를 위로하였다.
이리하여 을축년 정월 초아흐렛날 만백성이 한결같이 추대하여 길동은 왕이 되었다.
율도 왕이 된 길동은 어지러운 나라 형편을 바로잡아 나갔다. 이번 싸움에 공로가 가장 큰 마숙을 좌의정으로 삼고, 김지를 우의정으로 삼았으며, 남은 장수들에게도 다 맞춤한 벼슬을 내렸다. 그리고 최철을 순무안찰사로 삼아 율도국 삼백구십 주를 돌보게 하여 백성들이 편히 지내도록 하였다. 이렇게 정사를 바로 펴니 온 신하들이 떠받들고, 온 나라 백성들이 덕행을 높이 칭송하였다.
길동이 왕이 된 지 어느덧 삼 년이 흘렀다. 땅은 기름지고 백성들은 부지런히 논밭을 일구니 온 나라가 태평하여 살기 좋은 세상이라고 노랫소리가 그치지 않았다.

하루는 길동이 큰 잔치를 차려 놓고 여러 신하들과 같이 즐기면서 어머니에게 말하였다.

"제가 집에 있을 때 자객에게 죽은 몸이 되었던들 어찌 오늘과 같은 날이 있사오리까."

그러더니 신하들을 둘러보면서 말하였다.

"내가 지금 왕이 되었으나 본디 조선 사람으로 우연히 이렇게 된 것이니 참으로 분에 넘치는 일이오. 조선 임금이 나에게 벼 천 섬을 준 은혜가 크니 어찌 그것을 잊을 수 있으리오. 마땅히 벼를 실어 보내 사례함이 옳도다."

말을 마치고는 멀리 고국 쪽 하늘을 바라보았다.

한편, 조선 왕은 길동에게 벼를 주어 보낸 뒤 십 년이 가까워 오도록 아무 소식이 없자 오히려 궁금하였다. 그러던 어느 날 문득 율도국에서 백룡이라는 사람이 와서 저희 왕의 편지를 올렸다. 왕은 의아쩍은 마음으로 편지를 떼어 보았다. 첫머리를 보니 이러하였다.

　　　전 병조 판서 율도 왕 홍길동은 조선 왕에게 이 글을 보내옵나이다.

왕은 첫 글귀에서 홍길동의 이름을 보고도 놀랐지만 길동이 율도 왕이 되었다는 데 더욱 놀라지 않을 수 없었다. 십 년 전 홍길동 때문에 온 나라가 소란하던 시절을 생각하니 아직도 온몸에 소름이

돋는데, 길동이 한 나라를 다스리며 편지를 보내왔으니 놀라는 것도 무리가 아니었다.

사연은, 지난날 활빈당 무리가 조선을 떠날 때 나라 창고에서 벼 천 섬을 받은 덕에 오늘날 잘살게 되었으므로 그 벼 천 섬을 돌려보내니 받아 달라는 것이었다.

왕은 안도하며 백룡에게 치하하더니, 그 자리에서 홍인형을 불러 율도 왕의 편지를 보였다.

"세상에 이렇듯 희한한 일도 있는가?"

왕은 길동이 칭찬을 아끼지 않았다. 이때 인형은 벼슬이 참판에 이르고 있었다. 인형은 길동의 편지를 보고 놀라던 참에 더욱 황송하여 왕 앞에 꿇어 엎드렸다.

"소신의 아우 길동이 다른 나라에 가서 비록 귀히 되었으나 이는 참으로 전하의 은덕이옵나이다. 제 아비 산소를 율도국 가까운 섬에 썼사와 한번 다녀올까 하오니, 바라옵건대 일 년 말미를 주시면 하옵나이다."

왕은 허락하고 인형을 조선국의 사절로 삼아 율도국에 다녀오게 하였다.

인형이 집에 돌아와 율도국으로 가게 된 사연을 알리니, 유 씨도 기뻐하며 말하였다.

"참 잘되었노라. 네 아버지 산소도 보고 귀히 된 길동이도 볼 겸 나도 같이 가리라."

인형은 어머니 유 씨와 함께 떠나 석 달 만에 율도국에 이르렀다. 벌써 길동이 안해와 함께 나와 기다리고 있다가 반가이 맞아들였다.

즐거운 나날이 흘렀다. 유 씨와 인형은 제도에 있는 홍 대감의 무덤에도 다녀왔다. 그러던 어느 날 유 씨에게 갑자기 탈이 생겨 온갖 약을 다 써도 효력이 없었다. 유 씨는 병이 심상치 않은 것을 깨닫고 한탄하였다.

"이 몸이 다른 나라에서 죽게 되었으니 한심하나, 네 아버지 산소를 보았으니 이제 한이 없노라."

말을 마치고는 마지막 숨을 거두고 말았다.

인형과 길동이 예를 갖추어 유 씨를 제도의 아버지 산소에 합장하였다.

두어 달이 지난 어느 날, 인형이 길동에게 말하였다.

"내가 이곳에 와서 아우와 함께 여러 달 같이 지낸 것은 더없이 즐거웠으나 불행히 어머님이 세상을 떠나시니 슬프기는 형제가 마찬가지이리라. 허나 내 이곳으로 떠나올 때 임금께 일 년 말미를 받은지라 이제 고국으로 돌아가리니 더욱 섭섭한 마음을 금치 못하노라. 아우는 부디 몸조심하고 잘 있으라."

그러고 곧 조선으로 떠났다.

조선에 돌아온 인형은 왕에게 그동안 일을 낱낱이 아뢰었다. 왕은 유씨 부인이 세상 떠난 것을 위로하며 인형에게 삼년상을 지내고 조정에 다시 나오라고 분부하였다.

이때 율도국에서는 불행한 일이 또 하나 생겼으니, 춘섬이 병이 나서 세상을 뜬 것이다. 길동과 백씨 부인은 슬픔에 잠겨 예를 갖추어 제도의 선산에 장사를 지냈다.

그 뒤 나라는 점점 번성해 가고, 백성은 더 살기 좋아져서 태평세월을 노래하였다.

거리마다 태평세월 노랫소리

길동이 율도 왕이 된 지 삼십 년에 나이 벌써 일흔이 넘었다. 어느 날 길동은 부인과 세 아들과 더불어 뒤뜰 정자에서 풍악을 갖추고 노래를 지어 불렀다.

세상일 생각하니
풀 끝에 이슬 같도다.
백 년을 산다 하나
이 또한 뜬구름일세.

귀천도 때 있으니
다시 보기 어렵도다.
소년이 어제러니

백발 될 줄 어이 알리.

이때 정자에 오색찬란한 구름이 뭉게뭉게 서리더니 명아줏대 지팡이에 관을 쓰고 학처럼 흰옷 입은 늙은이가 나타났다. 늙은이는 길동을 바라보며 말하였다.
"그대 인간재미 어떠하뇨? 이제는 우리 함께 가리라."
이 말이 떨어지자 문득 길동과 부인이 감쪽같이 사라졌다. 세 아들이 놀라 온 뜰을 뒤지고 온 산을 찾았으나 길동 내외는 온데간데없었다. 세 아들은 슬피 통곡하다가 거짓 관을 해서 예를 갖추어 장사 지냈다.
사람들 사이에서는 홍길동 내외가 하늘의 신선이 되었다는 말이 퍼져 나갔다.

전우치전

글쓴이 모름
림왕성 고쳐 씀

천하로 집을 삼고 백성으로 몸을 삼겠노라

조선 초, 송도 숭인문 안에 한 선비가 있으니, 이름은 전우치이다.

전우치는 훌륭한 스승을 만나 신선의 도를 배우고 공부를 많이 하였는데, 본디 재기가 뛰어난 데다가 정성도 지극한지라, 마침내 오묘한 이치를 깨닫고 신기한 재주를 얻었다. 하지만 이를 숨기고 지내므로 가까이 지내는 사람들조차 아는 이가 없었다.

이때 남쪽 바닷가 고을들은 여러 해 동안 왜구의 노략질에 시달린 데다가 엎친 데 덮쳐 무서운 흉년까지 만나니, 백성들의 참혹한 형상은 이루 다 붓으로 그리지 못했다. 그래도 조정의 벼슬아치들은 권세를 다투기에 눈이 벌겋고 부귀영화를 누리는 데만 급급할 뿐 백성들의 괴로움은 아랑곳하지 않으니, 뜻있는 사람들은 모두 분을 참을 길이 없었다.

전우치도 울분에 잠겨 날로 어지러워 가는 세상을 바라보고 있다가 참다못해 결연히 뜻을 정하고 나섰다. 천하로 집을 삼고 백성으로 몸을 삼겠다 다짐하더니, 집을 버리고 세간을 헤쳤다.

 길 떠난 우치에게 보이나니 헐벗고 굶주린 백성들이요, 들리나니 주색에 빠져 허덕이는 벼슬아치들의 노랫소리였다.

 전우치는 곧장 서울로 향하였다. 서울에서도 대궐 앞에 다다른 날 우치는 신선으로 몸을 바꾸었다. 머리에는 쌍봉금관을 쓰고, 몸에는 붉은 도포를 입고, 허리에 백옥 띠를 두르고, 손에는 옥홀[*]을 쥐고, 푸른 옷 입은 동자 한 쌍을 거느리고는 구름을 타고 안개를 멍에로 삼아 대궐 위로 올라갔다. 우치는 공중에서 대궐을 오래도록 굽어보았다.

 때는 춘정월 초이틀이라 왕은 문무백관들에게 새해 인사를 받고 있었다. 문득 눈앞에 영롱한 오색구름이 흩날리더니 향기로운 냄새가 코를 찔렀다. 그러더니 하늘에서 우렁찬 목소리가 들려왔다.

 "왕은 옥황상제의 분부를 받으라!"

 왕은 너무 놀라 그 자리에 굳어 버렸다. 정신이 들어 하늘을 올려다보니 대궐 위를 뒤덮은 오색구름 속에서 신선이 보였다. 왕은 급히 신하들을 거느리고 뜰에 내려 엎드리고는 하늘에서 내리는 분부를 기다렸다. 다시금 낭랑한 목소리가 들려왔다.

 "옥황상제께옵서 어렵게 살다가 불쌍하고 억울하게 죽은 혼들을 위로하기 위하여 태화궁을 짓고자 하니 나라들마다 황금으로 만든 들보 하나씩을 만들어 올리도록 하라. 길이가 다섯 자요 너비

---

* 옥으로 만든 홀. 홀은 벼슬아치들이 임금을 만날 때 관복에 갖추어 손에 쥐는 물건.

는 일곱 자이니, 춘삼월 보름날까지 준비하라."

왕과 신하들은 하늘의 분부를 들으며 감히 머리를 들지 못하였다.

신선이 하늘로 올라가자 왕은 곧 신하들과 이 일을 의논하였다. 어느 신하가 아뢰었다.

"팔도에 알려 금을 모아 하늘의 분부를 받드는 것이 옳은 줄로 아뢰옵나이다."

왕도 그럴듯하게 여겨 팔도에다 금을 모아 바치라는 명을 내렸다. 그리고 재간 좋은 장인바치들을 불러 황금 들보를 만들도록 하였다.

대궐에 있는 금을 깡그리 모아들이고, 벼슬아치들의 금붙이도 모조리 거두어들이고, 비녀에 올린 금까지 벗겨 내니, 팔도에 금이 바닥났다.

어느덧 춘삼월 보름이 되었다. 왕이 사흘간 몸과 마음을 깨끗이 한 뒤 아침 일찍 자리까지 깔아 놓고 이제나저제나 기다리는데, 진시(아침 여덟 시쯤)가 되니 오색구름이 대궐 하늘을 뒤덮으며 그윽한 향기가 풍겨 왔다.

하늘을 올려다보니 신선이 푸른 옷 입은 동자를 양옆에 세우고 구름에 싸여 있는데, 그 모습은 참으로 황홀하기 그지없었다. 왕이 신하들을 거느리고 엎드리니 그 신선이 또다시 옥황상제의 분부를 전하였다.

"조선 왕이 힘을 다하여 하늘의 명을 받드니 정성이 지극하도다. 이제 이 나라에는 비가 알맞게 내리고 바람도 고르로워 풍년이 들리라. 나라가 태평하고 백성들도 편안하리니 앞으로도 하늘을 우러러 덕을 닦고 지내길 바라노라."

신선이 말을 마치자 동자 둘이 학을 타고 내려와 황금 들보를 들어 올렸다. 신선과 동자가 오색구름에 싸여 남쪽으로 가니 하늘에 무지개가 뻗치고 비바람 소리 진동하더니 구름이 동서로 흩어졌다. 왕과 신하들은 하늘을 감히 올려다보지도 못하고 수없이 머리를 조아렸다. 하늘이 다시 고요해지자 왕은 어전에 올라 신하들의 조회를 받고 큰 잔치를 차렸다.

한편, 황금 들보를 감쪽같이 빼앗아 낸 우치는 그것을 나라 안에서 처분하기가 어려워, 절반을 베어 조선에서 훨씬 남으로 내려가 서공(사이공) 지방에다 팔고 그 돈으로 쌀 십만 섬을 사들였다. 굶주려 죽어 가는 가난한 백성들 집에 쌀을 골고루 나누어 주고, 이듬해 심을 씨앗까지 대 주었다. 백성들은 뜻밖의 기쁨으로 하늘의 덕을 칭송하였고, 벼슬아치와 양반 들은 어찌 된 곡절인지 몰라 어리둥절하였다.

얼마 뒤 우치는 방을 써서 마을 어귀에 내다 붙였다.

이번에 곡식을 나누어 주었다고 나를 칭송할 수 있으나 이는 마땅치 아니하도다. 슬프도다. 양순한 백성들이 어이 이리 참혹한 지경에 이르렀는고. 나라는 백성을 뿌리 삼고, 부자는 가난한 사람들이 만들어 주거늘, 벼슬하는 자도 부자도 백성들을 돌보려 하지 아니하니 이는 하늘의 이치에 어그러져 하늘도 사람도 함께 통분하는 바로다. 그리하여 내 하늘을 대신하여 부귀한 자들에게 황금을 빼앗아, 죽기에 이른 그대들을 구한 것이로다. 그러니 그대들은 모름지기 이 뜻을 깨달아 잠깐 남에게 맡겼던 것이 돌아온 줄로 알 뿐 남에게 힘입은 것으로 여기지 말지어다. 더욱이 제 스스로 심부름한 내게 무슨 공이 있으리오. 이렇게 말하는 나는, 처사 전우치로다.

우치가 이런 방을 붙이자 이 소문에 날개가 달려 온 나라 안에 퍼지니 입 있는 백성들은 우치를 칭송하기 바쁘고, 조정 벼슬아치들은 임금을 속이고 나라를 소란케 했다고 분통을 터뜨렸다. 그리하여 나라에서는 전우치를 잡겠다고 여기저기 들쑤시기 시작하였다.

이 소식을 들은 우치는, 제 잘난 체 날뛰며 우쭐거리는 양반 벼슬아치들이 괘씸하여 그놈들을 골려 줄 꾀를 또 내었다.

"신을 잡을 공력으로 백성이나 편안케 하소서."

우치는 곧 황금 들보 한 머리를 베어 가지고 서울 저잣거리로 갔다. 우치가 거리에서 금을 팔려 하니 보는 사람마다 의심하며 수군거렸다.

"나라에 금이 죄다 바닥났다는데 저이는 금이 어디서 난 거라오?"

"낸들 아나. 거 괴이한 일이로고."

마침 토포관이 지나가다가 우치를 보았다. 토포관도 수상하게 여기며 말을 걸었다.

"이 금은 어디서 났으며 값은 얼마인가?"

우치는 태연하게 대답하였다.

"금이야 난 데가 있거니와 값은 얼마가 될지 달아 봐야겠지만 한 오백 냥만 내시오."

"그대 집은 어디인가? 지금은 가진 돈이 없으니, 내일 꼭 돈을 가지고 와서 사 가겠네."

"집은 남선부에 있고, 이름은 전우치라 하오."

토포관은 우치와 헤어져 당장 고을 원에게 달려갔다. 고을 원은 토포관의 말을 듣고 펄쩍 뛰었다.

"지금 나라에는 황금이 없거늘 웬 놈이 금을 가지고 있단 말이냐! 반드시 곡절이 있도다."

고을 원은 당장 우치를 잡으려고 포졸을 보내려다가 고쳐 생각하였다.

"이럴 게 아니라 먼저 은자 오백 냥으로 금을 사다가 내막을 밝히는 게 좋겠노라."

이리하여 토포관은 남선부로 우치를 찾아갔다. 우치는 은자 오백 냥을 받고는 금을 내주었다.

토포관이 금을 가지고 돌아와 고을 원에게 보이니, 고을 원은 눈이 휘둥그레졌다.

"이 금이 들보 머리를 벤 것이 분명하구나. 그놈은 틀림없이 전우치로다."

고을 원은 먼저 우치를 잡아들이고 나서 임금에게 장계를 올려도 늦지 않으리라 생각하고는 당장 우치를 잡아 오라고 분부하였다.

군졸 여남은 명이 남선부 우치네 집으로 달려가니, 우치는 음식을 잘 차려 놓고 대접하면서 껄껄 웃었다.

"그대들이 수고롭게 왔으나 나는 죄가 없으니 결단코 잡혀가지 않으리라. 그러니 돌아가서 고하라. 우치는 잡혀가지도 않고 너희 힘으로는 잡지도 못하리니, 나라에 고해 임금의 명령이 있어야 잡혀가리라고 전하라."

우치가 너무도 태연하니 군졸들은 기가 질려 어쩔 수 없어 맨손으로 돌아왔다.

고을 원은 그 말을 전해 듣고 분이 치받혀 펄펄 뛰더니 토병 오백 명을 골라 남선부에 보내는 한편 이 사연을 나라에 알렸다.

고을 원의 글을 받아 보고 몹시 화가 난 왕은 조정의 벼슬아치들을 모아 놓고 뜻을 정하더니, 의금부에 명하여 죄인을 잡아들이라고 하였다. 왕은 심지어 몸소 죄인을 문초하겠노라며 형벌 기구를 갖추어 놓고 기다렸다.

그리하여 남선부로 몰려간 금부 나졸들은 우치의 집을 에워쌌다. 그러자 우치는 호탕하게 웃으며 말하였다.

"너희 백만 군이 와도 내 잡혀가지 않으리니, 너희 마음대로 나를 쇠사슬로 단단히 묶으라."

이 말이 떨어지기 바쁘게 나졸들이 한꺼번에 달려들어 우치를 쇠사슬로 친친 동이더니 전후좌우로 둘러싼 채 끌고 갔다. 그런데 어디선가 또 우치의 웃음소리가 들려왔다.

"나를 잡아가지 않고 무엇을 끌고 가느냐?"

나졸이 놀라서 돌아보니 쇠사슬로 동여맨 것은 잣나무였다. 수백 나졸들이 너무도 기가 막혀 벌린 입을 다물지 못하였다.

"너희가 나를 잡아가려거든 내 가진 병을 하나 줄 테니 그 병을 묶어 가라."

어디서 나타났는지 우치가 이렇게 말하며 병 하나를 땅에 내려놓았다. 나졸들이 그 틈에 잡으려고 욱 달려들었다. 그러자 우치는 그 병 속으로 쏙 들어가 버렸다. 병을 들어 보니 천 근같이 무거운데, 병 속에서 늘어진 목소리가 새어 나왔다.

"내 이제 잡혔으니 어서 옮아 가거라."

나졸들은 또 우치를 놓칠까 봐 병 부리를 단단히 막아 가지고 대궐로 들어가 왕에게 바쳤다.

우치를 잡아 오라 했더니 병을 갖다 바치자 왕은 어이가 없었다.

"우치가 아무리 요술을 부린들 어찌 병 속에 들어가겠느냐?"

그러자 병 속에서 뜻밖에도 목소리가 울려 나왔다.

"답답하니 병마개 좀 빼어라."

왕은 그제야 우치가 정말로 병 속에 든 것을 알고 신하들더러 어떻게 처치하면 좋은가 물었다.

"그놈은 요술이 신통하오니 펄펄 끓는 기름 가마에 병을 넣도록 하소서."

신하들이 입을 모아 이렇게 아뢰었다. 왕도 고개를 끄덕이며 가마에 기름을 끓이라 명하였다. 한참 만에 기름이 펄펄 끓으니 우치가 든 병을 가마에 처넣었다.

이제는 틀림없이 죽었으리라고 모두들 안심하고 있는데 갑자기 병 속에서 또 말소리가 들려왔다.

"신의 집이 빈한하여 추위 견딜 수가 없더니 상감마마의 은혜가 그지없어 언 몸을 녹여 주시니 참으로 황송하옵나이다."

왕은 펄펄 뛰며 그 병을 깨뜨려 버리라고 호령하였다. 병이 산산조각이 났으나 병 속에는 아무것도 들어 있지 않았다. 그런데 깨어진 조각조각이 죄다 왕 앞으로 튀어 나가더니 한결같이 말하였다.
"신이 바로 전우치옵나이다. 부디 신의 죄를 다스릴 공력으로 백성이나 편안케 함이 옳을까 하옵나이다."
왕은 더욱 크게 노하여 칼과 도끼를 쓰는 병졸에게 명하여 병 조각을 가루로 빻아 다시 기름 가마에 넣도록 하였다. 그리고 전우치의 집을 불 질러 태우고 그 터에 큰 연못을 만들도록 하였다.
그런 뒤에 왕은 신하들을 모아 놓고 전우치 잡을 계책을 의논하였다. 한 신하가 엎드려 아뢰었다.
"요망스러운 도적 전우치는 위엄으로는 잡을 수 없사옵나이다. 그러니 사대문에 방을 붙여, 자수하면 죄를 용서하고 벼슬을 주리라 하여, 제 발로 걸어오면 잡아 죽여서 뒤탈이 없도록 함이 옳을까 하나이다."
이리하여 사대문에 방이 나붙었다.

전우치는 나라에 죄를 지었으나 재주가 뛰어나고 도법이 높은지라 이를 세상이 모두 알게 함이 옳도다. 과인이 눈이 어두워 이런 영웅호걸을 죽이고자 하였으니 스스로 탄식할 일이로다. 이제 과인이 지난 일을 뉘우치고 특별히 우치에게 벼슬을 주어 나라 안을 다스리고 백성을 편안케 하고자 하니, 전우치는 마땅히 자수하라.

우치는 사대문에 나붙은 방을 보고 크게 웃었다.

죽은 돼지 주둥이에 물린 관리

우치는 여전히 구름을 타고 두루 다니며 어진 일을 많이 하였다. 여기저기 날아다니다가 한 곳에서 백발 늙은이가 슬피 울고 있는 것을 보았다. 우치는 곧바로 구름에서 내렸다.

"무슨 일로 울고 계시오?"

늙은이는 울음을 그치고 더듬더듬 말하였다.

"내 나이 일흔셋에 자식이라고는 하나뿐인데 애매하게 살인죄로 잡혀 죽게 되었으니 울지 않고는 못 배기겠소이다."

"무엇이 애매한데 그러시오?"

우치는 조심스럽게 물었다.

"왕가라는 사람이 내 아들과 서로 친하게 지냈다오. 왕가의 계집은 인물이 반반한데 음란하기 짝이 없어, 조가라는 놈하고 정이 통해서 별짓을 다 하다가 하루는 그만 서방한테 들켜서 큰 싸움이 났다오. 왕가와 조가가 서로 피가 낭자하도록 싸우고 있을 때, 마침 내 아들이 지나가다가 보고 싸움을 뜯어말려 조가를 제집으로 돌려보내었소. 그런데 왕가는 어찌나 맞았던지 그만 죽어 버렸다오. 왕가의 외사촌이 이 사실을 고발해서, 조가와 내 아들이 다 옥에 갇혔는데, 조가는 형조 판서 양문덕의 집을 드나드는 사람이라 그 연줄로 무사히 빠져나오고, 내 아들은 살인죄를 쓰고 억울하게 옥에 갇혔으니, 이런 기막힐 데가 어디 있으리오."
늙은이는 목이 메어 더 말을 잇지 못하였다.
"양문덕의 집은 어데 있소이까?"
양문덕의 집을 자세히 알아내고 우치는 늙은이와 헤어져 곧장 그 집을 찾아갔다.
양문덕은 마침 마루 위에 홀로 앉아 있었다. 우치가 가만 살펴보니 양문덕이 거울을 들여다보고 있었다. 우치는 곧바로 죽은 왕가로 변하여 거울 앞에 앉았다. 양문덕은 깜짝 놀라 얼굴을 들이대고 거울을 들여다보았다. 웬일인지 이번에는 아무것도 보이지 않았다. 귀신의 장난인가 싶어 정신을 바싹 차리고 거울을 다시 살펴보니 아까 앉았던 사람이 우뚝 서 있다.
"나는 조가에게 맞아 죽은 왕생이다. 내 원혼이 되어 원수 갚기를 바랐는데, 네가 죄 없는 이가를 살인죄로 몰아 가두고 진범인 조가를 놓아주어 일이 아주 애매하게 되지 않았느냐? 지금 당장 간악한 조가를 가두고 이가를 풀어 주어라. 그렇지 않으면 염라대왕이 있는 저승에 가서 송사하리라."
거울 안에 서 있던 그 사람은 말을 마치자 안개처럼 사라져 버렸다. 양문덕은 얼이 빠져 그 자리에서 꼼짝도 못하다가 겨우 정신을 차리고는 조가를 잡아들이라고 호령하였다. 그러나 조가는 끌려와 문초를 받으면서도 저는 죽이지 않았노라고 발뺌을 하였다. 이때 어디선가 왕가의 목소리가 울려 나왔다.

"조가 이 몹쓸 놈아, 너는 내 안해를 겁탈하고 나를 쳐 죽였으니 이 원한을 어찌 참을 수 있겠느냐! 너를 죽여 원수를 갚지 못하면 염라국에 송사할 것이야. 너와 양문덕 두 놈을 잡아다가 지옥에 가두고 다시는 나오지 못하게 하리라!"

불같은 왕가의 호령에 조가와 양문덕은 물론 둘레에 있던 사람들까지 펄쩍 놀랐다. 이윽고 정신을 차린 양문덕이 조가를 엄하게 문초하자, 조가는 겁에 질려 제가 한 짓을 낱낱이 털어놓았다. 이리하여 애매하게 붙잡혔던 이가는 놓여나고 조가가 옥에 갇혔다.

집에 돌아온 이가는 늙은 아버지를 보고 왕가의 혼이 와서 모든 내막을 밝힌 사연을 낱낱이 이야기하였다. 늙은 아비의 기쁨은 이루 말할 수 없이 컸다.

이가를 구하여 집으로 돌려보내고 얼마쯤 가다가 전우치는 저잣거리에 이르렀다. 한 곳에 사람들이 왁자하니 모여 있었다. 그리로 가 보니 사람들이 돼지 대가리 다섯을 놓고 서로 다투고 있었다. 우치가 구름에서 내려 까닭을 물으니 한 사람이 대답하였다.

"내가 쓸데가 있어서 사 가려는데, 이 관리 놈이 다짜고짜 앗아 가려 하기에 다투고 있소."

대뜸 모든 것을 알아차린 우치는 괘씸한 관리를 속여 혼쭐을 내리라 마음먹고, 입속으로 주문을 외웠다.

그랬더니 돼지 대가리들이 갑자기 입을 벌리고 꿀꿀거리며 관리의 잔등을 물려고 덤벼들었다. 관리와 구경꾼들은 모두 놀라 꽁지가 빠지게 달아나 버렸다.

젠체하다 오줌보가 터질 뻔

우치가 하루는 어느 집을 지나자니 그 집에서 풍악 소리가 들썩하고 노랫소리, 웃음소리가 요란하기에, 그 집을 찾아 들어갔다.

"소생은 지나가는 길손이온데 여러분들이 모여 즐기시니 말석에 서라도 구경하고자 하나이다."

우치는 이렇게 말하고 사람들과 인사를 마친 뒤에 주위를 살펴보았다. 가만 보니 여러 사람 중에서 운생과 설생이라는 자가 몹시 거만해 보였다. 그자들은 곱지 않은 눈길로 우치를 흘끔흘끔 건너다보고 비웃으며 수군거렸다. 우치는 짐짓 모른 체했으나 속으로는 괘씸한 마음을 이기지 못하였다.

이윽고 상이 나왔다.

"여러 형들 덕분에 진수성찬을 맛보니 고맙소이다."

우치가 인사치레를 하자 설생이 은근히 비꼬는 투로 말을 건넸다.

"우리가 빈한하긴 하나 고운 기생들에 음식까지 풍성하니 형은 아마 이런 잔치가 처음일 게요."

우치는 빙그레 웃었다.

"허나 없는 것도 많소이다."

"진수성찬에 빠진 것이 없거늘 무엇이 없다는 게요?"

"우선 선득선득한 수박도 없고 시금달금한 포도도 없고 향기로운 복숭아도 없어 빠진 것이 많거늘 어찌 다 있다고 하리오?"

이 말을 듣고 여러 사람이 손뼉까지 치며 껄껄 웃었다.

"봄철에 그런 과일이 어데 있으리오?"

사람들이 서로 돌아보며 미친 사람이라고 수군거렸으나, 우치는 모른 체하고 또 한마디 하였다.

"오다가 보니 어느 곳에 나무 하나가 있는데 온갖 과일이 열렸더이다."

운가와 설가는 비웃는 눈길로 바라보며 히죽 웃었다.

"그럼 형이 가서 따 올 수 있소?"

"따 오면 어찌하리오?"

우치가 정색하고 물으니, 이번에는 운가가 대답하였다.

"따 오면 우리가 허리 굽혀 절을 하고, 따 오지 못하면 형이 여러 사람 앞에서 볼기 세 대를 맞는 게 어떻겠소?"

"그리합시다."

우치는 이들과 약속하고 그 집에서 나와 어느 동산으로 찾아갔다. 동산에는 한창 복숭아꽃이 가득 피어 마치 비단으로 수놓은 장막을 드리운 것 같았다. 우치는 두루 돌아보며 구경하다가 꽃 한 떨기를 따서 주문을 외웠다. 그러자 복숭아꽃들이 온갖 과일로 변하였다.

우치가 과일들을 한 아름 안고 돌아와 잔칫상에 내려놓으니 달콤한 향기가 넘치는 복숭아, 포도, 수박이 상에 굴렀다. 눈이 휘둥그레진 사람들이 앞을 다투어 과일을 집어 들고 신기하게 구경하였다.

"이런 재주는 처음 보는구려."

사람들은 기생을 불러 우치에게 술을 권하도록 하였다. 우치는 술잔을 받아들고 운가와 설가를 돌아보며 따지듯 말하였다.

"이래도 사람을 업수이여기려오? 허나 형들은 이미 사람을 멸시한 죄로 천벌을 받았으니 내 더는 말하지 않겠소이다."

운가와 설가는 겉으로는 겸손하게 사례하였지만 속으로는 천벌 받았다는 말을 끝내 믿지 않았다.

이때 운생이 마침 소변을 보려고 바지 끈을 풀었다. 그런데 어찌 된 일인지 무엇이 달려 있어야 할 그 자리에 아무것도 없이 번번하였다. 운생은 너무 놀라 말도 제대로 못 하였다.

"이 어인 일인고?"

다른 사람들도 괴이하게 여겨 옷을 끄르고 제 아래를 살펴보니 정말 미끈미끈하니 아무것도 없었다.

"그러니 소변을 어디로 보리오?"

설가도 제 아래를 만져 보더니 역시 놀라서 한탄하였다.

"아까 전 형이 우리를 놀리더니 이런 변이 났구려. 이를 장차 어찌하리오."

모두들 울상이 되어 헤덤빌 때 가장 고운 기생도 같은 꼴이라 어찌할 줄 모르고 쩔쩔맸다.

그중 총명이 뛰어난 오생이란 이가 문득 깨닫는 바가 있어 우치에게 빌었다.

"우리가 눈은 있으나 망울이 없어 선생께 죄를 지었으니 부디 용서하소서."

우치는 점잖게 웃고 나서 주문을 외웠다. 그러자 문득 하늘에서 실 한끝이 내려와 땅에 드리웠다.

"청의동자 어디 있느냐?"

우치가 소리 지르니 하늘에서 어린 사내아이 둘이 내려왔다. 우치가 분부하였다.

"네 이 실을 타고 하늘에 올라가 반도* 열 개를 따 오너라. 그렇지 않으면 죄를 당하리라."

동자 둘은 우치의 명을 듣고 하늘로 오르기 시작하였다. 이윽고 푸른 복숭아 잎이 날아 내리더니 사발만 한 붉은 복숭아 열 개가 떨어졌다. 어느 하나도 상하지 않은 먹음직한 것들이었다.

사람들은 모두 달려가 그것을 주워 들고 신기하게 들여다보았다. 우치는 과일을 나누어 주고 나서 사람들을 둘러보며 말하였다.

"여러 형들과 기생이 아까 얻은 병은 이 과일을 먹으면 시원스레 나으리라."

우치의 말을 듣고 사람들이 서둘러 과일을 하나씩 먹었더니 정말 그 말대로 되었다. 사람들은 모두 머리를 조아리며 수없이 사례하

---

* 삼천 년에 한 번씩 열매를 맺는다는 불로장생의 복숭아.

였다.

"하늘에서 내려오신 신선을 몰라보고 저희가 무례하여 하마터면 병신이 될 뻔하였나이다."

우치는 그들과 헤어지고 다시 길을 떠났다.

"하늘이 어진 사람을 구하시는구나."

구름을 타고 여기저기 다니던 우치는 동으로 가다가 어느 한 곳에 이르러 보니 두 사람이 슬픈 얼굴로 서로 이야기를 주고받고 있었다.
"그 사람이 어진 일을 많이 하더니 결국 이 지경에 이르렀구먼. 참으로 불쌍하도다."
두 사람은 말하면서 눈물을 훔치곤 하였다.
우치는 구름에서 내려 두 사람에게 다가갔다.
"그대들은 무슨 일이 있어 그다지 슬퍼하시오?"
한 사람이 한숨을 쉬면서 말하였다.
"이곳 호조 고지기 장세창이라는 사람은 효성이 지극하고 어질어 어려운 사람을 많이 도와주었더이다. 그런데 호조 문서가 잘못되어 쓰지도 않은 은자 이천 냥이 모자라게 되었는지라, 장세

창을 문초하더니만 이제 사형을 집행하겠다니 얼마나 억울한 일이오이까."

이때 앞에서 한 젊은이가 수레에 실려 형을 받으러 나오고, 그 뒤로 젊은 여인이 울며불며 따라오는 것이 보였다.

"저 여인은 누구요?"

우치가 또 물었다.

"죄인의 안해오이다."

이윽고 수레가 형장에 닿자 옥졸이 죄인을 내려놓았다. 그리고 형틀을 차리며 시각을 기다렸다.

우치는 곧바로 몸을 흔들어 세찬 바람을 일으키더니 장세창과 안해를 거두어 가지고 하늘로 날아가 버렸다. 모여 서 있던 사람들은 하늘을 쳐다보며 입 모아 말하며 기뻐하였다.

"하늘이 어진 사람을 구하시는구나."

한편 형리들은 놀라 급히 이 사연을 조정에 알렸다.

이때 집에 돌아온 우치는 장세창과 그 안해가 숨결이 낮아지며 숨이 끊어지려 하는 것을 보고 급히 약을 꺼내 먹였다.

한참 뒤에 정신이 든 부부는 우치에게서 그동안 일어난 일들을 다 전해 듣고 거듭 절을 하며 감사의 인사를 하였다.

"어르신의 은혜를 우리가 생전에 어찌 다 갚사오리까."

우치는 부부를 극진히 위로하고 마음 편히 지내도록 하였다.

족자 속의 곳간

우치는 한가한 틈을 타서 명승지를 두루 구경하다가 어느 날 한 곳에서 슬피 울고 있는 사람을 보았다.

우치가 사연을 물으니 그 사람은 공손히 대답하였다.

"제 이름은 한자경이옵나이다. 아버지가 돌아가셨는데 집안이 가난하여 장례 치를 길이 없나이다. 게다가 날씨도 추워 오는데 일흔 넘은 어머니를 어찌 모셔야 할지 막막하여 울고 있나이다."

우치는 소매에서 족자 하나를 꺼내 주며 일렀다.

"이 족자를 집에 걸고 고직아 하고 부르면 대답할 것이오. 은자 백 냥만 내라고 하면 바로 내줄 것이니, 그 돈으로 장례를 치르시오. 그다음부터 날마다 한 냥씩만 달라고 하여 늙은 어머니를 돌보시오. 고지기더러 한 냥보다 더 달라고 하면 큰 화를 입으리니 욕심 내지 않도록 부디 조심하시오."

한자경은 꿈같은 일이라 믿기지 않았으나 족자를 받고는 마음 깊이 고마워하였다.

"어르신의 성이라도 알고 싶나이다."

"나는 남선부 사람 전우치라 하오."

우치가 웃으며 대답하였다.

한자경은 고맙다고 거듭 인사하고 집에 돌아와 방에 족자를 걸었다. 족자 그림에는 큰 집 하나와 열쇠 가진 사내아이가 있었다. 한자경은 의심 반 기대 반으로 불러 보았다.

"고직아."

그러자 정말 사내아이가 대답하고 나왔다. 한자경은 너무도 놀라 꿈인가 생시인가 제 손등을 꼬집어 보았다. 겨우 정신을 차리고 은자 백 냥을 달라고 했더니, 사내아이는 공손히 대답하고 어느 틈에 은자 백 냥을 앞에 가져다 놓았다.

자경은 그 은을 팔아 아버지의 장사를 무사히 치렀다. 그런 뒤에 날마다 은자 한 냥씩 받아 쓰니 집안이 넉넉해지고, 어머니를 좋은 옷에 좋은 음식 대접하며 잘 모실 수 있었다.

하루는 갑자기 돈 쓸 곳이 생겼다.

'하루에 꼭 한 냥만 쓰라고 당부했는데, 어쩐다? 설마 백 냥을 먼저 당겨쓴다고 무슨 일이 있으랴.'

자경은 꺼림칙하기는 했으나 족자에 대고 고지기를 불렀다. 고지기가 대답하고 나오니 자경은 잠깐 머뭇거리다가 입을 열었다.

"내 마침 은을 쓸 곳이 있는데 백 냥만 먼저 쓸 수 있겠느냐?"

고지기는 못 들은 척하였다. 자경이 거듭 사정하니 고지기는 말없이 곳간 문을 열어 주었다. 고지기를 따라 들어가 자경은 은자 백 냥을 가지고 돌아서서 나오려고 하였다. 그런데 어찌 된 일인지 문이 잠겨 있었다. 깜짝 놀라 고지기를 소리쳐 불렀다. 몇 번을 불러도 아무 대답이 없자 성이 나서 문을 쾅쾅 두드리기도 하고 박차기도 하였다.

밖에 있던 호조 고지기가 안에서 시끄러운 소리가 나자 이상하게 여기고 호조 판서에게 달려갔다.

"곳간에서 사람 소리가 나니 무슨 영문인지 모르겠나이다."

호조 판서는 더럭 의심이 나서 곳간 문을 열도록 하였다. 고지기가 안으로 가만히 들어가 살펴보니 웬 사내가 은을 안고 서 있었다. 고지기가 놀라 소리쳤다.

"너는 어떤 놈이관데 감히 이곳에 들어와 은을 도적질하느냐?"

그러자 한자경이 눈을 부릅뜨고 호통 쳤다.

"너야말로 어떤 놈이관데 남의 안방까지 들어와 무례하게 구느냐?"

"무엇이 어째? 보아하니 미친놈이로구나."

고지기는 한자경을 붙잡아 호조로 끌고 갔다.

호조 판서가 도적을 꿇어앉히고 문초하였다. 한자경은 영문을 모르고 끌려와 어리둥절해 있다가 자세히 살펴보니 제집이 아니고 호조이다.

"내 어찌하여 이곳에 왔던고? 이건 분명 꿈이렷다."

한자경은 눈앞이 캄캄해 왔으나 이제 와서 어쩔 수 없는 일이었다. 호조 판서의 불같은 호령이 떨어졌다.

"너는 어떤 놈인데 감히 어고御庫에 들어와 도적질을 하느냐? 너희 패거리를 낱낱이 아뢰어라."

한자경은 몸을 떨며 입을 열었다.

"소인의 집에 족자가 하나 걸려 있사온데, 곳간과 고지기가 그려져 있사옵나이다. 돈을 달라면 돈을 주는 신기한 족자이오이다. 그리 들어가 은을 가지고 나오려고 했는데, 어찌 어고로 들어갔는지 알지 못하겠나이다."

호조 판서는 퍼뜩 짚이는 것이 있어서 다그쳐 물었다.

"그 족자가 어디서 났느냐?"

자경은 전우치를 만났던 일을 빠짐없이 이야기하였다.

"언제 전우치를 만났느냐?"

"본 지 벌써 다섯 달이 되었나이다."

호조 판서는 한자경을 옥에 가두라고 분부하고 여러 곳간들을 조사하였다.

은 궤들을 열어 보니 은은 없고 청개구리만 우글거렸으며, 돈 곳간을 열어 보니 돈은 없고 누런 뱀이 가득하였다. 호조 판서는 크게 놀라 이 사실을 곧바로 왕에게 아뢰었다.

왕도 몹시 놀라 여러 신하들을 모아 놓고 의논하고 있는데 또 여기저기서 잇달아 괴변이 일어났다는 급보가 들어왔다.

쌀 곳간 고지기들은 쌀이 단 한 섬도 남지 않고 버러지로 가득하다고 고하였고, 각 군영의 장수들은 군기고의 활과 창검이 모두 나무로 변해 버렸다고 혜덤볐다. 그런가 하면 궁녀들은 범이 내전에 들어와 사람을 해친다고 아우성쳤다.

왕은 활 잘 쏘는 군사들을 불러 내전에 들여보냈으나 궁녀마다 범 하나씩 타고 있어서 군사들이 활을 쏘지 못하였다. 이 말을 들은 왕은 더욱 놀라 궁녀도 함께 쏘라고 다시 분부를 내렸다.

군사들이 한꺼번에 화살을 날리니, 갑자기 먹장구름이 일며 범을 탄 궁녀들이 구름에 싸여 하늘로 아득히 올라가는지라 모두 넋을 잃을 지경이었다.

"이는 다 우치가 술법을 쓴 것이니, 이놈을 잡아야 나라가 태평하리라."

왕은 이렇게 한탄하였다. 이때 호조 판서가 아뢰었다.

"곳간에 들어왔던 은 도적이 우치의 패거리라 하오니 그놈을 죽이사이다."

왕이 허락하니, 호조 판서는 곧 한자경을 형장으로 끌어냈다. 그런데 문득 매서운 바람이 들이닥치더니 죄인이 온데간데없이 사라져 버렸다. 이 사실을 또 왕에게 고하니 모두들 벌어진 입을 다물지 못하였다.

한편, 우치는 자경을 구해 집으로 데려가면서 크게 꾸짖었다.

"내 그대더러 무엇이라 당부했소? 그대를 불쌍히 여겨 그 그림을 주었더니, 무에 어려운 말이라고 그 말을 어기난 말이오? 하마터면 죽을 뻔하였으니 누구를 탓하리오?"

전우치의 벼슬살이

　두루 돌아다녀 보니 사대문마다 방이 붙어 있는데, 우치더러 자수하라는 내용이었다. 우치는 속으로 코웃음을 쳤으나, 대궐 앞에 나아가 외쳤다.
　"전우치 자수하옵나이다."
　승정원에서 이 사실을 왕에게 알렸다.
　"이놈의 죄를 용서해 주고 벼슬을 시켰다가 또다시 장난하면 그때 죽이리라. 전우치를 바로 불러들이라!"
　우치는 궁중으로 들어와 임금 앞에 꿇어 엎드렸다.
　"네 죄를 아느냐?"
　왕이 호통 치자, 우치가 공손히 말하였다.
　"신의 죄는 만 번 죽어도 아깝지 않사옵나이다."
　"네가 나라에 큰 죄를 지었으나, 네 재주가 아까워 죄를 주지 않고 벼슬을 주노니, 나라를 위해 충성을 다하고 맡은 일을 잘하렷다!"

왕은 그에게 선전관 겸 사복 내승˙의 벼슬을 내렸다. 우치는 거듭 사례하였다.

전우치의 벼슬살이가 시작되었다. 그런데 행수선전관이 아침 조회 때마다 관리들을 매우 엄하게 다루며 괴롭히는지라, 우치는 속으로 벼르고 있었다.

하루는 행수선전관이 부하들을 방망이로 욕보이는데 어느덧 우치의 차례가 되었다. 우치는 가만히 무덤에서 망두석을 빼어다가 제 모습을 만들어 세워 놓았다. 행수는 이를 알지 못하고 방망이로 세차게 내리치다가 그만 손이 얼얼하여 치지 못하고 물러서고 말았다.

이렇게 날이 지나고 달이 흘렀다. 어느 날 여러 선전관들이 우치의 하인을 닦달하였다.

"새로 온 벼슬아치가 선배들한테 한턱내는 것이 관례이거늘, 너희 주인은 어찌 여태껏 아무 소식이 없느냐?"

이 말을 들은 우치는 하인들에게 일렀다.

"우리 집이 신통치 못하여 민망하니 내일 다 함께 백사장으로 나오도록 전해라."

그러자 한 벼슬아치가 말하였다.

"잔치를 준비하려면 못해도 돈이 수백 금이 들고 음식 장만하는

˙사복 내승은 궁중에서 쓰는 말, 수레 들을 맡아보는 사복시의 관리.

데도 시간이 꽤 걸리니 네댓새 채비했다가 치르는 것이 좋겠나이다."

"내 벌써 마련해 둔 것이 있으니 잔말 말고 하라는 대로만 하게."
우치가 호령하였다.

물러 나온 관원과 하인들은 우치가 제아무리 신통해도 이번 일은 낭패를 보리라 수군거리면서도 내일 백사장에 모두 모이도록 두루두루 알렸다.

이튿날 아침 백사장에는 구름차일이 하늘 높이 솟고 수놓은 자리와 비단 병풍이 휘황찬란하게 벌여 섰다. 수십 칸 뜸집 아래서 풍악이 울려 나오는 데다가 음식 솜씨 있는 사람 스무남은 명이 진수성찬을 장만하니 풍성하기가 비길 데 없었다.

말을 타고 온 선전관들은 자리가 몹시 화려하여 다들 놀랐다. 자리를 잡고 앉으니 풍악이 울리며 맑은 소리가 하늘가에 어렸다.

제가끔 상을 받고 잔을 권하여 모두 술이 얼근히 취하였을 때, 우치가 여러 동료들을 돌아보며 말했다.

"놀이에 계집이 없어서야 무슨 맛이오. 내 일찍이 좀 놀아 봐서 아는 기생이 많으니, 내 나가 계집을 데려오리다."

모두들 벌써 거나하게 취했는지라 저마다 반겼다.

"전 공이 이렇듯 호기 있는 줄 몰랐는데 오늘 보니 분명 오입쟁이로다."

우치는 하인을 데리고 나는 듯이 남문으로 들어가더니 곧 수많은 여자들을 데려왔다. 여자들을 장 밖에 세워 두고는 큰상을 물리고 다시 상을 차려 들여오는데 산해진미에 풍악 소리가 흥취를 돋우었다.

"이제 계집들을 데려왔으니 하나씩 맡아 흥을 돋움이 좋으리다."

우치는 한 계집을 불러 먼저 행수 앞에 앉혔다.

"곁을 떠나지 말고 잘 모셔야 한다."

그러더니 여러 동료들 곁에 차례로 계집들을 불러 앉혔다. 안 그래도 잘 차린 술자리에 계집들까지 앉히고 보니 선전관들은 흥이 오를 대로 올랐다. 그런데 곁에 앉은 계집을 보고 모두 깜짝 놀랐다. 옆에 앉은 여자는 바로 제 안해가 아닌가. 모두들 속으로 분통이 터졌으나 남이 알까 두려워 어쩌지를 못했다.

마침내 상을 물리고 제가끔 말에 올라 집으로 돌아갔다.

김 선전도 분을 삭이지 못해 씩씩거리며 집으로 돌아가 보니 더 큰 변이 기다리고 있었다. 하인들이 모두 머리를 풀어헤치고 곡을 하고 있었던 것이다.

"아니 대체 무슨 일이냐?"

김 선전이 놀라 묻자, 하인들이 울며 대답하였다.

"아씨께서 옷을 마르시다가 갑자기 돌아가셨나이다."

그 말에 김 선전은 성이 나서 버럭 소리쳤다.

"아까 보니 백사장 놀이에 왔기에 내 분하고 창피하여 빨리 돌아왔는데 어찌 나를 속이려 하느냐? 이 몹쓸 여자가 집안의 지체도 돌아보지 않고 그런 부끄러운 짓을 하는 줄 전혀 몰랐으니 통탄할 일이로고."

한참 동안 성이 나서 펄펄 뛰다가 그래도 내막을 알아보려고 안방에 들어가 보니 정말 부인이 죽었다가 깨어나는 것이었다.

부인이 김 선전에게 말하였다.

"꿈에 한 곳에 가니 큰 잔치가 벌어지고 선전관들이 주런이 앉았는데, 나 같은 부인들이 다 모였더이다. 웬 사람이 기생을 데려왔다 하면서 하나씩 옆에 앉히고 수청을 들게 하는데, 저를 서방님 옆에 앉히기에 잠자코 앉았더이다. 그런데 갑자기 모두들 노한 기색을 띠더니 먼저 서방님이 일어나자 다들 일어나 제가끔 흩어지는 바람에 꿈에서 깨었나이다."

김 선전은 부인의 말을 듣고 할 말이 없어 쓴입만 다셨다.

다음 날 김 선전은 어제 일이 몹시 해괴하여 동료들에게 부인이 꾼 꿈 이야기를 하였더니, 모두들 같은 일이 벌어졌다고 하였다.

"틀림없이 전우치가 도술로 우리를 욕보인 것이로다."

모두들 이렇게 말하며 이를 갈았으나 어찌할 도리가 없었다.

흉악한 도적을 깨우쳐 양민으로

이때 함경도 가달산에 큰 도적이 나타나 재물을 빼앗고 백성들의 목숨을 해쳐 피해가 이만저만이 아니었다. 그곳 고을 원이 관군을 내어 잡으려 했으나 도적의 털끝도 건드리지 못했다.

나라에 이 사실을 알리자, 임금이 크게 근심하여 조정에 도적 잡을 계책을 의논하라고 분부하였다.

전우치가 왕 앞에 나아가 아뢰었다.

"도적의 형세가 매우 크다 하오나 신이 홀로 나아가 적의 형편을 살핀 뒤 잡을 묘책을 내겠사옵나이다."

왕은 기뻐하며 술을 권하고 군대 지휘권을 뜻하는 인검을 내주었다.

"도적의 세력이 크다 하니 이 칼로 사졸을 호령하라."

명을 받고 물러 나온 우치는 곧바로 말에 올라 장수와 군사 들을 거느리고 여러 날 만에 가달산 가까이에 다다랐다.

사방을 둘러보니 큰 산이 하늘에 닿은 듯하고 나무가 빼곡하며 가는 데마다 기암절벽이었다. 우치는 군사들을 산 아래 머무르게 하였다.

우치는 몸을 흔들어 솔개로 변하더니 인검을 가지고 가달산으로 날아갔다.

본디 가달산에는 수천 명으로 이루어진 도적 떼가 있는데 우두머리는 엄준이라는 이였다. 엄준은 견줄 데 없이 용감하고 사나운 데다가 무예 또한 따를 자가 없었다.

우치가 하늘에서 내려다보니, 엄준이 곱게 단장한 시녀들을 양옆에 세운 가운데 일산으로 햇빛을 가리고 천리마 위에 높이 앉아 사졸 백여 명을 거느리고 한창 사냥을 즐기고 있었다.

자세히 살펴보니 엄준은 기골이 장대하여 키가 팔 척이고, 낯빛이 붉고 눈이 방울 같으며 수염은 비늘을 세운 듯하니 일대 걸물이었다. 엄준이 이 골 저 골로 한바탕 사냥을 하다가 문득 둘레를 보며 분부하였다.

"오늘은 곳곳에 나갔던 장수들이 다 돌아올 것이니 소 열 마리 잡고 큰 잔치를 준비하라."

목소리는 마치 쇠북을 울리는 것 같았다.

우치는 한 가지 꾀를 생각해 내고, 곧 나뭇잎을 훑어서 병사를 만든 뒤 창칼을 들게 하였다. 그러고는 깃발을 벌여 세워 진을 이루었다. 우치는 머리에 투구를 쓰고 몸에는 황금 갑옷에 항라 전포*를 겹쳐 입고는 하루에 천 리를 간다는 오추마를 타고 서슬 퍼런 검을 휘두르며 쳐들어갔다.

이를 보고 문지기 장수들이 기겁하여 성문을 굳게 닫아 버렸다. 그러나 우치가 주문을 외우니 문이 절로 열렸다. 우치는 문으로 들어가며 사방을 살펴보았다. 성안에는 굉장한 집들이 두루 벌여 서 있고 여기저기에 지어 놓은 곳간들에는 쌀이 한가득 차 있었다. 더 깊이 들어가 보니 커다란 전각이 화려하고 웅장하게 하늘로 솟아 있었다.

우치는 한참 바라보다가 솔개로 변하여 날아 들어갔다. 집 안에서는 잔치가 한창이었다.

엄준은 황금 교자에 높이 앉아 있고 좌우에 장수들이 차례로 앉아 잔치를 즐기고 있었다. 그 뒤 대청에는 아리따운 미인 수백 명이 주런이 상을 받고 앉아 있었다.

우치는 도적들이 하는 모양을 보려고 주문을 외웠다. 그러자 하늘에서 수리들이 수없이 내려와 장수들의 상을 거두어 가지고 하늘 높이 떠올랐다. 이와 함께 세찬 바람이 일어나니 모두 눈을 뜨지 못하는 가운데 차일과 병풍들이 무너져 하늘로 날아갔다. 엄준은 정신을 못 차리고 뜰아래 나뭇등걸을 붙들고 있고, 부하들은 쟁반을 든 채 바람에 이리저리 굴렀다.

우치는 한바탕 일을 벌인 다음 바람을 거두어들이고 빼앗아 온 음식을 산 밑으로 날라다가 기다리고 있던 장수와 군사 들에게 나누어 먹였다. 그날 밤 그들은 그곳에서 밤을 지냈다.

• 항라는 명주, 모시, 무명실 따위로 구멍이 송송 나게 짠 옷감, 전포는 장수의 웃옷.

바람이 그친 다음에 정신을 차린 엄준과 부하들은 그 많던 음식이 하나도 없는 것을 보고 어찌 된 일인지 영문을 몰라 얼떨떨해졌다.

이튿날 아침 우치는 산속으로 들어가 갑옷을 갖춰 입은 뒤 다시 성문 앞에 이르렀다. 우치는 쩌렁쩌렁 울리도록 큰 소리로 외쳤다.

"도적은 어서 나와 내 칼을 받아라!"

문을 지키던 군사가 급히 달려가 이 사실을 알리니 엄준이 장수와 군사 들을 거느리고 나와 문밖에 진을 쳤다. 엄준은 말을 타고 달려 나와 검을 휘두르며 호통 쳤다.

"너는 어떤 놈인데 감히 나와 싸우자고 하느냐?"

"나는 나라의 명령을 받들고 너희를 잡으러 온 전우치노라."

"나는 엄준이다. 네가 감히 나를 당할쏘냐?"

엄준이 말을 마치고 사납게 달려들자, 우치는 침착하게 맞아 칼을 어울렸다. 두 사람의 재주가 참으로 신기하여 날랜 범이 먹이를 다투듯, 용이 여의주를 다투듯 하였다. 오랜 시간이 지나도록 승부가 나지 않으니 양쪽에서 꽹과리를 쳐 싸움을 거두었다.

엄준이 본진으로 돌아오자 여러 장수들이 앞을 다투어 치하하였다.

"어제 천변을 만나 놀랐으나 오늘 범 같은 장수를 능히 대적하시니 하늘이 도우심이오이다. 그러나 적장의 용맹이 뛰어나니 우습게보지 못하리다."

이 말을 들은 엄준은 좌우를 돌아보며 껄껄 웃었다.

"적장이 제아무리 용맹하나 어찌 그냥 되돌려 보내리오. 내일은 결단코 우치를 베고 바로 서울로 향하리라."

이튿날 엄준은 성문을 크게 열고 나가 소리쳤다.

"전우치는 빨리 나와 내 칼을 받아라! 오늘은 맹세코 너를 베리라!"

엄준은 긴 칼을 비껴들고 말을 몰아 이리저리 내달았다. 우치도 곧바로 말을 채찍질하여 칼춤 추며 마주 달려 나가 이내 칼을 어울렸다. 싸움을 시작하여 서른 합에 이르렀을 때, 우치는 엄준의 칼이 더욱 번개 같으니 무예로 이기지 못하리라 깨달았다. 그리하여 몸을 흔들어 변신한 다음 진짜 몸은 하늘로 날아오르고 가짜 몸이 엄준과 맞서게 하였다.

'내 평생 사람을 죽이지 않으려 했는데 이제 너를 죽이리라.'

우치는 이렇게 생각하다가 곧 마음을 고쳐먹었다.

'이놈을 사로잡아서 나를 순순히 따르면 죄를 용서하여 양민을 만들고, 따르지 않으면 죽여 뒤탈을 없애리라.'

이렇게 생각하고 공중에 날아올라 칼을 번뜩이며 호령하였다.

"적장 엄준은 내 재주를 보아라!"

엄준은 놀라 하늘을 쳐다보니 구름 속에서 우치의 칼이 번득였다. 기겁을 하여 급히 물러나려 하니, 앞에서 우치가 칼을 들어 길을 막고, 뒤에서도 우치가 짓쳐 나오고, 머리 위에서도 우치가 말을 타고 칼춤 추며 달려들었다. 엄준은 정신이 아득하여 그만 말에서 떨어지고 말았다.

우치는 그제야 구름에서 내려 거짓 몸을 거두고 군사들에게 호령하여 엄준을 묶어 본진으로 보냈다. 엄준이 잡혀가는 것을 보고 싸울 뜻이 없어진 도적 무리들은 스스로 손을 묶고 빌면서 살려 달라고 애걸하였다.

우치는 한 사람도 다치지 않고 크게 꾸짖었다.

"너희가 도적이 되어 여러 고을을 들쑤시고 백성을 죽이니 그 죄 가볍지 아니하도다. 허나 특별히 용서하니 너희는 제가끔 고향에 돌아가 농사에 힘쓰고 집안을 다스려 양민이 되어라."

도적들은 머리가 땅에 닿도록 절을 하더니 행장을 꾸려 가지고 모두 흩어져 버렸다.

우치가 엄준의 안방에 들어가 보니 단장한 시녀와 어여쁜 여인이 수백 명이었다. 여인들을 모두 제집으로 돌려보낸 뒤에 본진으로 돌아와, 장대에 높이 앉아 좌우를 호령하여 엄준을 꿇어앉히고 크게 꾸짖었다.

"그 뛰어난 재주와 용맹으로 나라를 받들어 후세에 이름을 전함이 옳거늘, 어찌 나쁜 마음을 품고 도적이 되어 재물과 사람 목숨을 빼앗느냐? 잠시나마 용서 못 할 큰 죄이니 마땅히 삼족을 멸할지라. 여봐라, 저놈을 문밖으로 끌고 나가 목을 베어라!"

그러자 엄준은 벌벌 떨며 빌었다.

"제가 지은 죄는 크오나 장군의 바다 같은 덕으로 이 보잘것없는 목숨을 살려 주시면 마땅히 허물을 고치고 장군을 좇겠나이다."

눈물이 비 오듯 하며 뉘우치는 마음이 거죽에 드러나는 것을 보고, 우치는 한참이나 깊은 생각에 잠겼다가 다시 엄하게 말하였다.

"네 참으로 잘못을 뉘우치고 착하게 살겠다면 죄를 용서해 주겠노라."

우치는 묶은 것을 풀어 주라고 분부하고 다시 한 번 엄준을 타일렸다. 그런 다음 도적의 산채를 불태우고 군사를 거두어 돌아갔다.
 엄준은 우치의 재주와 용맹에 탄복하여 진심으로 항복하고 고향으로 돌아가 양민이 되었다.

반역 죄인 전우치

 서울로 돌아온 전우치가 대궐에 들어가 그동안 도적을 잡은 사연을 아뢰니, 왕이 칭찬하면서 상을 넉넉히 주었다.
 우치가 서울로 돌아온 뒤 조정 온 벼슬아치들이 모여들어 치하하는데 선전관은 한 사람도 보이지 않았다. 전날 백사장 놀이 때 부인들을 욕보인 것 때문이었다. 우치는 이를 짐작하고 다시 한 번 그들을 골려 주려 하였다.
 달빛이 고요한 어느 밤이었다. 우치는 구름을 타고 황건역사와 온갖 도깨비들을 불러 선전관들을 다 잡아 오라고 영을 내렸다.
 곧 황건역사와 도깨비들이 선전관을 하나씩 잡아들이기 시작하였다. 선전관들이 벌벌 떨며 땅에 엎드려 쳐다보니, 사방에 촛불이 휘황한 가운데, 우치는 구름 의자에 높이 앉고 좌우에 신장神將들이 우뚝우뚝 서 있어 위풍이 참으로 늠름하였다.

전우치전 | 135

선전관들은 정신이 아득하여 쩔쩔매고 있는데, 문득 우레 같은 호령 소리가 들렸다.

"내 너희의 교만한 버릇을 고치려고 전날 너희 부인들을 잠깐 욕되게 하였으나 그리 큰 죄가 아니거늘 이렇듯 원한을 품고 아직도 그전 버릇을 고치지 못하느냐? 내 너희를 다 잡아 지옥으로 보내리라. 내 밤이면 하늘나라 일에 바쁘고, 낮이면 나랏일이 무거워 지금껏 내색하지 않았노라. 지금 너희를 잡아 온 것은 지옥에 보내 죄를 씻게 함이로다."

선전관들이 벼락을 맞은 듯 놀라고 무서워 벌벌 떨고 있는데, 우치가 명령하는 소리가 들려왔다.

"너희는 이 죄인들을 묶어 냉옥에 가두고 법왕께 아린 다음 다시 지옥에 가두어 팔만 겁이 지나거든 짐승으로 다시 태어나게 하라."

선전관들은 더욱 혼비백산하여 거듭 빌었다.

"저희가 어리석어 큰 죄를 저질렀사오니 제발 용서해 주소서. 용서해 주시면 반드시 허물을 고치겠나이다."

잠시 뒤에 좀 누그러진 우치의 목소리가 들렸다.

"내 너희를 풍도 지옥으로 보내고 수천 년이 지나도록 인간 세상에 나지 못하게 하려고 하였노라. 허나 미운 정도 정이라 지금은 놓아주나니, 뒷날에 다시 보아 처리하리라."

이 말이 끝나자 도깨비들이 달려들어 선전관들을 제 갈 데로 가라고 밀어 던졌다.

이때 선전관들은 모두 눈을 비비며 자리에서 일어났다. 그러나 정신을 챙기지 못하고 있다가 깨달으니 그것은 한낱 꿈이었다. 등골에는 식은땀이 흐르고 마음이 어수선하였다.

하루는 선전관들이 다 모인 자리에서 이 꿈 이야기가 나왔는데, 알고 보니 모두 같은 꿈을 꾸었다. 그 뒤로는 우치를 각별히 대접하였다.

어느 날 왕이 호조 판서에게 물었다.

"전날 호조의 은이 변하였다 하더니 어찌 되었는고?"

호조 판서가 아뢰었다.

"지금껏 변한 채로 있나이다."

왕이 고지기를 불러 물으니 똑같이 대답하였다. 이때 우치가 나서서 말하였다.

"신이 가 보고 오겠나이다."

왕이 허락하니, 우치는 호조 판서와 같이 호조에 이르러 문을 열었다. 은은 그전과 같이 쌓여 있었다. 호조 판서가 놀라서 말하였다.

"내가 어제도 보고 아까도 보았는데 청개구리만 가득하더니, 어찌 된 일인고? 참으로 괴이하도다."

이번엔 쌀을 모아 둔 곳간에 가서 문을 열어 보았다. 버러지는 어디로 가고 쌀이 그득하였다. 군기고도 마찬가지였다. 우치와 호조 판서가 살펴보고 대궐로 들어가 그대로 말하니, 왕은 대단히 기뻐하였다.

이 즈음에 한 관리가 어전에 들어와 아뢰었다.

"호서 땅에 도적 사오십 명이 무리를 지어 반역을 꾀하고 곧 군사를 일으킨다 하옵나이다. 그 문서를 가지고 신에게 왔던 자를 잡아 가두고 사연을 아뢰옵나이다."

왕의 얼굴이 어두워졌다.

"과인이 덕이 없어 곳곳에 도적이 일어나니 한심하구나."

왕은 한숨을 쉬더니 의금부와 포도청에 역적을 잡아들이라는 영을 내렸다. 곧 역적들이 잡혀 왔다.

왕이 몸소 역적들을 문초할 때, 그중 한 놈이 말하였다.

"선전관 전우치의 재주가 뛰어나기에 우치를 임금으로 삼아 온 백성을 평안하게 하려 했더니, 하늘이 돕지 않아 들통 났구나."

우치는 왕을 가까이 모시고 있다가 뜻밖에 제 이름이 역적의 입에서 나오자 깜짝 놀랐다. 왕은 더욱 크게 노하였다.

"우치가 반역함을 짐작하면서도 나중에 보려 하였으나 이제 발각되었으니 빨리 잡아 내리라."

어명이 내리자 나졸들이 우르르 달려들어 우치의 관대를 벗기고 꿇어앉혔다. 왕은 우치를 형틀에 올려 매게 하고 죄목을 따졌다.

"네 전날 나라를 속이고 곳곳에서 소란을 피우던 일도 용서하지 못할 일이거늘 이제 또 역적이 되었으니 어찌 죄를 면하겠느냐?"

왕은 나졸들에게 단매에 쳐 죽이라고 호령하였다. 집장사령과 나졸이 매를 들고 힘껏 내리쳤으나 오히려 팔이 아파 더 매를 들지 못하였다. 그러자 우치가 아뢰었다.

"신이 지난 날 지은 죄는 죽어 마땅하오나 오늘 일은 참으로 애매하옵나이다."

우치는 말을 끊고 잠시 머리를 숙이고 있다가 이번엔 아무래도 용서치 않으리라는 생각이 들어 다시 말하였다.

"신이 지금 죽는다면 평생 배운 재주를 세상에 전하지 못하올지라 땅속에 묻혀도 원한을 품으리니 엎드려 바라옵건대 이 원을 풀게 하여 주옵소서."

왕은 속으로 이놈의 재주가 능하다 하니 시험하여 보리라 하고 물었다.

"네 무슨 재주를 전하여야 하관데 그리 보채느냐?"

"신이 본디 그림 그리기를 잘하옵는데, 나무를 그리면 나무가 점점 자라고, 짐승을 그리면 짐승이 기어가고, 산을 그리면 풀 나무가 나서 자라옵나이다. 이런 그림을 전하지 못하고 죽으면 어찌 원통치 않사오리까."

곁에 있던 이조 판서 왕연희가 나섰다.

"상감마마, 이놈의 말을 듣지 마소서. 틀림없이 또 전하를 속이려는 것이옵나이다. 어서 이놈을 죽이시옵소서."

왕은 잠깐 생각에 잠겼다.

'어쩐다? 이놈한테 또 속으면 웬 망신이랴. 허나 이놈을 죽이면 분명 원혼이 되어 또 괴로움을 끼칠 테니 걱정이로고.'

할 수 없이 왕은 맨 것을 끌러 주고 종이와 붓을 가져오도록 하였다.

"어서 원을 풀어 보라."

왕이 분부하니, 우치가 붓을 받아들고 산수를 그리기 시작하였다.

눈 깜짝할 새 봉우리와 산악들이 수없이 솟아나고 만 길 폭포가 쏟아져 내리더니 시냇가에 버들가지가 흐늘거렸다. 우치는 조금사이를 두고는 산 밑에 안장 지운 나귀를 그리더니 붓을 던졌다. 그러더니 왕에게 은혜를 사례하였다.

"곧 죽을 놈이 무슨 은혜에 사례한단 말이냐?"

"신은 이제 폐하를 하직하옵고 깊은 산속에 들어가 여생을 보내고자 하나이다."

그러더니 훌쩍 그림 속 나귀 등에 올라 산 어귀로 들어가더니 온데간데없이 사라져 버렸다. 어리둥절하여 그 모양을 바라보던 왕이 눈을 크게 뜨며 말하였다.

"내 이놈의 꾀에 또 속았으니 이를 어찌하리오!"

한참 만에 왕은 한숨을 쉬며 호서 땅에서 잡아들인 역적들의 목을 베라고 분부하였다.

여우로 변한 이조 판서

　우치는 이조 판서 왕연희가 늘 자기를 시기하여 해치려 함을 알고 있었는데, 왕이 문초할 때도 죽이라 나섰으니 괘씸하기 그지없었다. 어찌 복수할까 궁리하다가 한 가지 묘한 꾀를 생각해 냈다.
　우치는 왕연희로 모습을 바꾸더니 하인들을 거느리고 왕연희의 집으로 갔다. 왕연희는 아직 대궐에서 나오지 않았는지라 곧바로 안방에 들어가 천연스레 앉아 있었다.
　저녁 무렵에 왕연희가 돌아왔다. 부인과 하인들은 안방에 들어앉은 사람이 또 대문으로 들어오니 어안이 벙벙했다.
　우치가 왕연희를 보고 큰 소리로 말하였다.
　"어허, 천년 묵은 여우가 틀림없구나! 여우가 내 얼굴로 변하여 왔으니 참으로 변괴로다."
　왕연희도 놀라서 소리를 질렀다.

"웬 놈이 내 모양을 해 가지고 내 집에 있느냐!"

우치는 하인을 시켜 찬물 한 그릇과 개의 피 한 사발을 가져오게 하더니 그것을 입에 넣어 한 번 뿜고 주문을 외웠다. 그랬더니 왕연희가 문득 꼬리 아홉 가진 여우로 변하고 말았다. 하인들이 그제야 칼과 몽치를 가지고 달려들었다. 그러자 우치가 이들을 말리면서 말하였다.

"그럴 게 아니라 이는 큰 변괴이니 대궐에 들어가 아뢰고 나서 처치해야겠다. 여우를 단단히 묶어 가두어라."

하인들은 여우를 잡아 네 굽을 동여 가두고는 밤낮으로 지켰다.

날벼락은 맞은 왕연희는 말을 하려 하여도 여우의 울부짖음일 뿐이고 힘만 다 빠져 버리니 어찌하면 좋을지 몰라 눈물만 뚝뚝 흘렸다.

우치가 그날 밤 왕연희를 가둔 방에 가 보니 꽁꽁 동여 놓은 사지가 벌써 굳어 있었다.

"왕연희야, 네 나와 원수진 일이 없거늘 구태여 나를 해치려 하는 까닭이 무엇이냐? 나는 하늘이 죽이려 해야 죽지 그렇지 않으면 죽지 아니하리라. 네 나를 참소하여 임금의 총애를 얻으려 날뛰니 마땅히 너를 한칼에 베어 원한을 풀 것이로되, 내 평생 사람을 죽이지 않기로 작정한지라 너를 용서하니, 나중에 어전에서 내 말이 나오거든 다른 일이 없도록 하라."

우치가 이렇게 말하고 주문을 외우니 왕연희는 어느새 제 모습으로 돌아왔다. 왕연희는 벌써 우치인 줄 알고 황급히 절을 하였다.

"전 공의 재주는 세상에 없는지라 삼가 교훈을 잊지 않으리다."

왕연희는 거듭 머리를 조아리며 수없이 사례하였다.

"내 돌아간 뒤 집안이 시끄러울 테니 가르쳐 주는 대로 하라."

우치는 이리이리하라고 뒷일을 일러 주고 나서 구름으로 올라가 버렸다.

'우치의 술법이 세상에 희한하여 짐짓 사람을 희롱하기는 하지만 죽이지는 않는구나.'

왕연희는 우치가 가르쳐 준 대로 곧바로 하인들을 불러 여우가 갇혀 있던 데를 뒤져 보라고 하였다. 하인들이 달려가 보니 묶어 놓았던 여우가 온데간데없이 사라져 버렸다. 하인들은 몹시 놀라 왕연희에게 이 사실을 아뢰었다.

"어찌 소홀히 가두었기에 놓치는고?"

왕연희는 짐짓 성을 내어 꾸짖었다.

그림 속 미인과 구렁이 안해

집으로 돌아온 전우치는 한가하게 돌아다니다가 한 곳에 이르렀다. 젊은이들이 족자 하나를 가지고 다투어 보며 칭찬하고 있었다.

"참으로 천하에 짝 없는 명화로다."

우치가 그림을 보니 미인이 아이를 어르는 모습이 그려져 있었다. 그림 속 미인과 아이가 어찌나 생기발랄한지 꼭 살아 움직이는 것 같았다. 젊은이들은 그림을 넋을 잃고 들여다보며 칭찬하였다.

우치는 젊은이들을 보며 짐짓 정색하여 말하였다.

"그대들은 눈이 높은가 본데, 나는 좋은지 잘 모르겠소."

"그림을 잘 보시오. 그림이 사람을 보고 웃는 듯하지 않소? 천하에 이런 명화가 어데 있겠소."

"이 족자가 값이 얼마나 하오?"

우치가 껄껄 웃으며 물었다.

"값은 은자 쉰 냥인데 그림에 견주면 싼 값이오."

"내게도 족자가 하나 있으니 구경들 해 보시구려."

우치는 소매에서 족자 하나를 꺼내 놓았다.

젊은이들이 호기심을 가지고 그림을 들여다보았다. 역시 미인도였는데, 녹색 저고리에 붉은 치마를 차려입은 여인이 얼굴은 옥같이 맑고 꽃같이 어여뻤다. 미인은 유리병까지 들고 있어 신비롭고 기묘하였다. 젊은이들은 우치의 그림을 보고 입에 침이 마르도록 칭찬하였다.

"이 그림이 우리 그림보다 훨씬 좋구먼."

우치는 빙그레 웃었다.

"내 그림이 화려하고 아름다워서 사람들이 놀라기도 하지만, 더 묘한 것이 있소. 한번 구경해 보시려오?"

모두들 궁금한 얼굴로 우치를 바라보았다. 우치는 그림을 향하여 조용히 불렀다.

"술 선녀 어디 있느냐?"

우치의 말이 떨어지자 족자 속에서 미인이 대답하고 나왔다.

"이분들께 술을 부어 드려라."

우치가 분부하자 미인은 들고 있던 병을 기울여 옥잔에 술을 가득 따랐다. 먼저 우치가 받으니, 마침 사내아이가 상을 가지고 나와 올렸다. 우치는 안주까지 한 점 집어 먹었다. 미인이 차례로 술을 따라 주니 여러 사람들이 다 한 잔씩 받았다. 맑고 시원한 그 맛과 향기는 신기하기 이를 데 없었다.

미인은 한 잔씩 대접하고는 사내아이와 함께 상을 거두어 가지고 들어가더니 도로 족자 속 그림으로 되어 버렸다. 사람들은 몹시 신기해하며 제가 겪은 일이 꿈이 아닌가 의심하였다.

"예사 조화가 아니로다. 선녀야, 선녀. 이런 희한한 그림은 예부터 듣도 보도 못했어."

모두들 칭찬하며 감탄하기를 마지않았다. 그 가운데 오생이란 사람이 나섰다.

"내 아무튼 한번 시험해 보리라."

그러더니 우치에게 청하였다.

"우리가 술이 모자라니 술 선녀를 다시 불러 한 잔씩 먹게 해 주시는 것이 어떠하오?"

우치가 웃으면서 승낙하니, 오생은 그림에 대고 가만히 불렀다.

"술 선녀야, 우리 술이 모자라니 더 먹을 수 있겠느냐?"

오생의 말이 떨어지자 선녀가 술병을 들고 나오고 사내아이는 상을 가지고 나왔다. 술 선녀가 병을 기울여 잔에 가득 부어 주자 모든 사람이 받아 마셨다. 향기가 입에 가득 차고 맛이 신기하므로 여러 사람이 거듭 잔을 받아 마셨다.

"덕분에 우리가 오늘 선녀가 내린 술을 마신 것도 다행이려니와 신기한 일을 많이 보았으니 그 신통함을 어찌 다 말하리까."

우치는 껄껄 웃었다.

"그림의 술을 먹고 어찌 사례하리오."

그러자 오생이 우치를 쳐다보며 말하였다.

"그 족자를 제가 가지고 싶은데 파시겠소이까?"

"오래 가지고 있던 거라 귀중히 여기나 욕심내는 사람이 있으면 팔 수도 있소."

"그러니 값은 얼마나 되나이까?"

"술병이 하늘에 있는 술샘에 닿아 있어 술이 끊이지 않으니 더없는 보배라오. 하여 은자 일천 냥을 받고자 하는데 오히려 값이 헐하다 하리다."

"내게 돈이야 많지만 이런 보배는 처음 보오이다. 형이 내 집에 가서 며칠만 머물러 주소서. 그러면 은자 일천 냥을 드리리다."

우치는 웃으며 족자를 거둔 뒤 오생과 함께 그의 집으로 향했다. 사람들도 잔뜩 취하여 저마다 흩어져 갔다.

오생의 집에 이른 우치는 족자를 오생에게 주며 말했다.

"어디 좀 갔다가 내일 돌아올 것이니 값을 준비해 두시오."

그러더니 어디론가 가 버렸다.

술에 잔뜩 취한 오생은 안방에 들어가 한번 시험해 보려고 족자를 벽에 걸었다.

오생은 가만히 선녀를 불렀다. 미인이 역시 사내아이와 함께 술병을 들고 나왔다. 미인과 아이는 잔에 술을 가득 부어 오생에게 권하였다. 술을 받아 마시다가 미인의 고운 태도에 반한 오생이 미인의 고운 손을 잡아끌어 무릎 위에 앉혔다.

오생은 권하는 술을 거듭 마시고 잔뜩 취하여 미인을 어루만지기 시작하였다. 이때 갑자기 문이 벌컥 열리더니 오생의 안해 민 씨가 들어왔다. 민 씨는 질투 심하기가 둘째가라면 서러워할 사람이라 지아비가 젊은 미인을 안고 있는 것을 보고 가만있을 리 없었다. 민 씨가 눈에 불이 나서 달려드니 선녀는 사뿐 일어나 족자 속으로 들어가 버리고 말았다.

민 씨는 더욱 성이 나 족자를 갈가리 찢어 버렸다. 오생이 기겁을 하여 민 씨를 꾸짖는데, 우치가 찾아왔다.

오생은 우치를 맞아들여 인사를 마치더니 민망한 얼굴로 그사이 있었던 일을 낱낱이 이야기하였다. 우치는 곧바로 몸을 변화시켜 거짓 몸은 오생과 이야기하고 자기는 곧 방으로 들어갔다. 그러더니 주문을 외워 민 씨를 큰 구렁이로 변하게 한 다음 가만히 나와 거짓 몸을 거두고 오생에게 말을 건넸다.

"형의 부인이 내 족자를 없앴으니 값을 어찌하려오?"

"모두 내 죄이니 어찌 값을 내지 않사오리까. 기한을 주시면 꼭 갚으리다."

우치는 그 말엔 대답하지 않고 손을 내흔들었다.

"그건 그렇고 그대 집에 큰 변괴가 있으니 방에 가 보시오."

오생이 허겁지겁 방에 들어가 보니 커다란 금빛 구렁이가 두 눈을 끔쩍이며 상 밑에 엎드려 있었다. 오생은 얼굴이 하얗게 질려 급히 달려 나와 우치더러 말하였다.

"방에 흉악한 짐승이 있으니 쳐 죽여야겠소."

"그 요괴를 죽이면 큰 화를 당하리니 죽여선 안 되오. 내게 부작이 하나 있다오. 그걸 구렁이 허리에 붙이면 오늘 밤에 스스로 없어질 게요."

우치는 소매에서 부작을 내어 가지고 방에 들어가 구렁이 몸에 붙이고 나왔다.

"이곳에 경문 외우는 사람이 있소?"

"없나이다."

"그러면 방문을 열지 마시오."

우치는 이렇게 당부한 뒤 거짓 민 씨를 만들어 안방에 두고 돌아가 버렸다.

오생이 우치를 보내고 안방에 들어가니 민 씨가 비단 이불을 덮고 누워 있었다. 오생은 민 씨 옆에 다가앉으며 이마를 찌푸리고 말하였다.

"우리 집에 여러 천년 묵은 구렁이가 부인으로 변해 사랑으로 나와 신선의 족자를 찢어 버렸소. 아까 그 사람이 구렁이가 스스로 녹을 부작을 허리에 붙이고 갔소. 그나저나 족자 값을 어찌하리오."

다음 날 우치가 돌아와 방문을 열어 보니 민 씨는 구렁이 모양으로 엎드려 있었다. 우치는 민 씨를 호되게 꾸짖었다.

"네 지아비를 업수이여기고 남의 귀중한 족자까지 찢어 나를 모욕했으니, 그 죄로 너에게 큰 구렁이 껍질을 씌워 여러 해 고초를 겪게 하려 하였노라. 네가 지금이라도 뼈저리게 뉘우치고 고친다면 뱀 허물을 벗겨 주고, 그렇지 않으면 그대로 두리라."

이 말을 듣고 민 씨가 눈물을 흘리며 사죄하니, 우치는 주문을 외워 구렁이 허물을 벗겨 주었다.

"선관의 가르침을 들어 꼭 고치겠나이다."

민 씨는 거듭거듭 절을 하였다.

우치는 안방에 있는 거짓 민 씨를 거두고 구름에 올라 제집으로 돌아왔다.

상사병 난 남자와 외로운 처녀

어느 날 우치는 어려서 같이 글공부한 친구 양봉환을 찾아갔다. 웬일인지 양봉환은 병이 들어 자리에 누워 있었다. 우치가 놀라서 물었다.

"병이 이리 중한데 어찌 손을 쓰지 아니하는가?"

양봉환은 서글프게 말하였다.

"때로는 가슴이 아프고 정신이 흐릿해서 아무것도 먹지 못한 지 오래되었으니 곧 죽으려나 보네."

우치는 맥을 짚어 보고 나서 한동안 잠자코 있다가 말하였다.

"이 병은 사람을 그리워하여 생겼구먼."

양봉환은 고개를 끄덕였다.

"과연 그러하네."

우치가 소리를 낮추어 물었다.

"어떤 미인이기에 그러는가? 나는 나이 서른 먹은 뒤로 여색에는 뜻이 없네."

양봉환은 가느다란 한숨을 내쉬었다.

"남문 안 현동에 정 씨라는 여인이 일찍이 과부 되어 홀로 시어머니를 모시고 사는데, 인물이 곱디고운 게 그렇게 뛰어난 미인이 없네. 어느 날 그 집 앞을 지나다가 담 너머로 그 여인을 잠깐 보고 온 다음부터 사모하는 마음이 사무쳐 뼛속까지 병이 들었으니 아마도 살아나지 못할 것 같네."

"말 잘하는 매파를 보내 통혼해 보지 그러나?"

"말도 말게. 왜 안 해 봤겠나. 헌데 그 여인이 절개가 대쪽 같아 속절없이 은자 수백 냥만 허비하였네."

"그럼 내가 자네를 위해 그 여인을 데려오겠네."

"자네가 아무리 재주가 많아도 헛수고만 할 걸세."

그러자 우치가 물었다.

"그 여인 나이가 얼마나 되는가?"

"스물셋이네."

"자네는 마음 턱 놓고 내가 돌아오기만 기다리게."

우치는 자리에서 일어나 구름을 타고 정 씨 집으로 향했다.

정 씨는 일찍이 과부가 되어 홀로 세월을 보내며 슬픔에 잠겨 있었다. 죽으려고도 했으나 차마 그렇게 못 하고 늙은 시어머니를 모시고 형제도 친척도 없이 외로이 세월을 보내고 있었다.

이날 마음이 어지러워 방 안을 오락가락하던 정 씨는 창밖을 내다보다가 문득 구름 속에서 한 선관이 내려오는 것을 보았다. 선관은 뜰에 내리더니 엄숙하게 말하였다.

"주인 정 씨는 빨리 나와 남두성*의 명을 받으라."

정 씨와 시어머니는 놀라서 급히 뜰에 내려 엎드렸다. 선관의 목소리가 다시 울렸다.

"정 씨는 하늘의 뜻을 받들어 반도 잔치에 참례하라."

그 말에 정 씨는 더욱 놀라 고개를 숙인 채 대답하였다.

"저는 인간의 몸이요 또한 죄인이온데 어찌 옥황상제 계신 곳에 참례하오리까?"

"정 씨는 본디 하늘나라에 있던 선녀로다. 헌데 죄를 짓고 인간 세상에 내려와 더러운 물을 먹어 하늘 일을 잊었도다."

선관은 소매 속에서 술병과 잔을 꺼내더니 향기로운 술을 잔에 가득 부은 다음 동자를 시켜 정 씨에게 권하였다. 술을 받아 마신 정 씨는 정신이 혼미해졌다. 선관은 잠이 든 정 씨를 구름에 싣고 하늘로 날아올랐다. 동남으로 향하는데 갑자기 구름 문이 열리더니 정 씨가 땅으로 떨어졌다.

깜짝 놀란 우치는 급히 둘레를 살펴보았으나 도술 쓰는 사람은 보이지 않았다. 이상하게 여기며 다시 도술을 쓰려고 하는데 문득 웬 거지 떼 가운데 하나가 다가오며 꾸짖었다.

"전우치는 들으라. 네 요술로 나라를 속인 죄가 커도 어진 일을 하기에 그냥 두었는데, 이제 흉악한 마음을 먹고 여인의 절개를 깨뜨리려 하니 하늘이 그대로 두겠느냐? 그러니 하늘이 나를 내

---

* 사람의 수명과 복록을 맡은 별.

어 너 같은 요물을 없애게 하심이로다."

이 말을 듣고 크게 노한 우치가 보검을 뽑아 내리치려 했더니, 그 칼이 문득 큰 범으로 변하여 도리어 우치에게 덤벼들었다. 우치는 급히 몸을 피하려고 하였으나, 발이 땅에 붙어서 떨어지지 않았다. 몸을 변화시키려고 하여도 도술을 전혀 쓸 수가 없었다.

우치가 그 거지를 보니 옷은 헐었으나 눈에 정기가 어려 있었다. 우치는 그의 도술이 높은 줄 짐작하고 허리를 굽히며 빌었다.

"제가 눈이 있으나 망울이 없어 선생을 몰라본 죄 죽어 마땅하오나 집에 늙은 어머님이 계시나이다. 권세를 잡은 자들이 백성을 못살게 굴기에 부득이 나라를 속임이요, 또 깊이 병든 친구를 구하려고 정 씨를 데려가려 함이오니 부디 죄를 용서하시고 높은 도술을 가르쳐 주소서."

거지가 엄하게 말하였다.

"말을 하지 않아도 내 벌써 다 알고 있노라. 나라의 운수가 사나워 그대 같은 사람이 도술로 세상을 소란케 하니 마땅히 죽여 뒤탈을 없애야겠으나 늙은 어머니를 위하여 특별히 살려 주노라. 이제 정 씨를 빨리 제집에 데려다 주라.

병든 양봉환에게는 정 씨를 대신할 사람이 있노라. 그 여인은 어려서 부모를 여의고 외로운 홀몸이 되었는데, 마음이 어질고 성품이 부드러울 뿐더러 또한 성이 정씨요, 나이 스물세 살이라. 그 여인을 양봉환에게 보내도록 하라. 내 말을 어기면 큰 화를 면치 못하리라."

우치는 깊이 머리 숙여 절을 하고 나서 말하였다.

"선생의 높은 이름을 알고자 하나이다."

"나는 강림도령이다. 세상을 희롱하려고 빌어먹으며 다니노라."

"선생의 가르침을 삼가 받들겠나이다."

강림도령은 조용히 웃고 나서 높은 술법의 오묘한 이치를 풀었다. 우치는 그 술법을 배운 뒤 깊이 사례하고 정 씨를 구름에 실어 정 씨 집으로 데리고 갔다. 정 씨 집에 다다라 뜰에 내려서 정 씨의 시어머니를 불러냈다.

"하늘에 올라가니 옥황상제께옵서 분부하시기를, 정 씨의 죄 아직 남았으니 도로 인간 세상에 내려 보내 나머지 액운을 다 겪은 뒤 데려오라 하시므로 도로 데려왔노라."

말을 마치고는 소매 안에서 향기로운 술을 내어 정 씨의 입에 넣은 다음 구름에 올랐다.

얼마 뒤 정 씨가 잠에서 깨어나자, 시어머니는 정신을 차린 며느리에게 선관이 하던 말을 전해 주었다. 두 사람은 그 꿈같던 일을 이야기하며 신기해하였다.

이튿날 우치는 강림도령을 찾아가서 양봉환과 연분이 맺어질 여인이 있는 곳을 물었다. 강림도령은 그 집을 알려 주며 주머니에서 모습을 바꾸는 알약을 내주었다.

그 집을 찾아가 보니 비바람을 가릴 수 없는 오막살이집 방 한 칸에 한 여인이 시름겹게 홀로 앉아 있었다. 우치는 여인에게 부드럽게 말하였다.

"낭자의 어려운 처지를 내 이미 들어 알고 있소. 청춘이 스물을 지난 지 오래여도 혼인하지 못하고 외로워하니 어찌 애처롭지 않으리오. 내 낭자를 위하여 중매하리다."

이 말을 들은 정 씨는 조용히 고개를 숙였다. 이윽고 우치가 알약을 먹인 뒤 주문을 외우니 정 씨의 모습이 정 과부와 꼭 같이 되었다. 우치는 모습이 바뀐 정 씨를 보고 말하였다.

"양봉환이라는 사람이 있는데 인물이 뛰어나고 가산도 넉넉하나 과부 정 씨의 자색을 사모하던 끝에 병이 들었으니 낭자가 한번 가 보는 게 좋겠소."

정 씨는 수긍하는 듯 아무 말도 하지 않았다. 우치는 정 씨에게 양봉환의 집에 가서 어찌해야 하는지 일러 주고 나서 보자기를 씌우고 구름에 실어 데려갔다. 양봉환의 집에 이른 우치는 정 씨를 바깥채에 남겨 두고 안채로 들어갔다.

우치를 보고 양봉환이 급히 물었다.

"어찌 되었는가?"

우치가 짐짓 난처한 기색으로 말하였다.

"정 씨의 행실이 맑은 얼음처럼 티가 없어 말 한마디도 못 하고 왔네."

"이제는 속절없이 죽을 따름이로다."

양봉환이 한숨을 내쉬며 탄식하였다. 우치는 갖가지로 골리다가 웃음을 띠고 말하였다.

"내 정 씨보다 백배 나은 처녀를 데려왔으니 한번 만나 보는 것이 어떠한가?"

양봉환은 머리를 설레설레 저었다.

"내 미인을 많이 보았으나 정 씨 같은 여인은 없으니 농담 말게."

"내 어찌 실없는 소리를 하리오. 지금 바깥채에 있으니 나가 보게."

양생은 우치가 하도 권하니 겨우 몸을 일으켜 바깥채에 나가 보았다. 그곳에는 고개를 다소곳이 숙인 정 씨가 서 있었다. 양봉환은 기뻐서 어쩔 줄을 몰랐다.

"내 있는 힘을 다하여 데려왔으니 살림을 꾸리고 잘살게."

양봉환은 진심으로 고마워하였다.

우치, 화담을 따르다

양봉환과 헤어진 전우치는 이리저리 돌아다니다가 야개산으로 향했다.

야개산에는 도사 한 분이 살고 있었다. 학문이 대단히 높고 마음이 맑아 세상의 공명을 구하지 않고 다만 메마른 땅 몇 이랑과 자그마한 꽃밭을 가꾸며 세월을 보내고 있었다. 그 도사가 바로 땅 위의 신선이라고 하는 서화담(서경덕)이니, 나이 쉰에 얼굴이 연꽃 같고 두 눈은 가을 물처럼 맑고 정신도 씩씩하였다.

우치가 서화담의 도학을 존경하여 찾아가니, 화담이 반가이 맞아 주었다.

"내 한번 찾아가려고 하였는데 이 누추한 집에 와 주시니 고맙소."

우치가 화담과 이야기를 나누며 시간을 보내는데, 웬 선비가 들어오더니 주인에게 물었다.

"저 손님은 뉘시나이까?"

"전 공이시네."

화담은 이렇게 대답하고 나서 우치를 돌아보며 말했다.

"이 사람은 내 아우 용담이오."

용담은 얼굴이 단아하고 골격이 훌륭하였다. 용담이 우치를 보고 말하였다.

"선생의 높은 술법을 오래 전부터 들어 왔는데 오늘 만나니 참으로 기쁘옵나이다. 술법을 한번 보고 싶사오니 재주를 아끼지 마소서."

용담의 간청에 못 이겨, 우치는 제 술법을 펼쳐 보였다.

우치가 주문을 외우니 용담이 쓴 갓이 변하여 소머리가 되었다. 그러자 성이 난 용담이 주문을 외워 우치의 갓이 범의 머리로 바뀌었다. 우치가 또 주문을 외우니 용담의 갓이 백룡으로 변하여 하늘로 올라 안개를 피웠다. 용담이 바로 주문을 외우자 이번에는 우치의 갓이 청룡이 되어 구름을 헤치고 안개를 뿜으며 백룡에게 달려들었다. 그리하여 하늘에서 용 두 마리가 서로 싸우더니, 청룡이 백룡을 이기지 못하고 동남으로 달아났다.

동남을 바라보던 화담이 웃으며 말하였다.

"내 집에 오셨다가 이런 일을 당하니 미안하오이다."

화담은 말을 끊고 연적을 들어 공중에 던졌다. 연적이 한 줄기 금빛으로 변하여 하늘에 퍼지니 청룡과 백룡이 다시 갓이 되어 땅에 떨어졌다. 우치와 용담이 제가끔 갓을 거두어 썼다.

우치는 화담에게 사례한 뒤 구름을 타고 제집으로 돌아왔다.

우치를 보내고 화담은 용담을 꾸짖었다.

"너는 청룡을 내고 전 공은 백룡을 내니, 청은 목이요 백은 금이라, 어찌 나무가 쇠를 이기겠느냐? 그리고 내 집에 온 손님을 무슨 까닭으로 해치려 하느냐?"

용담은 잘못했다고 용서를 빌었으나 속으로는 은근히 우치를 미워하였다.

우치는 집에 돌아온 지 사흘 만에 다시 화담을 찾아갔다. 서로 인사를 마친 뒤에 화담이 물었다.

"내 청할 말이 있는데 들어주겠소?"

"듣고자 하나이다."

화담은 머리를 끄덕였다.

"남해 가운데 큰 산이 있으니 이름은 화산이라 하오. 그 산에 도인이 계시니 운수 선생이시오. 내 젊어서 글을 배웠는데 그 선생이 여러 번 편지를 보내왔으나 회답을 못 하였소. 마침 전 공이 오셨으니 그대가 화산에 한번 다녀오는 것이 어떠하오?"

우치가 허락하자, 화담은 빙그레 웃었다.

"화산은 바다 한가운데 있어 쉽게 갔다 오지는 못할 것이오."

"제가 재주는 없사오나 순식간에 다녀오겠나이다."

화담은 못 미덥다는 듯 머리를 흔들었다. 그러자 우치는 속으로 저를 업수이여기는가 하여 화가 났다.

"제가 못 다녀오면 산을 나가지 않고 이곳에서 죽겠나이다."

"그러하면 다녀오시오. 허나 행여 실수할까 걱정이오."

화담은 잠깐 생각해 보고 글을 써서 주었다. 우치는 글을 받아 가지고 곧 길을 떠났다.

우치는 보라매가 되어 하늘로 올라 화산으로 날아갔다. 그런데 바다 한가운데 이르니 난데없는 그물이 앞을 가렸다. 날아 넘으려고 하니 그물이 따라 오르며 높은 하늘을 막았다. 더 높이 떠올라 날아 넘으려 하니, 그물이 위로는 까마득한 하늘에 닿았고 아래로는 바다에 닿아 있었다. 우치는 갈 길이 막혀 열흘 넘도록 애쓰다가 하릴없이 돌아와서 화담더러 웃으며 말하였다.

"화산에 거의 다 가서 그물이 하늘에 닿아 갈 길이 막혔기에 모기가 되어 그물 틈으로 나가려 하니 거미줄처럼 촘촘하여 뜻을 이루지 못하고 왔나이다."

그러자 화담이 가만히 웃고 나서 말하였다.

"그렇게 큰소리를 치고 가더니 끝내 화산에 이르지 못하고 되돌아온단 말이오? 이제는 그대가 다짐한 대로 이 산을 나가지 못하게 되었구려."

우치는 이 말을 듣고 서둘러 달아나려 하였다. 급해서 보라매가 되어 달아나니 화담은 수리가 되어 따라왔다. 우치가 또 칡범이 되어 내달으니 화담은 사자가 되어 범을 물어 메쳤다.

다시 본모습으로 돌아온 화담이 엄히 말하였다.

"그대가 여러 가지 술법으로 옳은 일을 위하여 애쓰니 기특하지만 간사하고 악한 것은 정당한 것이 아니로다. 재주는 반드시 윗길이 있나니 이렇게 오랫동안 세상에 다니면 분명 뜻밖의 화를 입을 수 있으리라. 그러니 밝은 세상에 돌아와 정당한 도리를 지키며 사는 것이 옳지 아니하뇨? 내 이제 태백산에서 진리를 밝히려 하노니 그대 또한 나를 따름이 좋을까 하노라."

우치는 공손히 대답하였다.

"가르치시는 대로 하겠나이다."

화담이 그를 바라보며 조용히 웃었다.

이런 일이 있은 다음 두 사람이 제가끔 집으로 돌아가 살림을 정리하였다. 그 뒤 우치는 화담을 모시고 태백산 밑에 자리를 잡았다. 화담과 같이 있으면서 큰 이치를 깊이 연구하고 보배로운 글을 많이 써서 돌 틈에 감추어 두었다. 그 뒷일은 세상 사람들이 알지 못한다.

일찍이 강원도 사는 양봉래(양사언)라는 사람이 태백산에 갔다가 서화담과 전우치 두 사람을 만나 이야기를 나누었다. 양봉래가 돌아가려 할 때 화담이 은근히 말하였다.

"우리는 이러저러한 까닭으로 이 산골에 들어와 있네. 그대를 보니 말과 행동이 그윽하고 깊은 줄 알겠네. 내 전할 것이 있으니 삼가 받들게."

양봉래가 공손히 뜻을 받드니 화담과 우치는 봉래에게 세상 이치와 비법을 적은 책 몇 권을 주었다.

양봉래는 책들을 받아 가지고 돌아온 뒤 정성을 다해 공부하여 오묘한 뜻을 통하여 저 또한 조심스러이 도통한 바를 전하였다. 그리하여 세상 사람들은 그것을 그저 신선의 도로만 알 뿐이요, 봉래 또한 밝은 빛이 드러날 때를 기다릴 뿐이었다.

그리하여 화담과 우치 두 사람이 태백산에서 도 닦은 일이 그럭저럭 어렴풋이 전해지고 있다.

박씨부인전

글쓴이 모름
리영규 고쳐 씀

하늘이 보내 준 아들

조선 인조 시절, 서울 안국방에 이름 높은 선비가 살고 있었는데, 이름은 이득춘이요, 자를 문채라 하였다. 이득춘은 지체 높은 집안에서 태어나 어린 나이에 과거 급제하고 벼슬길에 올라, 나중에는 지위가 이조 참판을 거쳐 홍문관 부제학에 이르러 온 나라에 이름을 떨쳤다.

성품이 너그럽고 겸손하며 생활이 소박한 데다가 나라에는 지극히 충성스럽고 부모에게는 효성이 극진하여 많은 이들의 존경을 받았다. 부인 강 씨는 집금오執金吾˚ 벼슬을 지내는 사람의 딸로, 시집온 뒤 하루같이 남편 뜻을 받들어 집안을 잘 꾸려 나갔다. 그리하여 부부간 의가 매우 좋고 집안에는 늘 온기가 돌았다.

˚ 조선 때 죄인을 체포, 심문하던 의금부의 벼슬.

그런데 득춘 부부는 나이 마흔이 넘도록 자식이 없었다. 이름난 산과 내를 찾아 지성껏 기도도 드려 보았건만 끝내 소원을 이루지 못하여 집안이 호젓하기 그지없었다.

하루는 득춘이 부인더러 탄식하였다.

"우리 팔자가 기박하여 이 나이까지 대를 이을 자식을 보지 못했으니 나중에 죽어 지하에 가면 무슨 낯으로 선조를 뵈옵겠소."

부인은 제 잘못인 양 몸 둘 바를 몰라하였다.

"제가 이 집안에 들어온 뒤로 시부모님께서 지극히 사랑해 주시고 낭군께서도 따뜻이 보살펴 주시어 부러운 것, 그리운 것 하나 없이 지내 왔사오나 안해로서 할 일을 다하지 못하여 죄스럽기 짝이 없나이다. 낭군께서는 두루 살피시어 훌륭한 집안의 현숙한 처녀에게 다시 장가를 드시어 귀한 아들을 보소서. 그러하오면 저의 죄가 조금이나마 덜릴까 하나이다."

득춘은 안해의 말을 듣고 보니 미안한 생각이 들었다.

"그게 무슨 말이오? 다 내가 복이 없어 그런 게지 어찌 부인의 허물이겠소."

그 뒤 득춘은 금강산 명월암에 들어가 이레 동안 정성을 다하여 기도하고 돌아왔다.

어느 날이었다. 득춘이 책상에 기대어 잠깐 졸고 있는데, 눈같이 하얀 채수염을 거룩히 드리운 노인이 대지팡이를 짚고 점잖게 들어와서 두 손을 모아 공손히 인사하더니 말하였다.

"그대가 전생에 지은 죄가 무거워 자식을 못 보게 하였는데, 지극 정성으로 기도하니 하늘이 감동하였노라. 귀한 아들을 보게 해 줄 것이니 잘 길러 집안을 빛내도록 하라."

그러더니 소매 안에서 구슬 한 알을 꺼내 주었다. 세상에는 없는 것이라 할 만큼 묘한 빛을 띤 구슬이었다. 득춘이 기뻐하며 구슬을 받아 들고 인사를 하려는데 문득 노인이 간데없이 사라지고 구슬은 어느 결에 푸른 옷 입은 사내아이로 바뀌어 안방으로 들어갔다. 득춘이 소스라쳐 깨어 보니 꿈이었다.

득춘은 꿈이 몹시 희한하여 안방으로 들어갔다.

"내 방금 꿈을 꾸었는데 몹시 신기하더이다."

득춘이 꿈 이야기를 그대로 부인에게 전하니, 부인이 놀라며 말하였다.

"저도 방금 그런 꿈을 꾸었사오니이다. 어쩌면 그리도 같은 꿈을 꾸었사오니이까? 참으로 신기한 일이오이다."

득춘 부부는 한편 신기하고 한편 기쁘기도 하였다.

"우리 두 사람이 똑같은 꿈을 꾼 것을 보니, 하늘이 우리를 불쌍히 여겨 아들을 주시려나 보오."

과연 그달부터 부인에게 태기가 있었다. 그 뒤 열 달이 차자 어느 날 부인이 산기를 느끼고 몸을 뒤채다가 곧 옥동자를 낳았다. 득춘은 약을 마련하느라 바삐 마루를 오가고 있었다.

바로 이때, 갑자기 하늘에 상서로운 기운이 찬란히 서리더니 한 선녀가 내려와 갓난아기를 깨끗이 씻겨 누이고 나서 부인더러 말하였다.

"이 아기는 원래 하늘에 있는 태백성이란 별이오는데, 인간 세상에 내려와 부인의 아들이 되었사오니 귀히 기르시옵소서. 그리고 이 아기의 배필은 금강산에 있사오니 부디 하늘이 정해 주신 뜻을 어기지 마시고 때가 되면 그 사람을 찾아서 성례를 시키옵소서."
선녀는 말을 마치고 사라졌다.

득춘 부부의 기쁨은 말할 수 없이 컸다. 아기를 자세히 보니 꿈에 본 사내아이와 똑같았다. 득춘은 크게 기뻐하여 이름을 시백이라 짓고, 자를 명선이라 하였다. 득춘 부부는 아들 시백을 쥐면 꺼질세라 불면 날아갈세라 애지중지 길렀다.

세월이 흘러 어느덧 시백이 세 살이 되었다. 벌써 총명이 뛰어나 온갖 책들을 다 읽으려고 하였다. 부모는 아들이 지나치게 숙성함을 도리어 걱정할 형편이었다.

이듬해 춘삼월에 부인에게 또 태기가 있더니 열 달이 되자 이번에는 옥 같은 딸을 낳았다. 갓 낳은 딸의 얼굴이 피어나는 꽃송이같이 어여쁘니, 부부는 기쁜 마음 견줄 데가 없었다. 득춘은 딸의 이름을 시화라고 지었다. 시화는 차츰 자라면서 인물이 더욱 아름다워지고, 재간도 뛰어나서 길쌈이며 바느질이며 막히는 데가 없고 음식 솜씨 또한 으뜸이었다. 게다가 글에도 능통하니 재색을 겸비한 보기 드문 규수였다.

세월이 흘러 어느덧 시백은 나이 열여섯이요, 시화는 열세 살이 되었다. 이때 나라에서는 득춘이 나라에 충성스럽고 백성을 사랑하는 너그러운 성품을 미쁘게 여겨 강원도 감사로 임명하였다.

득춘은 강원도로 떠나면서 식구들은 두고 아들 시백이만 데리고 갔다. 그리하여 정사를 밝게 다스리는 한편 아들 시백의 글공부에 힘을 기울였다.

옥 같은 신랑, 끔찍이 흉한 신부

금강산 상상봉에는 벼슬을 마다하고 숨어 살며 도를 닦는 처사가 있는데, 성은 박이요, 이름은 현옥이다. 박현옥은 도술과 학문이 뛰어난 선비로, 유점사 가까이에 아담한 집 한 채를 지어 비취정이라 하고 부인 최 씨와 함께 삼십 년을 살아왔다. 사람들은 박 처사를 존경하여 유점 대사라고도 하고 비취 선생이라고도 하였다.

박 처사에게는 딸이 둘 있었다. 맏딸은 이미 나이 찼으나 인물이 하도 못나 시집을 가지 못하고, 동생이 먼저 시집을 갔다.

맏딸 박 소저는 인물은 못생겼지만 천성이 어질고 인자할 뿐더러 아버지한테서 배운 도술과 학문이 높아 세상만사 모르는 것이 없었다. 박 처사는 그런 맏딸을 기특히 여겨 한가한 때면 늘 딸을 불러 앞에 앉혀 놓고 고금의 세상일을 이야기하곤 하였다. 딸은 아버지의 물음에 거침없이 대답할 뿐 아니라 오히려 아버지가 모르는 일이라도 능히 풀이하였다. 처사는 딸의 재주와 지혜에 감탄하지 않는 날이 없었다.

'이 아이는 세상에 드문 재주를 가졌으니 그와 짝이 될 만큼 어질고 총명한 남편을 얻어 주리라.'

바로 이때 강원도 감사로 와 있는 이득춘의 아들이 인물 잘나고 총명하다는 소문을 들었다. 처사는 생각 끝에 부인더러 말하였다.

"내가 감영에 찾아가서 감사를 만나 보고 청혼을 하겠소."

최씨 부인은 씁쓸하게 웃고 말하였다.

"이 감사는 나라에서도 이름 있는 분이온데 우리 같은 시골 사람과 혼인을 맺으려 하겠사오리까."

하지만 남편이 지혜롭고 사리에 밝은 줄 잘 아는 까닭에 더는 말하지 않았다.

처사는 길 떠날 채비를 갖추어 나귀를 타고 원주 감영으로 떠났다. 감영에 다다라 그곳 심부름꾼을 불렀다.

"금강산 사는 박현옥이라 하는데, 너희 사또께 내가 찾아뵙기를 청한다고 여쭈어라."

심부름꾼이 들어가 감사에게 처사가 찾아온 것을 아뢰었다. 감사는 무슨 일인지 궁금하게 여기며 곧 처사를 불러들였다.

칡베 두건 쓰고 베옷 입은 처사가 천천히 들어오자, 감사는 한눈에 예사로운 사람이 아니라는 것을 알아보고 황망히 대청에서 내려와 맞아들였다. 서로 인사를 나누고 자리를 정하여 앉자 처사가 먼저 말하였다.

"저는 금강산에 사는 박현옥이라 하옵나이다. 산속에 묻혀 사는 천한 몸이오나 생각하는 것이 있어 이렇게 사또를 찾아뵈옵게 되었나이다."

감사가 눈을 들어 처사를 살펴보니, 신선 같은 풍채와 도사다운 모습이 칡베 두건 밑으로 더욱 뚜렷이 드러났다. 감사는 정중히 대답하였다.

"변변치 못한 사람이 분에 넘치게 나라의 은덕을 입어 한 도의 감사라는 중한 책임을 지고 맡은 일을 다하지 못할까 밤낮으로 근심하여 왔사온데, 선생께서 이처럼 찾아오셔서 이 어리석은 사람을 가르쳐 주고자 하시니 앞으로 제 일에 힘이 되고 도움이 될까 하나이다."

처사는 감사의 말에 공손히 사례하고 나서 말하였다.

"사또께서 저를 그처럼 높이 대해 주시니 몹시 황감하오니이다. 제가 사뢰올 말씀은 다른 일이 아니라, 제 어리석은 궁리로 헤아려 보니 댁의 아드님과 제 천한 딸자식은 하늘이 정한 배필이옵나이다. 헌데 부끄럽게 생각하옵기는 제 딸자식이 용모가 박색이옵고 자질도 변변치 못하옵나이다. 댁의 귀한 아드님과 짝이 된다는 것이 분에 넘치기는 하오나 감히 사또께 이런 사연을 아뢰옵나이다."

감사는 뜻밖의 말에 적이 놀랐다. 내력도 모르는 집안과 사돈을 맺게 되리라고는 생각지도 못하였다. 이때 문득 시백을 낳을 때 일이 떠올랐다. 하늘에서 내려온 선녀가 아이의 배필은 금강산에 있다 하지 않았는가. 게다가 처사가 예사로운 사람이 아니니 하는 말이 또한 맹랑한 소리가 아닐 것이고, 처사가 말은 겸손하게 하나 딸도 자질이 보통은 넘을 것이리라 짐작했다. 잠깐 생각한 감사는 흔쾌히 대답하였다.

"선생의 높으신 뜻을 잘 알았사옵나이다. 제 변변치 못한 자식을 선생의 뛰어난 따님의 배필로 삼아 주시겠다 하니 더 바랄 수 없는 영광인가 하옵나이다. 어찌 이 일을 사양할 수 있사오리까. 삼가 선생의 말씀을 좇을까 하옵나이다."

감사가 승낙하자 처사는 더할 수 없이 기뻤다.

"존귀하신 사또께서 비천한 제 말을 헛말로 여기지 아니하시고 이렇듯 쾌히 허락하시니 참으로 감격하옵나이다."

감사도 기뻐하며 아랫사람에게 아들을 불러오라 일렀다.

이윽고 검은 두건에 푸른 도포를 입은 시백이 나타났다. 감사가 아들더러 처사에게 인사 드리라고 이르자, 시백은 처사에게 공손히 두 번 절하였다. 처사가 답례를 하고 시백을 살펴보니 참으로 세상에 드문 영웅이요, 일대 호걸로서 앞으로 나라에 훌륭한 인재가 되어 세상에 이름을 떨칠 기상이 용모에 뚜렷이 드러나 보였다. 처사는 크게 기뻐하며 감사에게 훌륭한 아들을 두었다고 거듭 치하하고 나서 감사에게 물었다.

"아예 성례할 좋은 날을 먼저 정해 두는 것이 어떠하오리까?"

감사 또한 좋다고 하자 처사는 기뻐하며 그 자리에서 날을 받는데, 이듬해 팔월 스무날이 퍽 좋은 날이라 그날로 정하였다.

날이 저물어서 처사는 자리에서 일어났다. 감사에게 작별을 고하고 나서 시백의 손을 잡고는 뒷날 다시 만나기로 약속한 다음, 나귀 등에 올라 훌훌 떠나가 버렸다.

세월은 흘러 이듬해 가을이 되었다. 나라에서는 득춘이 백성을 사랑하고 정사를 옳게 다스림을 아름다이 여겨 벼슬을 돋우어 이조 판서 겸 세자빈객*으로 임명하고 불러올렸다. 득춘은 지체 없이 서울로 올라왔다.

어느덧 박 처사와 약속한 성례 날이 다가왔다. 득춘은 부인에게 말하였다.

"내가 원주 감영에 있을 때 금강산 박 처사의 딸과 혼약한 이야기는 이미 하였거니와 이제 성례할 날짜가 멀지 않으니 시백이를 데리고 가서 혼례를 치르고 오겠소."

"혼인은 일생의 큰일이온데 친히 약속하신 혼사를 어길 수야 있사오리까."

부인은 옥 같은 아들을 근본도 모르는 집안에 사위로 보내는 남편이 못마땅했으나 이제 와서 딴 도리가 없었다.

득춘은 곧 아들을 데리고 금강산으로 찾아갔다. 과연 금강산은 경치가 빼어나기 이를 데 없었다.

"이리 아름다운 곳이니 신선이 산다고 할밖에."

득춘은 감탄을 거듭하였다. 유점사 가까이에 이르러 박 처사가 사는 비취정을 찾아 여러 날 동안 헤매었으나 찾을 수 없었다. 근처에 사는 사람들에게 물어보았으나 소용없었다.

"이 고을에 삼십 년째 살고 있지만 박 처사란 말조차 들은 일이 없나이다."

---

* 왕세자의 교육을 맡아보는 벼슬.

득춘은 하릴없이 나무 그늘 밑에 앉아 탄식을 하였다.

"내일이 성례할 날인데 아직 박 처사의 집을 못 찾았으니 시백이와 인연이 없는가 보다."

이때 저 앞에서 칡베 두건을 쓴 도사가 나타났다. 가까이 다가오는 걸 지켜보자니 바로 박 처사였다. 득춘은 기쁜 한편 안도의 숨이 절로 나왔다. 앞에 이른 박 처사가 득춘의 손을 잡고 웃으며 말하였다.

"귀하신 몸으로 천한 사람을 찾으려고 누추한 곳에서 여러 날을 헤매시게 하였으니 제가 어리석고 둔한 탓이옵나이다. 제집이 멀지 않은 곳에 있사오니 같이 가사이다."

이리하여 득춘과 시백이 처사를 따라 산속으로 들어갔다. 얼마를 들어가니 산길은 더더욱 아름답되 점점 험해져서 발을 붙이기 어려웠다. 그러나 처사는 마치 평지를 걷듯 걸음이 가벼웠다.

한 곳에 이르니 소나무와 대나무숲이 우거져 있고, 이름 모를 아름다운 꽃과 진기한 풀들이 무성하였다. 그 가운데 너덧 칸짜리 깨끗하고 아담한 초가 한 채가 있었다. 그 집에는 금빛 글씨로 '비취정'이라는 현판이 걸려 있었다.

처사는 득춘 부자를 사랑방으로 인도하였다. 뜰 앞에는 백학이 쌍쌍이 노닐고, 타는 듯 붉게 물든 단풍 사이로 아름다운 산새들이 지저귀며 날아예는데, 참으로 신선이 사는 별천지였다. 책상에는 만권 서적이 산처럼 쌓여 있고 벽에는 손때가 묻어 오랜 세월을 짐작하게 하는 거문고가 기대어 있어, 처사가 거처하는 곳이라 할 만하였다.

주인과 손이 제가끔 자리를 잡은 다음 이슥하여 저녁상이 들어왔다. 상을 받고 보니 음식이 정갈하기 이를 데 없고 산나물로만 만든 찬이건만 진수성찬 부럽지 않을 만큼 맛이 좋았다.

　저녁을 마치고 주인과 손이 마주앉아 옛날과 오늘날 이야기로 시간을 모르다가 밤이 깊어서야 처사는 안으로 들어가고 득춘 부자도 잠자리에 들었다.

　이튿날 아침을 먹고 나서 처사가 득춘에게 말하였다.

　"정한 시각이 되었사오니 아드님에게 예복을 갖추게 하고 전안*을 행하게 하소서."

　시백이 예복을 갈아입자 처사는 시백의 손을 이끌고 교배석*으로 인도하였다. 시백은 격식대로 옥으로 만든 상 위에 기러기를 드리고 나서 신부와 술잔을 나누는 초례를 치렀다.

　예식을 끝내고 처사와 시백이 사랑방으로 오자, 득춘이 기쁨을 이기지 못하여 아들의 손을 잡고 처사에게 사례하였다.

　"선생께서 못난 제 자식을 천금같이 귀한 따님과 더불어 예를 이루게 하셨으니 저희 부자는 복이 넘치는가 하나이다."

　처사가 사례하여 대답하였다.

　"아드님의 늠름한 풍채에다 제 딸자식의 못생긴 용모를 대하고 보니 저는 참으로 몸 둘 바를 모르겠나이다. 다만 이것이 연분이라 오늘 예를 이루었사오니 부디 존공께서는 바다 같은 은덕을

▪ 혼례식 날 신랑이 신부 집에 기러기를 가지고 가서 상 위에 놓고 절하는 일.
▪ 신랑과 신부가 맞절을 하는 자리.

드리우사 제 딸자식의 추한 몰골을 용서하시고 곁에 두어 길러 주시기 바라나이다."

"선생은 어찌 그리 겸손한 말씀을 하십니까. 따님의 용모가 선생 말씀대로 아름답지 못하다 해도 여인에게는 현숙함이 으뜸 아니오이까. 용모가 아름다우면 복이 없고 덕을 갖추지 못하기 쉽사오니 조금도 걱정하지 마옵소서."

처사는 득춘의 말에 감격하였다. 주인과 손은 날이 다 가도록 이야기를 나누며 즐겼다. 날이 저물어 저녁을 마치고, 득춘은 아들에게 신방으로 들라 하였다.

시백은 아버지 분부대로 신방에 들어갔다. 방 안을 살펴보니 여자들이 쓰는 물건이라고는 하나도 없고, 책상 위에 책만 가득 쌓여 있었다. 살펴보니 병법서들이었다. 시백이 이상히 여기며 단정히 앉아 기다리고 있노라니 이윽고 신부가 들어왔다. 시백은 일어나 맞아들이며 그제야 신부를 자세히 쳐다보다가 소스라치게 놀라 흠칠 물러섰다.

키는 칠 척에 퍼진 허리는 열 아름은 되고 높은 코와 내민 이마며 둥근 눈방울이 끔찍이 흉한 데다가 얼굴빛마저 까맣고, 두 어깨에는 쌍 혹이 늘어져 가슴을 덮었으니, 저승에 있다는 소머리 귀신이 아닌가. 게다가 팔과 다리도 온전치 않아 손놀림이 둔하고 다리를 절며, 몸에서 나는 더러운 냄새 코에 거슬리니, 시백은 넋이 나가 황급히 뛰쳐나와 놀라움을 진정치 못했다.

득춘은 아들이 달려 나온 것을 보고 깜짝 놀라 물었다.

"네 어이 도로 나왔느냐? 놀란 기색이 있음은 어찌 된 일이냐?"

"제가 신방에 들어가 신부 들어오기를 기다리고 있었사온데 이윽고 신부가 들어오니 보기만 해도 소름이 끼치도록 흉하게 생긴 여자였사옵나이다. 그래 견딜 수가 없어서 달려 나왔나이다. 내일 곧 서울로 돌아가사이다."

시백이 떨리는 목소리로 말하자, 아버지는 신중치 못한 아들이 노여워 꾸짖었다.

"네 아무리 변변치 못하기로서니 오늘이 첫날밤인데 신방에서 뛰쳐나올 수가 있단 말이냐? 신부의 외모가 좀 못났기로 그리 놀랄 일인 게냐? 여인은 현숙함이 근본이요 용모가 아름답지 못함은 상관할 바가 아니거늘 네 어찌 겉모습만 취하고 덕을 가벼이 하는 그릇된 생각을 하느냐?"

시백은 황송해서 엎드려 다시 말하였다.

"제가 어찌 여인의 아름다움만을 취하오리까. 저는 다른 아우가 없삽고 다만 남매뿐이오라 그저 마음 어질고 무던한 배필을 맞아 부모님을 편히 모시고 자녀를 갖추 두어 후대를 이으면 그만이라고 생각하였사옵나이다. 허나 이 여인의 생김새가 몹시 해괴망측하여 차마 마주 볼 수가 없사옵나이다. 이는 분명 하늘이 시기하고 미워하여 이런 괴물을 준 것이옵나이다. 하늘의 뜻을 어기고 부모님께 불효가 될지라도 차마 보기 어렵사오니 바삐 서울로 올라가사이다."

득춘은 아들이 아비의 말을 거역하니 더욱 노여워 눈을 부릅뜨고 더 호되게 꾸짖었다.

"네가 아비 말을 터럭같이 가벼이 여기고 방자한 소리를 하는 게냐? 어진 덕을 보지 아니하고 요사스러운 아름다움만을 취하려 하니 참으로 한심하고 통분할 일이로다. 그런 방자한 말을 다시는 하지 말고 썩 신방으로 들어가거라! 신부의 어진 덕을 중히 여기고 부부가 화락하게 지내어 이 아비의 마음을 즐겁게 하라. 다시 내 말을 거역한다면 부자의 의를 끊어 버리리라!"

시백은 아버지의 말이 엄하여 감히 또 입을 벌리지 못하고 신방으로 들어갔다. 그러나 신부가 보기 싫고 끔찍해 한구석에 옷을 입은 채로 누웠다가 첫닭이 울자 사랑방으로 나왔다. 그다음부터는 낮에는 사랑방에서 어물어물 보내고 밤이 되면 할 수 없이 신방에 들어갔다가 첫닭이 울기를 기다려 곧 나오곤 하였다. 이렇게 사흘을 지내고 서울로 떠날 날이 되었다.

득춘 부자는 처사와 작별 인사를 하고는 신부를 가마에 태워서 여러 날 만에 서울 집에 도착하였다. 득춘은 아들을 데리고 사당에 들어가서 예를 마치고 나와 옷차림을 바로 하고 부인과 한자리에 앉아서 비로소 신부를 불러 보았다.

신부는 단장을 고치고 폐백을 가지고 들어와 시부모에게 드리고 절하였다. 강씨 부인은 신부가 천하에 없는 박색인지라 몹시 놀랐다. 곱지 않은 기색으로 있던 강씨 부인은 신부를 물러가게 하고는 탄식하였다.

"세상에, 못났다 못났다 해도 천하에 저런 박색은 처음이오니이다. 남부끄러워 견딜 수가 없나이다. 어떻게 기른 귀한 아들인데, 저걸 어찌 며느리라 하여 곁에 두고 보리오."

득춘은 부인의 탄식이 이해가 가지 않는 것도 아니나 마음이 좋지 않았다.

"신부가 인물이 못하기는 하나 재주가 신통하고 도술에 능할 뿐더러 어진 덕을 갖추고 있으니 앞으로 우리 집안을 빛낼 인물이오. 부인은 어찌 인물만 탓하여 시비를 하오?"

부인은 불만이 가슴에 한가득 서렸으나 남편의 책망이 엄하므로 잠자코 입을 다물었다.

득춘은 아들 내외에게 분부하여 사당에 들어가 함께 조상에게 절을 드리게 하였다. 신부를 구경하려고 모여든 일가친척이며 집안 종들까지 신부의 모습을 보고 놀라지 않은 사람이 없었다. 집안이 망했다며 혀를 차는 사람에, 속으로 비웃는 사람에, 더러는 침을 뱉는 사람까지 있었다. 흥겨워야 할 잔치에 여기저기에서 숙덕거리는 소리가 끊이지 않았다.

재주 많은 별당 아씨

박 씨가 시집온 지 몇 달이 지났다. 하루는 득춘이 노기등등하여 아들을 불러 앉혀 놓고 호통을 쳤다. 그동안 시백이 단 한 번도 안해의 방에 들어가지 않았다는 사실을 이제야 안 것이다.

"네 어찌 그리 용렬하게 구느냐! 부모가 정한 혼사요, 예를 갖추어 맞아들인 안해를 어찌 그리 박대한단 말이냐? 이는 부모에게 불효요, 안해에게 도리를 어기는 짓이니, 불효하고 의리 없는 자가 어찌 세상에 나아가 큰일을 할 수 있겠느냐?"

이렇게 준절히 꾸짖고 나서 잠시 말을 끊었다가 다시 이었다.

"옛날 제갈공명은 안해 황 부인의 인물이 더할 나위 없이 박색이었으나 조금도 탓하지 않고 극진히 사랑하고 후히 대접하였느니라. 그러니 전란이 일어나 남편이 싸움터로 나갈 때 부인이 훌륭한 술법과 묘책을 일러 주어 나라에 큰 공을 세우게 하지 않았느냐. 이 얼마나 아름다운 일이냐? 그 뒤 공명과 황 부인의 명성이 세상에 널리 알려져 사람들의 존경을 받게 되었느니라. 이런 옛일을 미루어 보아 네 어진 안해가 인물이 잘나지 못했다고 하여 박대해서는 아니 되느니라."

시백은 아버지한테 엄한 꾸지람을 들은 뒤부터 하릴없이 박 씨 방에 들어가기는 했다. 허나 얼굴만 마주쳐도 소름이 돋고 오금이 저려, 옷을 입은 채로 한구석에 누웠다가 날이 밝으면 서둘러 나올 뿐이지, 박 씨와는 한마디도 나누려 하지 않았다. 이런 형편이니 박 씨는 제 신세가 가엾고 한심할 뿐이었다.

하루는 박 씨가 아침 문안을 드리러 시아버지 방에 들어왔다가 무슨 말을 하려고 주저주저하는 것을 보고 득춘이 먼저 입을 열어 물었다.

"아가, 무슨 할 말이 있느냐?"

박 씨는 엎드려 말하였다.

"변변찮고 누추한 몸으로 높은 집안에 들어와 부모님을 모시니 모자란 점이 많사옵고 모든 일을 옳게 받들지 못하여 죄송하기 그지없나이다. 황송하오나 아버님께 한 가지 아뢰올 말씀이 있나이다. 제가 본디 외진 산간에서 자라나 그러하온지 번화한 곳에는 있기가 매우 괴롭사와 조용한 곳에 있고 싶사옵나이다. 뒤뜰에 초당을 한 채 지어 주시면 거기에 머물려 하오니 허락하여 주옵소서."

박 씨의 말을 들은 득춘은 며느리의 괴로운 심정을 헤아려 보니 가엾은 생각이 들어 선뜻 허락하였다. 곧바로 사람들을 시켜 뒤뜰에 열 칸 남짓한 초당을 짓도록 하고, 진기한 꽃과 풀을 가득 심어 박 씨의 맑고 깨끗한 취미를 돋우어 주었다. 박 씨는 시아버지의 은혜에 감격하여 거듭거듭 사례하였다.

초당을 다 짓자, 박 씨는 좋은 날을 택하여 몸종 계화를 데리고 뒤로 가서 초당을 살펴보았다. 뜰에는 기이한 꽃이 활짝 피어 봄빛을 자랑하고 청학과 백학은 서로 짝을 지어 쌍쌍이 오락가락하며 주인을 반겨 맞는 듯하였다. 참으로 신선이 사는 곳 같았다.

박 씨는 기뻐하며 계화더러 사랑방에 가서 시아버지께 여쭈어 종이 한 장을 얻어 오라 하였다. 계화가 사랑방에 나가 뜰아래 엎드려 박 씨의 말을 전하니, 득춘이 궁금해하며 시중드는 아이더러 색 고운 종이를 한 장 가져오라 하였다. 아이가 종이를 가져오자 득춘은 몸소 종이를 들고 후원으로 들어갔다. 박 씨가 급히 뜰아래 내려와 공손히 맞으니, 득춘은 웃으면서 물었다.

"종이는 무엇에 쓰려느냐?"

박 씨는 옷깃을 여미고 말하였다.

"이처럼 아담한 집을 지었사온데 이 별당에 당호가 없사와 써 붙이고자 하옵나이다."

득춘도 그럴듯하게 여겨 말하였다.

"네 생각이 옳구나. 내 너의 글씨를 보고자 하니 내 앞에서 써 보아라."

박 씨는 시아버지의 말을 받들어 계화에게 붓과 먹을 가져오라 일렀다. 용을 아로새긴 벼루에 먹을 갈아 박 씨가 붓을 들어 단숨에 내려 쓰는데, 글씨 쓰는 솜씨가 어찌나 신기한지 마치 청룡이 서리는 듯하였다.

　박 씨는 종이에 '피화정避禍亭'이라고 쓰고 그 옆에 썼다.

　"신미년 이른 봄 취희당翠姬堂은 쓰노라."

　득춘은 며느리의 글씨 쓰는 솜씨를 보고 무릎을 치며 칭찬하였다.

　"참으로 기특한 재주로다. 너는 네 아버지의 재주를 닮았구나."

　박 씨는 황감하여 앉음새를 고치고 나서 글 쓴 종이를 한 번 뒤적였다. 문득 먹으로 쓴 종이가 금방 금빛 글자를 쓴 현판으로 바뀌었다. 득춘이 신기하다 못해 깜짝 놀라 제 눈을 의심하였다.

　"참으로 만고에 드문 재주를 가졌구나. 시백이가 미련해서 너를 멀리하니 참 한스러운 일이로다."

　하루는 박 씨가 사랑방에 나아가 시부모에게 문안을 드리고 나서 득춘에게 엎드려 말하였다.

　"내일 아침에 믿을 만한 종에게 분부하시되, 종로 말 여각*에 가면 말이 수십 필 있을 것이니 그중에서 비루먹은 말을 골라잡고 값을 물으면 일곱 냥을 달라고 할 것이옵나이다. 허나 달라는 값만 주지 말고 삼백 냥을 주고 사 오라 하시옵소서."

　득춘은 놀라서 물었다.

　"네 말이 괴이하기 짝이 없구나. 일곱 냥 달라는 말을 무슨 까닭으로 더 많은 값을 주고 사 오라 하느냐?"

　"뒷날 보시면 자연 아실 것이옵나이다."

---

* 여각은 지방에서 나는 물품을 사고파는 소개를 하며 물건 임자를 묵게 하는 곳. 여기서는 말〔馬〕을 사고파는 이들이 묵는 여각을 말한다.

박 씨가 조용히 대답하였다. 득춘은 박 씨의 재주를 아는 까닭에 그 말을 믿으나, 강씨 부인은 비웃었다.

"기가 차서 말도 안 나오는구나. 일곱 냥 부르는 말을 삼백 냥 주고 사 오라니, 네가 머릿속도 제대로가 아니로구나."

이튿날 득춘은 믿을 만한 종을 불러 어제 박 씨가 말한 대로 돈 삼백 냥을 주어 말 여각으로 보냈다.

종이 주인 분부대로 종로 말 여각에 가 보니 과연 말 수십 필이 주런이 매여 있거늘, 마도위*를 불러 비루먹은 말을 가리키며 물었다.

"저 말은 값이 얼마요?"

"좋은 말이 많은데 구태여 비루먹은 말을 사려 하오? 값은 일곱 냥이오."

"우리 대감마님께서 저 말을 삼백 냥 주고 사 오라 분부하셨으니 이 돈을 받으시오."

종이 돈을 내밀자, 마도위가 놀라며 말하였다.

"실없는 소리는 그만하오. 일곱 냥짜리 말을 어찌 삼백 냥씩이나 받겠소?"

"우리 대감마님께서 분부하신 일이라 어길 수가 없소."

종은 이렇게 말하며 억지로 삼백 냥을 주려 하였다. 그러자 마도위가 웃으면서 말하였다.

"그럼 우리 이렇게 합시다. 말 임자에게는 일곱 냥만 주고 나머지는 우리 둘이 노나 먹는 게 어떻겠소? 그리고 대감에겐 삼백

* 말을 사고팔 때 흥정을 붙이는 사람.

냥 주고 사 왔다고 하면 될 게 아니오? 그리하면 벼락 치는 하늘도 모르지."

마도위의 말을 들은 종은 문득 돈에 욕심이 나서 그 말대로 말 값을 치르고 남은 돈을 나누어 가진 다음 비루먹은 말을 끌고 돌아왔다.

득춘은 종에게 말을 끌려 가지고 뒤뜰로 들어가 박 씨를 불러 말을 보라 하였다. 박 씨는 말을 그윽이 살펴보고 나서 시아버지에게 말하였다.

"저 말을 도로 갖다 주라 하소서."

득춘은 의아해서 물었다.

"네 말대로 사 왔거늘 어찌하여 도로 갖다 주라 하느냐?"

"아버님께서는 모르시오나 저는 이 속내를 아옵나이다. 이 말은 값을 덜 주고 사 왔사오니 소용이 없사옵나이다. 그래서 도로 갖다 주라 한 것이옵나이다."

박 씨가 공손히 말하자, 득춘은 종을 다그쳤다.

"네 말 값을 얼마 주고 사 왔느냐?"

"대감마님께서 분부하신 대로 주고 사 왔나이다."

종은 시치미를 뗐다. 그러자 박 씨가 종을 꾸짖었다.

"네 아무리 미련하기로서니 상전을 속이느냐? 네 거간의 간특한 꾀에 넘어가 말 값을 치르고 남은 돈을 두 놈이 노나 먹으면서 벼락 치는 하늘도 모르리라고 하였지만, 나를 속이지는 못하리라. 상전을 속인 죄는 앞으로 다스리려니와 당장 가서 너희가 노나 먹은 돈을 말끔히 모아 말 임자에게 주고 오되 지체하면 네 목숨이 살아나지 못하리라."

박 씨의 서릿발 같은 꾸지람에 종은 그만 크게 겁먹고 땅에 엎드려 거듭 죄를 빌었다. 그러더니 말 여각으로 달려가 마도위를 보고 꾸짖었다.

"이 몹쓸 놈아, 네놈의 간사한 말을 좇았다가 하마터면 내 목이 달아날 뻔했다. 당장 그 돈을 내놔라."

이리하여 종은 돈을 모아 가지고 말 임자를 찾아 삼백 냥을 억지로 쥐여 주고 돌아와 박 씨에게 아뢰었다.

"이제는 다 주고 왔나이다."

"물러가 기다리라."

박 씨는 종에게 이렇게 일러 보내고 나서 시아버지에게 말하였다.

"이 말에게 하루에 깨 한 되와 좁쌀 다섯 홉씩으로 죽을 쑤어 먹이되 밤마다 찬 이슬을 맞도록 이 초당 앞뜰에 내버려 두면 앞으로 쓸데가 있나이다."

득춘은 흔쾌히 허락하고 며느리 말대로 말을 먹였다.

하루는 박 씨가 대청으로 시부모를 찾아가 문안드리니, 시어머니는 눈살을 찌푸리고, 시아버지는 웃으며 며느리 손을 잡고 물었다.

"무슨 말을 하고자 하여 왔느냐?"

박 씨는 공손히 말하였다.

"내일 명나라 사신이 그 나라 임금의 부고를 가지고 서울에 올 것이옵나이다. 믿을 만한 종을 시켜 내일 식전에 그 말을 끌고 남문 안에 가 서 있으라 하옵소서. 그리하면 명나라 사신이 지나가다가 말을 보고 값을 물을 것이옵나이다. 그때 삼만 팔천 냥이라 하면 두말없이 그 값을 치르고 사 갈 것이니 팔아 오라 하옵소서."

득춘은 박 씨의 말을 신기하게 여기고, 이튿날 믿음직한 종 원삼이를 불러 초당 앞뜰 말 매어 둔 곳으로 데리고 가서 분부하였다.

"이 말을 끌고 남문 안에 가 서 있어라. 그리고 명나라 사신이 말 값을 묻거든 삼만 팔천 냥이라 하고 팔아 오너라."

원삼이가 분부대로 말을 끌고 남문 안에 가 서 있노라니, 과연 명나라 사신이 지나가다가 말을 보고 역관을 시켜 말 값을 물었다. 원삼이가 주인 분부대로 말 값을 불렀더니 사신은 두말 않고 삼만 팔천 냥을 주고 사 갔다. 원삼은 말 값을 받아 가지고 돌아와 주인에게 돈을 드리고 사실대로 아뢰었다.

득춘은 기특하게 여겨 별당에 들어가 박 씨에게 말 팔아 온 이야기를 하고는 물었다.

"그 말 값이 어이 그리 많으냐?"

"그 말은 본디 천리마이온데 알아보는 사람이 없었고 먹일 줄 몰라 그렇게 되었사옵나이다. 사실을 말씀드리오면, 그 말이 긴히 쓰일 것 같아 사다 길렀사온데 앞일을 헤아려 보니 그 말이 소용없게 되어 팔게 한 것이옵나이다."

박 씨는 이렇게 공손히 대답하였다. 득춘은 크게 탄복하여 말하였다.

"너는 그렇게도 사리에 밝고 앞날을 내다보는 힘이 있으니 남자로 태어났더라면 나라에 크게 이로운 재목이 되었을 것이로다."

이때 나라에서는 특별히 과거를 베풀어 널리 인재를 구하였다.

이시백도 과거를 보려고 준비하고 있었다. 과거 날짜가 내일로 다가왔다.

그날 밤 박 씨는 자다가 꿈을 꾸었다. 뒤뜰 연못 가운데 꽃이 가득 피었고 벌 나비가 춤을 추며 꽃 속으로 날아들었다. 문득 웬 백옥 연적 하나가 용으로 변하여 연못 속으로 들어가 노닐더니 여의주를 얻어 물고 오색구름을 타고 하늘로 올라가는 것이었다. 박 씨는 꿈이 하도 이상해 날 밝기를 기다려 연못가에 나가 보았다. 과연 그곳에 백옥으로 만든 연적이 하나 있었다. 집어 들고 자세히 보니 꿈에 본 연적이 틀림없었다.

박 씨는 그 연적을 가지고 들어와 곧 계화를 불렀다.

"작은사랑에 나가 서방님께 잠깐 들어오십사고 아뢰어라."

계화가 작은사랑에 나가 시백에게 박 씨의 말을 전하였다. 시백은 좋지 않은 낯으로 꾸짖었다.

"무슨 일이 있관데 장부가 과거 길 떠나려는데 아녀자가 부른단 말이냐?"

계화가 돌아와 시백의 말을 그대로 전하니, 박 씨가 한참 동안 잠자코 생각하다가 계화에게 다시 일렀다.

"네 다시 한 번 더 나가 여쭈어라. 아녀자의 도리로 낭군을 앉아서 부르는 것이 당돌한 일인 줄 아오나 들어오시면 과거 보러 가시는 데 드릴 물건이 있으니 어려우신 대로 잠깐 들어오십사 아뢰어라."

계화가 마지못해 다시 나가 박 씨의 말을 전하였더니, 시백이 버럭 화를 내며 호통을 쳤다.

"요망한 계집 같으니! 과거 길 떠나는데 이렇듯 방자하게 구니 참으로 용서할 수 없도다!"

말을 마치고는 더욱 분이 치밀어, 종을 불러 계화를 가리키며,

"저년을 잡아 내려라!"

하고 볼기 칠 채비를 시켰다.

"네 주인이 시골에서 자라나 아무리 예절을 모른다 하더라도 아녀자가 남편을 마음대로 오라 가라 하니 어찌 해괴하지 않느냐? 내 이제 네 주인 대신 너를 벌하리라!"

그러더니 종에게 호령하였다.

"저년에게 매 서른 대를 쳐 보내라!"

계화가 억울하게 매를 맞고 울며 돌아와 이 사실을 고하니, 박 씨가 눈물을 흘리며 말하였다.

"나 때문에 네가 억울하게 벌을 받았구나. 여인의 몸이 이렇게도 서러운 신세라는 것을 오늘에야 알았다."

박 씨는 길게 한숨을 쉬더니 계화에게 연적을 내주며 말하였다.

"과거 보실 때 이 연적의 물로 먹을 갈아 글을 지어 바치면 장원 급제하고 이름을 떨쳐 부모님께 영화를 돌리고 집안을 빛낼 것이오니, 그때에는 나 같은 사람 생각지 마시고 훌륭한 집안의 아리따운 아가씨를 맞이하여 평생 즐겁게 지내십사고 아뢰어라."

계화가 할 수 없이 다시 나아가 시백에게 연적을 주며 박 씨의 말을 전하였다. 시백이 연적을 받아 보니 천하에 드문 기이한 보배였다. 그렇게 모질게 굴었는데도 이런 보배를 보내어 과거에 급제하기를 바라니, 박 씨의 마음이 갸륵함에 감동하여 시백은 후회가 들

었다. 시백은 계화더러 부드럽게 말하였다.

"내 성미가 급해서 아까는 좀 지나쳤노라. 나는 부인의 말을 못마땅하게 여겨 그리했으되 오히려 온순한 빛으로 이렇게 연적을 보내어 과거 준비를 도와주니 몹시 부끄럽구나. 허나 내가 한 일을 분하게 여겨 나더러 다른 집안에 다시 장가들라고 한 것은 지나친 말이란다고 전하여라."

계화가 돌아와 시백이 하던 말을 그대로 전하니, 박 씨는 대답이 없었다.

그날 시백은 모든 준비를 갖추어 과거장에 들어갔다. 이상하게도 마음이 안정되고 차분했다. 글제를 한 번 보고는 곧 용을 아로새긴 벼루에 박 씨가 준 연적의 물을 부어 먹을 갈아 놓고 글을 지어 내려가는데, 조금도 막힘이 없이 단숨에 붓이 내달았다. 그렇게 단숨에 쓴 글이지만 흠잡을 데가 조금도 없었다. 시백은 수많은 선비들 가운데서 맨 먼저 글을 바치고 나와 방이 나붙기를 기다렸다.

이윽고 방이 나붙었다. 장원은 이조 판서 이득춘의 아들 이시백이라고 하였다. 시백이 보고 기뻐하는데, 대 위에서 급제한 사람을 부르는 소리가 들려왔다. 시백이 빈틈없이 들어앉은 선비들을 헤치고 천천히 나아가 대 아래 엎드렸다.

왕은 시백을 보더니 풍채가 당대 영웅호걸이라 크게 만족하여 기쁜 빛을 띠고는, 이득춘이 훌륭한 아들을 두어 나라의 큰 일꾼을 키워 냈다고 칭찬하며 시백에게 머리에 꽂을 꽃과 예복 한 벌을 내렸다.

시백은 왕에게 사례한 다음 풍악을 잡히고 대궐 문을 나섰다. 비단옷에 옥띠를 맨 시백의 늠름한 풍채는 만 사람 가운데서도 눈에 띌 만큼 뛰어났다. 서울 장안 큰 거리로 풍악을 울리며 한 바퀴 돌아갈 때 봉의 눈에 옥같이 맑고 환한 시백의 얼굴은 임금이 내린 술로 발그레해 참으로 신선 같았다.

안국방 집으로 돌아온 시백은 사당에 올라가 절하며 장원 급제했다 고하고 부모와 일가친척 어른들에게 절을 하였다. 사랑방에는 손님들이 새 장원을 부르는 소리가 진동하였다. 득춘은 아들을 거느리고 사랑방으로 나가 손님들에게 하나하나 사례하고 함께 술을 나누며 즐겼다.

날이 저물어 풍악을 거두고 손님들이 다 돌아간 다음 남은 일가붙이들과 함께 득춘은 아들을 데리고 밤 깊도록 즐겼다.

득춘은 그 자리에서 같이 즐겨야 할 며느리가 없는 것이 몹시 서운했다. 추한 몰골을 남에게 보이기 부끄러워 나타나지 않는 것을 모르지 않으니 며느리가 가엾고 안타까웠다. 강씨 부인은 남편의 마음을 헤아리면서도 모른다는 듯이 물었다.

"오늘 아들이 과거에 장원 급제하였으니 평생에 다시없을 경사이온데 어찌 그리 기색이 좋지 않사오니까? 그 잘난 며느리가 이 자리에 없는 게 그리도 서운하시나이까?"

득춘은 속 좁게 구는 부인이 오늘 따라 더욱 불쾌해서 정색하여 말하였다.

"부인은 어찌 그리도 소견이 좁소? 사람을 겉만 보고 속에 품은 덕을 보지 못하니 참으로 딱한 일이오. 우리 며느리는 고금에 드문 지혜와 재주를 가졌고 후세에 길이 빛날 덕행을 갖추었으니 오히려 우리 집안에 넘치는 사람이오."

이때 계화는 시백이 과거에 장원 급제했다는 소식을 듣고 박 씨에게 치하하였다. 그러나 온 집안이 떠들썩하게 잔치를 벌였는데 박 씨만 홀로 쓸쓸히 뒤뜰 외진 초당에 남아 있는 것이 민망스러워 한숨 쉬며 말하였다.

"아씨께서 이 댁으로 오신 뒤 서방님은 아씨 방에 발길도 변변히 않으시고, 마님께서는 박대가 이만저만이 아니시어, 이같이 쓸쓸한 초당에 홀로 머무시면서 집안의 크고 작은 일에 참여하지 못하시더니, 오늘같이 온 집안이 즐기는 잔치에도 나가시지 못하고 수심으로 세월을 보내시니 비천한 제 소견에도 아씨 신세를 생각하오면 참으로 서럽나이다."

그러나 박 씨는 태연히 대답하였다.

"일이 잘되고 못되는 것과 화와 복은 사람의 힘만으로 어쩌지 못하는 일이란다. 예부터 젊은 나이에 불행한 여인이 한둘이 아닌데 어찌 홀로 내 신세만 가련타고 한탄하겠느냐. 사람이란 스스로 도리를 다하면 되느니라. 다시는 그런 괴이한 말을 하지 마라. 누가 듣기라도 한다면 내 행실을 무엇이라 하겠느냐?"

계화는 박 씨의 어질고 너그러운 마음씨에 못내 감탄하였다.

허물 벗은 절세미인

　세월이 강물같이 흘러 박 씨가 이씨 집안에 들어온 지도 어느덧 삼 년이 지났다. 하루는 박 씨가 대청에 나가 시부모에게 문안을 드리고 나서 조용히 말하였다.
　"제가 시집온 지 삼 년이 되었사오나 그동안 본가의 소식을 전혀 모르고 있사옵나이다. 부모님 안부를 알고자 잠깐 다녀오려 하오니 허락하여 주옵소서."
　득춘이 크게 놀라며 말했다.
　"여기서 금강산이 오백 리가 넘고 길도 험한데 어찌 다녀오겠느냐? 한다하는 장정들도 다녀오기 어려운 길을 하물며 여인의 몸으로는 갈 수 없으리라. 행여 다시는 그런 생각을 말라."
　박 씨가 공손히 대답하였다.
　"저도 그러하온 줄 아오나 어쩔 수 없이 다녀와야 하겠기에 그리하는 것이오니 너무 걱정하지 마시고 허락하여 주옵소서."

득춘이 박 씨의 말을 듣고 보니 그 신통한 재주로 못 다녀올 것도 없다고 생각하였다.

"네가 꼭 다녀와야 할 일이 있어 그러는 게로구나. 그렇다면 내일 말과 하인을 갖추어 채비를 해 줄 터이니 어서 다녀오너라."

"한 사나흘이면 다녀올 수 있사오니 채비는 필요 없나이다."

득춘은 오백 리 길을 사나흘에 다녀오겠다는 며느리의 재주에 못내 감탄하였다.

박 씨는 시부모에게 절하고 별당으로 돌아와 계화를 불러 놓고 일렀다.

"내가 친정에 잠깐 다녀올 터이니 너는 내가 하는 노릇을 아무한테도 말하지 마라."

그러더니 뜰로 내려가 두어 걸음 옮기더니 몸을 솟구쳐 하늘로 올라가 구름 속에 자취를 감추어 버렸다.

잠깐 동안에 금강산 비취동에 다다른 박 씨는 친정집에 들어가 부모님에게 절하고 문안드렸다. 처사는 딸의 손을 잡고 말하였다.

"네가 시집간 지도 벌써 세 해가 되었구나. 그동안 젊은 나이에 박대를 받으며 지내자니 오죽 서러웠겠느냐마는 타고난 운명이라 사람의 힘으로는 어찌할 수 없는 일이었다. 허나 이제는 네 액운이 끝나고 복이 돌아오게 되리니 안심하여라. 내 이달 보름날 서울 네 시가로 올라갈 터이니 너는 잠깐 쉬다가 곧 돌아가거라."

박 씨는 오랜만에 부모를 모시고 그동안 서렸던 회포를 풀었다.

며칠 지나자 처사 부부는 시부모가 기다릴 터이니 어서 돌아가라고 재촉하였다. 박 씨는 서운한 마음을 어찌할 수 없었으나 부모를 하직하고는 구름을 비껴 타고 잠깐 사이에 서울 집으로 돌아왔다.

 초당 앞에 내려서자 계화가 뛰어나와 반가이 맞이하였다. 박 씨는 옷차림을 단정히 하고 대청에 나아가서 시부모에게 문안드리면서 공손히 말하였다.

 "제가 떠나올 때 저희 아버님이 이달 보름날 찾아뵈오시겠다 하였나이다."

 처사가 찾아온다는 말에 득춘은 무척 기뻐하며, 하인들에게 좋은 술과 안주를 마련하라 이르고, 처사가 오기를 기다렸다.

 처사가 오마고 한 보름날이 되었다. 그날 밤 달빛은 유난히 밝고, 맑고 시원한 바람이 우수수 불어오더니 난데없이 공중에서 학 울음소리와 함께 처사가 구름을 타고 내려왔다. 득춘이 황망히 뜰로 내려가 처사를 맞아들였다. 사돈끼리 예를 마치고는 자리에 마주 앉았다.

 이때 시백이 의관을 바로 하고 들어와 장인어른에게 절하고 문안을 드렸다. 처사는 시백이 그동안 더욱 호걸다운 기상을 갖춘 것을 보자 매우 기뻐하며, 사위의 손을 잡고 득춘에게 치하하였다.

 "아드님 재주가 기특하여 과거에 장원 급제하고 높은 벼슬에 올랐으니 이런 경사가 또 어디 있사오리까. 제가 곧바로 올라와 치하하지 못하여 매우 죄송하오이다. 마침 올해가 제 딸아이의 액운이 끝나는 해라 추한 몰골을 벗을 때가 되었으니, 사위가 급제한 일을 치하하고 아울러 딸아이를 보려고 왔소이다."

득춘은 박 씨가 그 추한 몰골을 벗게 되었다는 말에 놀라며 크게 기뻐하였다. 주인은 손과 더불어 밤이 가는 줄 모르고 이야기를 나누며 즐겼다. 문득 첫닭 우는 소리가 들려오자, 비로소 자리에서 일어났다.

처사는 딸이 머무는 뒤뜰 초당으로 들어갔다. 박 씨가 급히 뜰아래 내려와 아버지를 반가이 맞아들여 문안하자, 처사는 딸의 손을 잡고 방으로 들어가 남쪽을 향하여 앉힌 다음 얼굴에 웃음꽃을 피우면서 말하였다.

"올해로 네 액운이 다하였다."

처사가 주문을 외우며 손을 들어 박 씨의 얼굴을 가리켰다. 그러자 흉하던 얼굴 거죽이 순식간에 벗겨지고 선녀같이 아리따운 얼굴과 몸으로 변하였다. 처사가 웃으며 말하였다.

"이 허물을 가져가려 하였으나 그러면 네가 의심을 풀 길이 없겠기에 두고 가겠다. 그러니 궤를 구하여 허물을 넣어 두었다가 시부모와 낭군에게 보여 드리고 의심을 풀게 하여라. 내 이제 너와 헤어지면 칠십 년 뒤에야 다시 만날 터이니 그때 또 만나 회포를 풀기로 하자."

말을 마치고 처사는 곧 사랑방으로 나아가 득춘에게 이별을 고했다.

"저는 이만 가 봐야겠사오이다. 앞으로 혹시 어떤 어려운 일을 당하시거든 제 못난 딸자식한테 물어보소서."

박 처사가 뜰에 내려서 두어 걸음 가더니 자취도 없이 사라지니, 득춘은 제 눈을 의심하며 끔뻑일 뿐이었다.

이튿날 계화가 사랑방으로 나아가 기쁜 얼굴로 득춘에게 고하였다.

"어젯밤 처사님이 다녀가신 뒤로 별당 아씨가 추한 허물을 벗고 천하의 절색이 되었사옵나이다. 참으로 신기한 일이옵기에 대감께 아뢰옵나이다."

득춘이 계화의 말을 듣고 기쁨을 이기지 못하여 서둘러 뒤뜰로 가 보니, 과연 웬 미인이 초당에 앉아 있다가 뜰에 내려와 득춘을 맞이하였다. 하늘에서 내려온 선녀인지, 그 아름답다던 양 귀비인지, 득춘은 몹시 황홀하여 아무 말도 못 하고 서 있었다. 옥같이 맑은 얼굴에 붉은 앵두 입술, 선녀같이 고운 자태가 눈이 부셨다. 그러자 박 씨가 공손히 말하였다.

"제가 전생에 지은 죄 중하여 흉한 허물을 쓰고 이 세상에 태어나서 그저 액운이 끝나기만 기다렸더니 하늘이 저를 불쌍히 여기셨나이다. 어제 저희 아버지가 제 허물을 벗기고 본 얼굴을 찾게 하여 주었사오니, 아버님은 의심치 마옵소서."

득춘은 박 씨의 말을 듣고도 반신반의하였다. 그 흉하던 몰골이 어찌 저리 세상에 드문 미인이 된단 말인가. 박 씨는 시아버지가 의심하는 것을 보고, 벗어 놓은 허물을 내보였다. 득춘이 허물을 자세히 살펴보니 박 씨가 쓰고 있던 허물이 틀림없었다. 그제야 의심을 풀고 말하였다.

"네가 허물을 벗고 아름다운 본 얼굴로 돌아왔으니 네 시어머니와 지아비가 얼마나 기뻐하겠느냐."

"아버님, 궤를 하나 주시면 이 허물을 넣어 두었다가 어머님과 낭군에게 보여 드려 의심을 풀까 하나이다."

득춘은 기꺼이 허락하고 곧바로 사랑으로 나와 궤를 얻어 박 씨에게 보내 주었다. 그러고는 급히 안방으로 들어가 강씨 부인에게 며느리가 허물을 벗고 미인이 되었다고 말하였다. 그러나 부인은 믿지 않았다.

"세상에 어디 그런 괴이한 일이 있겠나이까?"

그러더니 종을 불러 박 씨를 불러오라 하였다.

박 씨는 옷을 단정히 하고 허물을 넣은 궤를 계화에게 들리고 대청으로 나아가 시어머니에게 절하고 가까이 앉았다. 강씨 부인은 깜짝 놀라며 물었다.

"세상에 이런 기이한 일도 있구나. 네 그 흉한 허물은 어디로 가고 이리 아름다운 미인이 되었느냐?"

"제가 추한 몰골은 생각지 아니하고 이 집안에 들어온 지가 벌써 삼 년이 되옵나이다. 그동안 시부모님에게 불효한 일이 참으로 많았사옵나이다."

박 씨는 그동안의 일을 이야기하고는 계화에게 궤를 열라 하여 허물을 꺼냈다. 강씨 부인은 허물을 보고서야 의심을 풀었다. 그러면서 그동안 며느리를 박대한 게 민망하고 미안한 마음이 들어, 다정히 며느리의 손을 잡았다. 이때부터 강씨 부인은 며느리를 친딸처럼 사랑하였다.

저녁이 되어 시백이 일을 마치고 집으로 돌아오니, 아버지가 아들과 며느리를 불러 앉혀 놓고 시백에게 물었다.

"네 안해가 지금은 어떠냐?"

시백은 선녀같이 아름다운 여인이 제 안해라는 게 믿을 수가 없었다. 허물을 보고서야 그 여인이 박 씨라는 것을 깨닫고는 속으로 놀랍기도 하고 기쁘기도 하고 그동안의 행실이 부끄럽고 미안하였다. 아버지에게도 죄송스러워 아무 대답도 하지 못했다.

득춘은 아들에게 다시 말하였다.

"사람의 앞일은 누구도 헤아리지 못하는 법이니라. 네가 그리 안해를 박대하더니 이제 무슨 낯으로 대하겠느냐? 사람이 그리 변치 않아서야 어찌 나라의 중대한 책임을 감당해 내겠느냐?"

시백은 그저 잠자코 있을 수밖에 없었다.

그날 밤 시백이 박 씨의 방으로 들어가니, 박 씨가 촛불을 밝히고 근엄한 낯빛으로 단정히 앉아 있었다. 시백은 감히 말을 건네지 못하고 박 씨가 먼저 입을 열기 기다렸으나, 박 씨는 앵두 입술을 꼭 다물고 있을 뿐이었다. 두 사람은 그저 묵묵히 앉아 있었다. 다리 저리게 앉아 있던 시백은 부인이 끝내 입을 열지 않자, 하릴없이 제 방으로 돌아왔다.

이튿날 밤, 시백은 또 박 씨의 방으로 들어갔다. 박 씨는 지아비를 공손히 맞기는 하나 여전히 눈은 내리깔고 입은 꼭 다물어 고운 이를 내보이지 않았다. 밤이 퍽이나 깊어서야 시백이 더 견딜 수 없어서 말을 걸었다.

"내가 어리석은 탓으로 사람을 겉만 보고 속을 보지 못하여 여러 해 동안 박대가 심하였으니 이제 와서 부인을 대할 낯이 없소. 하늘이 우리 연분을 도와 부인을 본 얼굴로 돌아오게 해 주었으니 이보다 더 다행한 일이 없는가 하오. 부인은 지난 일을 잊고 이 못난 지아비의 허물을 용서하시오."

박 씨는 쌀쌀하게 말하였다.

"제가 인물은 못났사오나 이 댁에 들어온 뒤로 시부모를 효성으로 모시고 낭군에게 순종하여 안해로서 그릇됨이 없도록 하였나이다. 허나 낭군은 저를 길에 지나가는 사람같이 여기시고 얼굴 고운 여자만을 생각하셨으니 어서 다른 집안의 고운 여자를 얻어 즐겁게 지내시고 저 같은 사람은 생각지 마소서."

박 씨가 이렇게까지 말하게 된 것은 모두 제 잘못이라고 생각한 시백은 부끄러웠으나 어떻게 해서든 박 씨의 마음을 돌리려고 무릎이 닳도록 사죄하였다. 시백이 진심으로 사과하고 비니 박 씨도 얼었던 강물이 봄비에 녹듯 마음이 풀렸다. 박 씨는 공손한 태도로 고쳐 말하였다.

"낭군은 지금 한 나라의 귀한 일꾼이시온데 어찌 체모를 잊으시고 소년같이 가벼이 행동하시나이까. 제가 본색을 감추고 추악하게 보이도록 한 것은 낭군이 오로지 공부에만 마음을 쏟도록 함이었사온데 오히려 저를 그처럼 구박하시니 평생을 두고 맺힌 마음을 풀지 말자 했사오니이다. 허나 낭군께서 이처럼 진심으로 뉘우치시니 노여움이 절로 풀리나이다. 그러하오니 낭군은 체모를 갖추소서."

시백은 박 씨의 말을 듣고 마음이 한없이 기뻤다. 그는 박 씨에게 고맙다며 말하였다.

"나는 본디 사람이 못나 소견이 좁고 답답한데, 부인은 마음이 활달하고 도량이 넓으니 내가 어찌 부인의 짝이 되겠소마는 부인이 내 허물을 용서하고 여러 해 동안 맺힌 마음을 풀어 다정히 대해 주니 이보다 더한 기쁨이 다시없소."

박 씨는 살짝 웃으며 자기도 지나쳤노라고 하였다. 이리하여 두 사람은 밤이 깊도록 화기 가득한 가운데 정다운 이야기로 꽃을 피웠다. 계화가 들어와 이부자리를 펴니, 시백은 박 씨와 더불어 잠자리에 들어 즐거이 정을 나누었다.

시백과 박 씨가 서로 화목하게 지낸 지 몇 달 안 되어 박 씨에게 태기가 있었다. 득춘 부부는 기쁨에 겨워 손자 볼 날을 손꼽아 기다렸다. 열 달이 차서 박 씨가 아무 탈 없이 아이를 낳았는데, 아들 쌍둥이였다.

득춘 부부가 몹시 기뻐하며 산실에 들어가 보니 두 아이가 다 얼굴이 깨끗하고 두 눈이 샛별처럼 빛나는 것이 당장 입을 열어 말이라도 할 것 같았다. 득춘 부부는 손자들이 하도 귀여워 세상 온갖 시름을 다 잊은 것만 같았다. 득춘은 손자들의 이름을 선둥이는 희기, 후둥이는 희인이라 짓고 두 손자를 손에 든 구슬같이 사랑하였다.

나라의 위엄을 빛낸 임경업

이때 평안도 지방은 탐관오리가 설쳐 백성들의 괴로움이 이만저만이 아니었다. 나라에서는 시백의 재주와 덕망을 아름다이 여겨 평안도의 어지러운 정사를 바로잡으라고 평안 감사로 임명하였다.

시백은 집으로 돌아와 길 떠날 채비를 서두르면서 한편 장인바치를 부르더니 쌍가마를 꾸미라고 일렀다. 그러자 박 씨가 물었다.

"쌍가마는 무엇 하러 꾸미나이까?"

"부인과 함께 가려면 쌍가마가 있어야 하지 않겠소?"

박 씨는 놀라며 말하였다.

"장부가 나랏일을 맡아보게 되면 부모님 모실 날이 적다 하옵는데 하물며 처자를 돌볼 여유가 있사오리까. 저는 집에 남아서 부모님을 모실 터이오니 제 걱정은 마시고 어서 부임하시어 나랏일을 성심성의껏 살피소서."

시백은 제 생각이 그릇됨을 깨닫고 말하였다.
"부인의 말씀이 지당하시오. 내 변변치 못하여 늙으신 부모님이 외로워하실 것을 미처 생각 못 하고 망령된 말을 하였으니 남이 들었더라면 웃음을 살 뻔하였소. 그럼 부모님을 잘 모셔 주오."
시백은 부모님께 절하여 하직한 다음 박씨 부인과 작별한 뒤 곧 길을 떠났다.
시백은 서울을 떠나서 여러 날 만에 평양 감영에 부임하였다. 부임한 다음 날로 육방 구실아치들을 단속하고 고을 원들의 잘잘못을 낱낱이 가려냈다. 백성을 사랑하고 고을 일을 바르게 하는 자들은 나라에 보고하여 상을 받게 하고, 백성의 피땀을 빨아먹는 자들은 벼슬을 떼고 내쫓아 옳고 그름을 명백히 갈라놓았다.
이리하여 백성들을 못된 벼슬아치들과 양반 토호들의 토색질에서 벗어나 제 일에 평안히 힘쓰게 하니 도적들도 선량한 백성으로 변하였다. 이르는 곳마다 태평세월을 즐기는 노랫소리가 높았고 백성들은 감사의 어진 덕을 칭송하는 비까지 세웠다. 그 소문은 곧 조정에 알려졌다. 나라에서는 시백을 병조 판서로 불러올렸다.
시백은 여러 날 만에 서울에 당도하자 먼저 대궐로 들어가 임금을 뵈었다.
"그대는 백성을 사랑하고 감사가 할 일을 바르게 하였으니 참으로 나라의 충신이요 참된 신하로다."
왕은 시백을 칭찬하며 잔을 들어 술을 권하였다. 시백은 임금에게 사례하고 대궐을 나와 집으로 돌아왔다.
시백은 부모 앞에 나아가 문안을 드렸다. 득춘이 기뻐하며 아들의 손을 잡고 말하였다.

"내 지난날 네가 안해를 돌보지 않기로 너를 용렬하다 꾸짖었더니 이제 감사의 직책을 옳게 다하여 백성의 칭송을 듣고 또 나라에서 네 업적을 기특히 여겨 다시 부름을 받아 내직으로 들어오니 이제야 네가 내 아들이요, 나라의 옳은 신하요, 우리 며늘아기에게 마땅한 지아비로다."

시백은 황송하여 사례하고 오랫동안 그립던 정을 풀다가 밤이 깊어서야 박 씨의 방으로 들어갔다.

박 씨는 얼른 일어나 반가이 맞이하였다. 시백은 다정히 박 씨의 손을 잡아 자리에 앉혔다. 여러 해 동안 떨어져 살던 내외가 얼굴을 맞대니, 남편이 부모님 극진히 모신 안해를 칭찬하고, 안해가 낯선 땅에서 오랫동안 애썼다고 남편을 칭찬하며, 그동안 서로 그립던 이야기로 밤 가는 줄 몰랐다. 밤이 깊어 두 사람이 잠자리에 누우니 물과 고기가 다시 만난 듯 옛정을 풀었다.

이때 명나라는 정사가 어지럽고 변경에 있는 가달족이 자주 국경을 침노하여 평안한 날이 없었다. 명나라에서는 이 사태를 수습해 보려고 무진 애를 썼으나 이러지도 저러지도 못하는 지경에 빠지고 있었다.

가달의 침노를 막자고 군사를 내자니 북쪽 호국胡國의 존재가 명나라를 위협하고 있었다. 지금은 호국이 명나라를 섬기면서 고분고분 굽어들고 있지만 호국은 호국대로 명나라가 약해지는 틈을 노리고 있다는 것을 잘 알고 있었다. 그러니 명나라가 가달과 크게 싸울 때 호국이 가만있으리라는 보장이 없었다.

어차피 남의 힘을 빌리지 않고서는 이 난국을 헤쳐 나갈 방책이 없다고 생각한 명나라 황제는 조선에 사신을 보내 달라고 해 왔다.

임금은 이시백을 사신 행차의 정사正使로 임명하고 그에게 말하였다.

"그대가 맞춤한 사람이니 군관을 정하고 곧 날을 받아 떠나도록 하라."

시백이 임경업을 군관으로 정할 것을 아뢰었더니 왕이 허락하였다.

임경업은 충청도 충주 사람으로 힘이 장사인 데다가 지략이 뛰어났다. 일찍이 무과에 장원 급제하여 벼슬길에 올랐는데, 지금은 천마산 중군˚으로 있었다.

이시백은 임경업과 함께 남경에 이르렀다. 명나라 임금은 조선 사신이 왔다는 보고를 듣고 황자명을 보내 조선 사신을 영접하게 하였다.

시백은 임경업과 함께 황자명의 영접을 받아 대궐로 들어갔다. 시백은 명나라 임금에게 우리 임금이 보내는 글월을 전하였다. 명나라 임금은 조선 임금의 글월을 보고 신하들에게 명하여 예부에서 잔치를 베풀고 조선 사신을 대접하라 하였다.

이때 북쪽 호국의 사신이 와서 명나라 임금에게 글월을 올렸다. 가달족이 호국의 국경을 침노하여 망할 지경에 이르렀으니 구원병을 보내 달라는 내용이었다.

명나라 임금은 이 기회에 호국을 도와 가달을 침으로써 가달이

˚ 조선 시대에 군영에서 대장이나 절도사 밑에서 군대를 거느려 다스리는 장수.

명나라를 넘보지 못하도록 하는 한편 호국에게도 명나라의 힘을 보여 주어 아예 굽어들게 하자는 속셈이었다. 그리하여 구원병을 보내려고 적당한 장수를 고르는 참에 황자명이 옆에 있다가 아뢰었다.

"조선에서 온 상사 군관 임경업의 상을 보니 용맹과 지혜를 겸비한 사람이옵니다. 외국 사람이오나 그가 아니고는 가달을 물리칠 만한 장수가 없는 줄로 아뢰옵나이다. 이 사람을 대장으로 삼아 보내심이 마땅할까 하나이다."

명나라 임금이 황자명의 말을 듣고 이시백을 가까이 불러 임경업의 사람됨을 물었다. 시백이 대답하였다.

"경업이 훌륭한 장수이오나 그런 큰 소임은 감당하지 못할까 하나이다."

명나라 임금은 시백의 겸손한 말을 듣고 임경업의 자질이 짐작되어 병마 대원수로 임명하더니, 얼굴에 만족한 웃음을 띠고 임경업에게 보검을 주며 명령을 어기는 자가 있거든 먼저 목을 베고 나중에 보고하라 하고 군사 삼만 명을 뽑아 주었다.

임경업은 병마 대원수로서 명나라 군영으로 나아가 장병들을 모아 정돈한 다음 호국으로 떠났다. 여러 날 만에 삼만 군사를 거느리고 호국에 다다르니, 호국 왕이 임경업의 대장군다운 위엄을 보고 크게 감탄하면서 궁으로 들였다. 호국 왕은 임경업을 극진히 대접하고 가달의 힘이 꽤 강성하다고 말하였다.

호국 왕에게서 가달의 형편을 들은 임경업은 위엄 있게 말하였다.

"대왕은 근심 마소서. 재주는 없으나 가달을 물리치겠나이다."

임경업은 곧 군사를 이끌고 가달을 치러 나갔다. 싸움터에 다다른 임경업은 가달과 마주 진을 치고 나아가 싸웠다. 적장과 맞서 서른 합을 싸웠으나 좀처럼 승부가 나지 않았다. 임경업이 갑자기 적장을 향하여 벼락같이 꾸짖으며 번개같이 달려들어 그 억센 팔로 적장을 사로잡아 냉큼 쳐들고 진중으로 돌아왔다. 우두머리를 잃은 가달 군사들은 허겁지겁 달아나기 시작하였다.

임경업이 가달 군을 무찌르고 삼만 군을 거느려 본부 군영으로 돌아오니, 호국 왕이 여러 신하들을 거느리고 나와 임경업을 맞아들여 윗자리에 앉히고 크게 잔치를 베풀었다. 이때 임경업이 대에 높이 앉아 군사를 시켜 가달의 우두머리를 들이라 호령하였다. 군사들이 우두머리를 꿇어앉히자 임경업이 죄를 물었다.

"네 아무리 무지한 오랑캐이기로서니 어찌 강한 것만 믿고 남의 나라를 침범하는고?"

가달 우두머리가 땅에 엎드려 사죄하며 말하였다.

"저희가 어리석게도 호국을 침범하였다가 장군에게 죽을죄를 지었사오니 목숨만 살려 주시면 다시는 딴마음 먹지 않고 호국을 큰 나라로 섬기고 복종하겠사오니 용서하여 주옵소서."

임경업은 군사들에게 명령하여 묶은 것을 풀게 하고 대 위에 오르게 한 다음 잔을 주며 말하였다.

"그대의 말을 들으니 제 잘못을 뉘우치는 듯하므로 죄를 용서해 주거니와 다시는 망령되이 남의 나라를 넘겨다보지 말며 제 나라나 잘 다스리도록 하라."

가달 우두머리가 사례하여 말하였다.

"죽을죄를 용서해 주시고 이리 너그럽게 대해 주시니 이 은혜는 백골이 되어도 잊지 못하겠나이다."

그는 임경업 장군에게 백번 절하여 사례하고 호국 왕한테 하직을 고한 다음 패잔병을 거두어 제 나라로 돌아갔다.

호국 왕은 임경업 장군을 바라보며 거듭거듭 칭송하였다.

"조선에 이런 명장이 있는 줄을 몰랐소이다."

가달을 어렵지 않게 물리친 임경업의 슬기와 용맹을 본 호국 왕은 임경업 장군이 탐나기도 하고 한편 두려운 생각도 들었다. 앞으로 힘을 키워 명나라와 조선을 침략할 음흉한 뜻을 품고 있었기에 조선에 임경업과 같은 명장이 있다는 것이 두려울 수밖에 없었다. 생각 끝에 한 가지 꾀를 냈다. 자기 딸을 주어 임경업을 사위로 삼아 제 사람을 만들어 보자는 속셈이었다. 호국 왕은 내전으로 들어가 왕비와 의논하고 공주를 불렀다.

"조선에서 온 임경업 장군이 천하에 보기 드문 영웅호걸이더구나. 하여 내 사위로 삼고자 하는데 네 뜻은 어떠하냐?"

공주는 고개를 숙이고는 부끄러움을 머금고 대답하였다.

"아버님의 말씀이 마땅하오나 여인이 평생을 의탁하는 일을 소홀히 못 하오리니, 소녀 아는 것이 없사오나 그 사람을 만나 본 뒤에 정하겠나이다."

호국 왕은 공주의 말을 옳게 여기고 이튿날 나아가 임경업 장군더러,

"내 장군을 사랑하는 마음에서 청할 말이 있소."

하고 넌지시 웃어 보였다.

"무슨 말씀을 하고자 하시오이까?"

"내게 딸이 하나 있기로 장군을 부마로 삼고자 하여 공주에게 물었더니 장군을 만나 본 뒤에 정하겠다 하오. 장군의 뜻은 어떠하오?"

이 말을 들은 임경업 장군은 호국 왕의 속셈을 알아차렸으나 짐짓 기쁜 척 받아들였다.

"대왕의 뜻을 삼가 받들겠나이다."

호국 왕은 크게 기뻐하며 내전으로 들어가 왕비와 공주에게 임경업 장군이 승낙했다고 이르고 곧 채비를 시켰다. 높은 다락에 구슬발을 드리우고 공주를 그곳에서 기다리게 한 다음 임경업 장군을 들어오게 하였다.

임경업 장군은 호국 공주의 재주가 비상하고 관상 보는 법에 능하다는 것을 알고 있었다. 그는 호국 왕의 안내를 받아 안으로 들어가 구슬발 드리운 다락 아래에 이르렀다.

임경업 장군이 들어오자 호국 공주는 그를 눈여겨보더니 부왕에게 말하였다.

"앞으로 보면 하늘에 솟은 해와 같고 뒤로 보면 용과 봉의 형상이니 틀림없는 영웅이옵나이다. 그러나 저 서리 비낀 눈찌를 보나 도도한 기상으로 보나 저 사람의 웃음 속엔 우리 호국을 넘보는 마음이 숨어 있으니 어찌 저와 상대가 되오리까. 이는 마치 깊은 산속 사나운 범을 잡아다 길들여 보자는 격이옵나이다. 단념하시옵소서."

호국 왕은 임경업 장군을 부마로 삼지 못하는 것이 아까웠으나 공주의 말을 듣고 보니 어쩔 수 없는 일이었다. 호국 왕은 임경업 장군에게 섭섭하게 된 곡절을 말하였다. 임경업 장군은 속으로 웃으며 군영으로 돌아왔다.

며칠이 지나 임경업 장군이 호국을 떠나게 되었다. 호국 왕은 그에게 많은 금은보화를 선물로 주었다. 임경업 장군은 그 금은보화를 자기가 거느리고 온 장수들에게 골고루 나누어 주었다. 상을 넉넉히 받은 장수들은 모두 임경업 장군에게 머리를 조아렸다.

"싸움에서 한 사람도 상한 사람이 없는 것만 해도 대원수의 은덕이 바다 같사온데 이제 또 이렇게 많은 상을 주시니 이 은혜는 백골이 되어도 잊지 못하겠나이다."

임경업 장군은 호국 왕과 작별한 뒤 군사를 거느리고 여러 날 동안 행군하여 남경으로 돌아와 명나라 임금에게 그동안의 일을 아뢰었다.

"조선에 이런 명장이 있음을 과연 몰랐노라. 이제 임경업의 이름이 천하에 떨치리니 참으로 훌륭한 일이로다."

명나라 임금이 여러 가지 말로 칭찬하고 수많은 금은을 상으로 주었다.

이시백과 임경업이 남경을 떠나 여러 날 만에 서울로 돌아왔다. 대궐에 들어가 임경업이 명나라 임금의 청을 받고 가서 가달을 무찌른 경위를 상세히 아뢰었더니, 임금이 크게 기뻐하며,

"내 이미 알고 있거니와 경업이 남경에 가서 그런 큰 공을 세워 이름을 천하에 떨치고 나라의 위엄을 빛냈으니 그대는 내 팔다리

와 같은 신하로다."
하고 칭찬한 다음 경업의 벼슬을 높여 의주 부윤으로 임명하였다.

자객으로 온 호국 공주

호국 왕은 이시백과 임경업을 돌려보내고 한탄하여 마지않았다.

"조선을 쳐서 나라의 위엄을 빛내고자 했더니 임경업 같은 용맹한 장수가 있을 줄은 몰랐노라. 조선은 함부로 치지 못하리로다."

부왕이 탄식하는 말을 옆에서 듣고 있던 공주가 아뢰었다.

"아바마마는 걱정 마옵소서. 제가 조선에 들어가 이시백과 임경업을 없애고 오겠나이다."

호국 왕은 기뻐하며 말하였다.

"네 지략이 뛰어나고 장정 만 사람도 당하지 못할 용맹이 있음을 내 잘 아니 어찌 이시백과 임경업을 근심하겠느냐."

호국 왕은 공주에게 조선 옷을 입혀 변장시킨 다음 신기한 비수를 주었다. 공주가 하직하고 떠나려 할 때 왕비가 딸에게 일렀다.

"조선 땅에 들어서면 반드시 의주, 평양 여러 곳의 말을 배우고 조선 사람의 풍속과 예절을 배운 뒤에 서울로 들어가거라. 서울에 이르러서 이시백의 집을 찾거든 동정을 잘 살핀 뒤에 몰래 들어가 남모르게 이시백을 죽이고, 돌아오는 길에 의주에 들러 임경업을 마저 없애고 돌아오되, 부디 신중히 하고 몸조심하여 다녀오너라."

호국 공주는 조선 땅에 들어와 의주에서 오래 묵으면서 조선말과 예절을 배운 뒤에 여러 곳을 돌아다니며 조선의 실정을 알아보고 그다음 서울로 올라가 이시백의 집을 찾았다.

이때 박 씨는 대청으로 나가 시부모에게 저녁 문안을 드리고 들어와서 시백이 돌아오기를 기다리고 있었다. 시백은 밤이 퍽 깊어서야 돌아왔다. 시백은 방으로 들어오자 아들을 한 무릎에 하나씩 앉히고 귀여워하였다. 이때 박 씨가 시백에게 조용히 말하였다.

"내일 밤에 어떤 여자가 강원도 원주 사는 기생 설중매라 하며 낭군을 찾아올 것이오니이다. 그 계집의 아름다움을 탐하여 가까이하시면 큰 화를 당할 것이옵나이다. 그 계집이 오거든 구실을 대어 제 방으로 보내소서. 제가 처리하겠사오니이다. 제 말씀을 허술히 듣지 마시고 부디 일을 그르치지 마옵소서."

"참, 부인은 별 걱정도 다 하오. 대장부가 어찌 조그마한 계집의 손에 화를 당하겠소?"

남편의 말에 박씨 부인은 낯빛을 바로 하며 말하였다.

"낭군께서는 그 계집이 어떤 계집인지 모르고 하시는 말씀이옵나이다. 제 말씀을 믿지 못하시겠거든 그 계집을 제 방으로 들여 보내고 가만히 살펴보면 아실 것이옵나이다."

시백은 박 씨 말대로 하기로 응낙하였다.

이튿날 시백은 조정에 들어가 공사를 보다가 날이 저물어서야 돌아왔다. 집에는 손님들이 와서 시백이 돌아오기를 기다리고 있었다. 밤이 되어서야 손님들이 돌아가고, 시백은 사랑방에 홀로 앉아 있었다.

밤이 깊어 웬 여인이 문을 살며시 열고 들어와 공손히 절을 하였다. 나이는 한 스무 살쯤 되었음 직한데 얼굴이 백옥같이 맑고 아름다웠다.

"너는 어떤 여인인고?"

시백이 묻자, 여인이 공손히 대답하였다.

"소녀는 강원도 원주에 사는 설중매라는 기생이온데, 대감의 위풍이 시골에까지 이름 높기로 소녀가 마음속으로 사모하고 있사옵던 중 단 한 번이라도 대감을 가까이 모셔 보는 것이 평생소원이어서 멀고 험한 길을 가리지 않고 올라왔사옵나이다. 부디 소녀를 불쌍히 여기시어 소원을 풀어 주사이다."

여인의 말을 들은 시백은 박 씨의 예언이 들어맞은 데 감탄하면서 머리를 끄덕였다.

"네 말이 참으로 기특하구나. 헌데 곧 손님들이 오기로 되어 있으니 너는 별당에 있는 부인의 방에 가 있어라. 손들이 돌아가거든 너를 부르리라."

시백은 이렇게 말하고 종을 불러 계집을 뒤뜰로 데려가게 하였다.

설중매는 종을 따라 뒤뜰 별당에 이르러 박씨 부인에게 절하였다. 박 씨는 반가이 웃으면서 설중매를 안으로 맞아들였다.

부인은 설중매에게 자리를 권하더니 계화더러 술상을 차려 오라고 분부하였다. 술상이 들어오자 박씨 부인은 술을 가득 부어 설중매에게 권하였다. 설중매는 할 수 없이 술잔을 받았다.

"제가 본디 술을 먹지 못하오나 부인께서 주시는 잔이니 사양하지 않겠나이다."

부인이 권하는 대로 거푸 너댓 잔을 마시자 설중매는 술을 이기지 못해 얼굴이 벌게지고 눈이 게슴츠레해지더니 그 자리에 쓰러져 깊이 잠들어 버렸다.

박씨 부인은 잠든 계집을 자세히 살펴보았다. 얼굴에서는 은근히 살기가 뻗치고 흉한 기운이 풍겼다. 가만히 계집의 행장을 뒤져 보았더니, 이상한 비수가 들어 있었다. 박 씨가 집으려 하였더니 비수가 갑자기 요동을 치며 박 씨에게 달려들었다. 박씨 부인이 얼른 몸을 피하며 주문을 외우자 비수가 곧 요동을 멈추었다. 박 씨는 그 비수를 집어 간수하였다. 이때 시백이 들어와서 계집의 본색을 알고 깜짝 놀라며 속으로 박 씨의 신통함을 탄복하였다.

설중매는 이튿날 아침에야 정신을 차리고 일어났다. 박씨 부인은 엄하게 말하였다.

"너는 빨리 네 나라로 돌아가거라!"

설중매가 시치미를 떼고 대답하였다.

"저는 강원도 원주에 사는 계집으로 부모를 모두 여의고 의지할 곳이 없사와 춤과 노래를 배워 업으로 삼고 있사옵나이다. 헌데 네 나라로 돌아가라 하시오니 저에게 어디 따로 제 나라가 있사오리까?"
박씨 부인은 소리 높여 꾸짖었다.
"네 흉악한 정체를 이미 다 알고 있거늘 끝내 속이려 드느냐? 네 호국 공주 기용대가 아니냐?"
이 말을 들은 기용대는 펄쩍 놀라 발발 떨며 사죄하였다.
"부인께서 신령스러우시어 제 본색을 알아내시니 조금인들 속일 수 있사오리까. 저는 과연 호국 왕의 딸이 맞사옵나이다. 부왕의 명을 받아 댁에 들어왔나이다. 제발 너그러이 은덕을 베푸시어 목숨만 살려 주시면 제 나라로 돌아가서 다시는 나쁜 마음을 먹지 않겠나이다."
박씨 부인이 엄하게 일렀다.
"네가 본색을 사실대로 고하기에 용서해 준다. 이 길로 네 나라에 돌아가 아비에게 이르라! 조선에 들어갔더니 이 판서 부인 박씨에게 본색이 드러나 일을 이루지 못하고 돌아왔노라고, 조선에 잠시라도 지체하면 목숨이 붙어 있지 못할 것이니 썩 물러가라 하더라고."
기용대가 정신없이 머리를 조아렸다.
"죄를 용서하시니 천만 감사하나이다."
기용대가 떠나려 할 때 박씨 부인이 또 목소리를 가다듬어 일렀다.
"네 아비가 주제넘게도 우리 조선을 침범하고자 하니 어이없는 일이로다. 너희 병력이 아무리 강대할지라도 우리 나라를 쉽사리

넘보지 못하리라. 너는 바삐 돌아가 네 아비에게 자세히 이르라!"

박씨 부인은 기용대에게 떠나기를 재촉하였다.

기용대는 박씨 부인에게 머리를 조아려 사죄하고는 허둥지둥 방에서 나왔으나 갈 길을 찾을 수가 없었다. 밤이 새도록 사방팔방으로 헤매었건만 어디가 어딘지 도무지 알 수가 없었다. 절망에 빠진 기용대가 하늘을 우러러 탄식하였다.

"호국 공주 기용대가 조선 이시백의 집에 이르러 박씨 부인에게 죽을 줄을 어이 알았으리오."

이때 박씨 부인이 나타나 기용대를 크게 꾸짖었다.

"네 어찌하여 아직 가지 않고 날이 새도록 그러고 있느냐?"

기용대가 눈을 들어 살펴보니 거기가 바로 박씨 부인의 방 앞이었다. 그제야 비로소 밤새도록 그 방 앞에서 맴돌고 있었다는 것을 깨달았다. 기용대는 땅에 엎드려 박씨 부인에게 애걸하였다.

"제가 부인의 너그러우신 용서를 받았기로 곧바로 돌아가려 하였으나 층암절벽에 막혀 못 가고 있사오니 부디 돌아갈 길을 틔워 주소서."

박씨 부인은 통쾌하게 웃고 나서 말하였다.

"너를 그냥 돌려보내면 분명 의주에 들러 임 장군을 해치려 할 것이 아니냐! 감히 그런 부질없는 생각을 못 하도록 너에게 내 솜씨를 한번 보여 주려 함이니라."

말을 마치고 하늘을 쳐다보며 입 속으로 주문을 외우니 갑자기 천둥 번개가 하늘땅을 울리고 회오리바람이 일어나더니 기용대를 휘감아 하늘로 올라갔다.

 호국 왕은 공주를 조선에 보내고 오랫동안 소식을 몰라 근심하더니 이날도 안절부절못하며 궁궐 뜰을 거닐고 있었다. 이때 문득 회오리바람이 불어오더니 하늘에서 공주가 떨어져 내려왔다. 호국 왕은 크게 놀라 부르짖었다.

 "우리 아이가 어찌 공중에서 내려오느냐?"

 기용대는 한 식경이 좋이 지나서야 정신을 차리고 일어나더니 머리를 흔들며 말하였다.

 "소녀 하마터면 아바마마를 다시 뵈옵지 못할 뻔하였나이다."

 "그게 무슨 말이냐?"

 호국 왕이 다급히 물었다.

 기용대가 조선에 들어가 겪은 이야기를 낱낱이 고하자, 호국 왕은 놀라서 한숨을 내쉬며 말하였다.

 "참으로 놀랍고 기이하도다. 이시백의 영걸한 기상을 칭찬했더니 그 부인 또한 그리 기특한 재주를 가졌단 말이냐? 조선이 크지 않은 나라이나 뛰어난 사람이 한둘이 아니로구나."

 그러나 호국 왕은 야망을 끝내 버릴 수 없었다. 제아무리 훌륭한 인재가 많다 한들 한낱 작은 나라가 아니냐. 호국 왕은 조정의 신하들을 다 모아 놓고 물었다.

 "나는 조선을 쳐서 항복받으려 하노라. 뉘 능히 선봉이 되어 큰 공을 이룰꼬?"

 호국 왕이 말을 마치자 뜰아래에 두 장수가 나와 엎드려 아뢰었다.

"저희가 재주는 없사오나 한 떼의 군사를 주시면 조선을 쳐 항복 받겠나이다."

그들은 대장군 용골대, 용홀대 형제였다.

그 뒤 호국 왕은 온 조정의 신하들을 모아 놓고 스스로 황제의 자리에 올라앉았다.

병자년 겨울, 호국 왕은 용골대, 용홀대로 좌우 선봉을 삼고 정예 군사 삼만을 주어 먼저 조선으로 떠나보내며 말하였다.

"의주로 가면 임경업이 있어 크게 낭패를 볼 수 있으니 압록강 위쪽으로 건너가되 의주를 피해 동쪽으로 돌아서 질풍같이 내달아 섣달 스무여드렛날 서울에 가 닿아야 하느니라. 날짜를 어기지 말라."

이리하여 용골대, 용홀대는 군사를 거느리고 조선으로 떠났다.

호국에 무릎 꿇은 조선

하루는 박씨 부인이 남편에게 급히 할 말이 있으니 별당으로 곧 들어오라고 전하였다. 시백이 들어갔더니 박 씨가 굳은 얼굴로 말하였다.

"기용대가 돌아간 뒤 호국의 세력이 점점 강성해져 기어코 군사를 일으켜 우리 나라에 쳐들어올 것이옵나이다. 임경업 장군을 죽이고 위로 상감마마에게 항복을 받으려는 것이옵나이다. 용골대, 용홀대 형제가 선봉이 되어 삼만 대군을 거느리고 섣달 스무여드렛날 동대문을 깨치고 물밀듯이 쳐들어올 것이옵나이다. 부디 그날을 잊지 마시고 방비를 든든히 하시되, 상감마마를 모시고 남한산성으로 피해 급한 화를 면하옵소서. 뒷일은 제가 이곳에서 힘써 보겠나이다."

시백은 이 말을 듣고 깜짝 놀랐다. 그러나 부인의 신령한 힘을 아는지라 헛말이 아님을 알고 궁중으로 들어가 이 일을 왕에게 아뢰었다. 그러자 왕은 크게 놀라 물었다.

"그 말이 그대 부인 말인고?"

"그러하옵나이다. 상감마마께옵서 왕대비전과 세자, 대군들과 함께 남한산성으로 피하옵시면 우리 군사는 물론이거니와 온 나라 만백성이 떨쳐나서 죽기로 싸워 상감마마께 충성을 다할 것이오니 부디 헤아려 주시옵소서."

왕은 당황하였다. 스무여드레면 앞으로 며칠밖에 남지 않았다. 왕은 조급한 마음을 누르지 못하여 이시백에게 말하였다.

"남한산이 산세가 험하여 자연 요새로도 나무랄 데 없거니와 이십 리 둘레에 높이 쌓은 성벽이 여간 견고치 않아 방비에 유리하리라."

이때 영의정 김자점과 좌의정 박운학이 왕에게 아뢰었다.

"병조 판서 이시백이 한낱 아녀자의 말을 믿고 이런 태평세월에 어지러운 말을 하여 상감마마의 마음을 어지럽히니 그 죄가 매우 무거운 줄로 아뢰옵나이다. 바라옵건대 시백의 벼슬을 떼시어 뒷날을 경계하옵소서."

왕이 김자점 들의 말을 듣고 주저하고 있자니, 문득 하늘에서 한 선녀가 옆에 비수를 끼고 내려와 뜰아래 엎드렸다. 임금이 놀라 물었다.

"선녀께서 무슨 일로 이런 누추한 곳에 오시었소?"

선녀가 두 번 절하고는 말하였다.

"저는 병조 판서 이시백의 부인 박 씨의 몸종 계화이옵나이다.

박씨 부인이 저더러 이르시기를, '영의정 김자점이 참소하여 상감마마께서 주저하시리니 네 급히 들어가 내 말을 아뢰어 산성으로 들어가시게 하여라.' 하였사옵나이다."

계화가 말을 마치고 일어나더니 망두석을 들어 김자점과 박운학을 겨누며 꾸짖었다.

"김자점, 박운학은 들으라. 너희가 높은 벼슬자리에 올랐으되 나라의 은혜에 충성으로 보답할 생각은 아니 하고 나랏일을 걱정하여 옳은 말 하는 충신들을 참소하여 모해하려 하니 그 죄 죽여 마땅하다. 허나 너희가 죽을 기한이 아직 멀어, 우리 부인 말씀을 따라 죽이지는 않으리라. 난리를 당해 위급한 때이니 불측한 뜻을 품지 말라."

망두석은 태조 대왕이 즉위할 때 조선에서 제일가는 석공을 불러 만들어 세운 것이니 무게가 천 근이었다. 세상에 드는 사람이 없더니 조그마한 삼 척 여인이 드는 것을 보고 조정의 온 사람이 다 놀랐다.

'종이 저러하니 그 주인의 도량과 용맹은 헤아리지 못하리로다.'

간담이 서늘했던 김자점 들은 무안하여 얼굴을 싸쥐고 물러났다.

계화는 임금에게 박씨 부인의 말을 따르라고 다시 한 번 당부하고 훌훌 사라져 버렸다.

왕이 매우 신기하게 여기고 있는데, 이때 개성 유수의 글이 올라왔다. 호국 군사가 개성에 이르러 성을 공격하고 있다는 급한 전갈이었다. 다급해진 왕은 그 자리에서 이시백을 병조 판서 겸 광주 유수로 임명하였다.

이리하여 왕은 내전과 세자, 대군들, 조정 신하들을 거느리고 이시백의 호위를 받아 광주 남한산성으로 피란길을 떠났다.

뒤미처 박씨 부인의 말대로 호국 병사들이 동대문 쪽으로 물밀듯이 밀려들었다. 성안에 남은 군사들이 죽기로 맞섰으나 주인 없는 성문은 끝내 깨지고 호군은 성안으로 쓸어들어 뭇 백성을 죽이고 재물을 약탈하며 부녀를 겁탈하고 불을 지르니, 거리는 수라장이 되었다. 서울 장안에는 백성들의 울음소리가 하늘을 울렸고, 거리에는 전란을 피해 도망하는 백성들로 발 디딜 틈이 없었다.

용골대는 대병을 거느리고 서울에 이르렀으나 국왕이 이미 서울을 비운 뒤라 분을 참지 못하여 동생 용홀대에게 서울을 지키라 하고 송파 역말을 지나 남한산성에 이르렀다. 용골대는 산성을 에워싸고 남문에 이르러 크게 소리쳤다.

"죽기가 두렵거든 빨리 성문을 열어라!"

적군이 산성을 에우고 성문을 깨치려 한다는 수문장의 보고를 받고 왕은 하늘을 우러러 탄식하였다.

"아, 나라가 망하는구나. 삼백 년 이어 온 왕업이 내게 이르러 망할 줄이야 어찌 알았으랴!"

왕은 나라의 방비를 튼튼히 갖추어 놓지 못한 것을 통탄하면서 눈물로 소매를 적셨다. 이때 이시백이 앞으로 나아가 왕을 위로하였다.

"상감마마, 너무 근심 마옵소서. 적군이 제아무리 강대할지라도 산성 문이 굳고 단단하오니 쉽사리 쳐들어오지는 못할 것이옵나이다."

그러더니 장수들을 거느리고 나가 성문과 성가퀴를 굳게 지키며 적을 막아 싸웠다. 우리 군사들은 사면으로 달려드는 적병을 수없이 죽였다. 산과 들은 적의 주검으로 뒤덮이고 적병들의 피가 내를 이루었다. 그러나 적들은 살아남은 군사들이 긁어모아 집요하게 또 달려들었다. 이렇게 여러 날 동안 싸우니 우리 군사도 다친 사람이 적지 않았다.

드디어 적군은 사다리를 놓고 총을 쏘며 기어올랐다. 총 쏘는 소리가 하늘과 땅을 울리고, 성안에는 총알이 비 오듯 하여, 성안 백성들이 서로 엎어지고 자빠지며 달아나고, 곳곳이 울음바다가 되었다. 우리 군사들은 화살마저 떨어져 돌로 싸우니, 산성은 언제 무너질지 모르는 형편이었다.

왕은 모든 신하들을 모아 놓고 계책을 의논하였다. 끝까지 싸우자는 사람들도 있고 잠깐 화친을 하여 숨을 돌린 뒤 다시 뒷날을 꾀하자는 사람들도 있어 결정을 못 하고 있었다. 이때 하늘에서 문득 여자 목소리가 크게 들려왔다.

"저는 광주 유수 이시백의 처이옵나이다. 성상께서는 너무 근심치 마시고 적군과 화친하소서. 나라의 운수가 불길하여 어찌할 수가 없나이다. 망극하오나 나라를 위기에서 구하옵소서. 용골대는 틀림없이 세자와 대군들을 볼모로 잡아갈 것이옵나이다. 제가 칼을 들면 용골대의 머리와 호국 병사들을 풀 베듯 할 것이오나 하늘의 뜻을 어기지 못하오니 저의 죄를 용서하옵소서."

임금은 하늘을 원망하더니, 적국에 화친을 청하였다.

용골대는 볼모로 세자와 두 분 대군과 왕대비를 잡아 광주를 떠나갔다.

　이때 박씨 부인은 모든 일가친척들과 충신열사의 집에 기별하여 모두 자신의 별당인 피화정으로 와 있게 하였다.

혼쭐난 호국 장수

서울에 남아 집집마다 달려들어 닥치는 대로 재물을 약탈하고 여자를 잡아가던 용홀대가 하루는 이시백의 집에 달려들었다. 대문을 짓부수고 뛰어든 용홀대는 이 방 저 방 뒤지다가 뒤뜰로 들어갔다. 갑자기 별세계에라도 들어온 양 아름다운 풍경을 두루 구경하는데, 무성한 나무들 속에 깨끗한 십여 칸 초당이 보였다. 마루에는 초록 저고리에 붉은 치마를 입은 미인이 앉아서 서너 살 된 아이 둘을 좌우에 앉히고 어르고 있었다.

용홀대는 미인을 보자 정신이 황홀해졌다.

'대장부 세상에 났다가 저런 미인을 사랑치 못하면 어찌 한스럽지 않으리오.'

용홀대는 기병 수백을 거느리고 미인에게로 다가갔다. 그러자 무성했던 나무들이 한꺼번에 기병으로 변하더니만 깃발과 창검이 수

풀을 이루었다. 용홀대가 깜짝 놀라서 가까이 다가가 보니, 진의 문 앞에 한 미인이 막고 섰다가 용홀대를 꾸짖었다.

"네 호국 장수 용골대의 아우 용홀대가 아니냐! 지난날 네놈들이 위급할 때 우리 임 장군이 가달을 물리쳐 구해 준 은혜를 저버리고 이 나라를 침범하느냐? 그러고서도 오히려 모자라 여염집 내당에까지 당돌하게 뛰어드느냐? 너 같은 배은망덕한 놈은 죽여 뒷날을 경계하리라."

그러더니 천천히 앞으로 나오며 호통 쳤다.

"네 나를 아느냐? 나는 바로 광주 유수 이 공의 부인 박 씨의 몸종 계화로다. 네 호군의 선봉장이 되어 나 같은 여자의 손에 목 없는 귀신이 될 터이니 불쌍하고 가련하구나. 내 칼을 받아라!"

미인은 호통 치는 소리조차 옥쟁반에 진주를 굴리는 듯 맑고도 서릿발 같았다. 용홀대가 살펴보니, 그 미인은 머리에 화관을 쓰고, 몸에는 하늘하늘한 비단옷을 입고, 허리에는 금실로 짠 띠를 두르고, 손에는 용무늬 아로새긴 검을 들었는데, 날씬한 자태가 마치 제비 같았다.

용홀대는 그 아름다움에 머리가 어찔하나 한편 어이가 없는 듯 코웃음을 쳤다.

"조그마한 계집이 주제넘게 사내대장부를 꾸짖는구나. 내 너를 잡아 당장에 욕을 보이리라!"

용홀대는 소리를 지르며 단번에 움켜쥘 듯이 달려들었다. 계화가 용홀대를 보니, 머리에는 용봉 쌍학 투구를 쓰고, 구렁이를 그린 황금 갑옷을 입었으며, 허리에는 진홍빛 띠를 두르고, 손에는 삼백 근

금강도를 들었다.

계화는 달려드는 용홀대를 맞받아 싸웠다. 용홀대의 칼 쓰는 법도 비범하거니와 계화의 칼 쓰는 법은 더욱 신묘하였다. 좌우로 닫고 공중으로 날며 사십여 합을 싸웠으나 승부가 나지 않았다. 용홀대는 처음에 계화를 업수이보고 달려들었으나 사로잡기는 고사하고 계화의 번개 같은 칼을 미처 막아 내기도 바쁘니 성이 독같이 올라 흉악한 얼굴이 더욱 흉악해졌다. 구슬땀이 비 오듯 하며 숨은 거칠어지고 차츰 기운이 다하였다.

이때 검이 번득이더니 용홀대의 머리가 뎅겅 말 아래로 떨어졌다. 계화가 그 머리를 칼끝으로 꿰어 들고 좌로 닫고 우로 찌르며 적을 치니 기세가 마치 비바람 같았다. 적의 장졸들이 순식간에 삼대 쓰러지듯 하더니 살아남은 오랑캐들은 넋이 빠져 모두 항복하였다.

계화가 용홀대의 머리를 박씨 부인에게 바쳤다.

"그놈의 머리를 높은 나무에 매달아 두어라! 이제 용골대가 올 것이니 제 아우의 머리를 보고 넋을 잃으리라!"

계화는 박씨 부인의 분부대로 용홀대의 머리를 뒤뜰 전나무에 높이 달아 두었다.

며칠 뒤 용골대가 남한산성에서 군사를 이끌고 호기롭게 서울로 올라왔다. 왕십리를 거쳐 동대문으로 들어오다가 제 아우 용홀대가 박 씨의 몸종 계화의 손에 죽었다는 소문을 들었다. 이름난 장수에게 죽은 것도 아니고 몸종 따위한테 죽었다는 말에 더욱 기가 막혀 참을 수가 없었다.

용골대는 분이 머리끝까지 치밀어 그길로 박씨 부인 집으로 달려갔다. 뒤뜰로 말을 몰아 들어가니 전나무에 매달린 동생의 머리가 보였다. 어찌나 화가 치미는지, 펀펀한 코에 유난히 커다란 콧구멍이 더더욱 커지고, 양쪽으로 치우친 퉁방울 같은 눈은 더욱 튀어나올 것 같았다.

용골대는 초당 앞으로 달려들며 벼락같이 소리를 질렀다.

"박 씨가 어떤 계집이관데 감히 내 아우를 죽이고 그 머리를 나무에 매달았느냐? 당돌한 계집 같으니. 바삐 나와 내 칼을 받아라!"

용골대가 달려들자, 박 씨는 계화에게 일렀다.

"네 나가 저놈을 간담이 서늘하게 혼내 주어라!"

계화가 박씨 부인의 분부를 듣고 나와 용골대를 보니 얼굴은 익은 대춧빛 같고 눈에서는 번갯불이 이는 듯한데 보기에도 흉악하기 짝이 없었다. 계화가 목청을 가다듬어 꾸짖었다.

"용골대야! 네놈도 네 아우처럼 내 칼에 목 없는 귀신이 되고 싶으냐? 네 호군의 대장으로 조선에 나와 나 같은 조그마한 여자에게 죽음을 당하게 되었으니 가련하구나!"

용골대가 눈을 부릅뜨고 우레 같은 소리를 질렀다.

"네 한낱 계집이 감히 대장부를 함부로 모욕하느냐! 내 너를 죽여 아우의 원수를 갚으리라!"

용골대는 계화를 덮칠 듯 달려들었다. 십여 합을 싸워 보니 계화의 재주를 당해 낼 수가 없었다. 그래도 허세를 부리며 호통을 쳤다.

"내 아우의 머리를 내주면 이 길로 돌아가려니와 그렇지 않으면

저 피화정을 짓밟아 쑥대밭을 만들리라!"

계화가 깔깔 웃었다.

"네가 아무리 용맹을 뽐내도 나를 당하지 못하리라. 나라의 운수가 불길하여 너희 오랑캐 놈들에게 욕을 당했다만 네 아우의 목을 벤 것은 천만 마땅한 벌이거늘 그 머리를 돌려줄까 보냐! 옛날 조양자가 지백을 죽여 그 해골로 요강을 만들었다더니, 우리 아씨도 네 아우의 머리로 그릇을 만들어 임금께 바쳐 위엄을 빛내고자 하시니, 네 아우와 한가지로 죽고 싶지 않거든 어리석은 수작 말고 썩 물러가거라. 만일 따르지 아니하면 네놈은 목숨을 부지하지 못하리라!"

용골대는 분을 참을 길 없어 삼백 근 철퇴를 들고 계화에게 달려들었다. 계화는 짐짓 쫓기는 체하고 화단을 헤치며 달아났다. 용골대는 기세가 올라 따라가며 소리쳤다.

"달아나면 철퇴 아래 죽음을 면할 줄 아느냐!"

계화가 거의 붙잡히게 되었을 때 갑자기 천지가 캄캄해지며 앞을 분간할 수가 없었다. 계화가 검을 공중으로 던지며 주문을 외자 문득 모래와 돌이 우박 쏟아지듯 날리고 사방에서 괴상한 병졸들이 에워싸고 죄어드는데, 게다가 눈비가 크게 쏟아져 잠깐 사이에 물이 길 넘게 차올랐다. 용골대는 물속에서 허우적거렸다. 제아무리 용맹하다 한들 어찌 박씨 부인에게 도술을 배운 계화를 당할 수 있으랴. 용골대는 손발을 놀리지 못하고 넋이 나가서 애걸하기 시작하였다.

"제가 눈은 있어도 망울이 없는 놈이라 신령스러운 분을 몰라보고 죽을죄를 지었사오니 불쌍히 여기시어 목숨만 살려 주시면 이 길로 돌아가겠나이다."

"네 진정 그렇다면 왕대비 전하를 이곳으로 지체 없이 모시어라!"

계화가 호령하였다.

용골대는 황급히 군사를 불러 바삐 왕대비를 피화정으로 모셔 오라고 호령하였다. 호국 군사가 왕대비에게 급히 달려가 피화정으로 모시겠다고 아뢰니, 왕대비는 세자와 두 분 대군의 손을 붙들고 눈물을 흘리며 말하였다.

"세자와 대군들은 부디 몸을 조심하여 무사히 돌아오기를 바라노라."

세자와 대군들은 엎드려 눈물을 흘리며 하직하였다.

왕대비는 호국 군사의 인도를 받아 피화정에 이르렀다. 박씨 부인은 급히 뜰아래 내려와 땅에 엎드려 통곡하며 나라가 당한 불행을 슬퍼하였다. 박씨 부인은 왕대비를 방 안으로 모셔 들이고 나서 계화에게 용골대를 놓아주라고 분부하였다.

계화가 박씨 부인의 분부를 받고 나아가 용골대에게 일렀다.

"너를 놓아줄 터이니 곧바로 네 나라로 돌아가라! 돌아가되 의주에 가면 임 장군에게 죽음을 면치 못할 것이니 이 글을 가져다 드리라. 그리하면 목숨은 보존하리라."

용골대는 머리를 조아려 수없이 사례하고 군사를 거두어 호국으로 떠났다.

의주 부윤 임경업 장군은 용골대가 본국으로 돌아가려고 의주로 오고 있다는 소식을 듣자 군사를 거느리고 장검을 비껴들고 말 위에 높이 올라 용골대를 맞받아 내달렸다. 임경업은 호군이 자기를 두려워해 의주를 멀리 에돌아 조선으로 기어들어 서울을 침범했다는 소식을 들었을 때 통분하여 땅을 치며 울었던 것이다. 이제 용골대가 왕자 삼 형제를 데리고 돌아가니 어찌 참을 수 있으랴. 임 장군은 용골대를 향하여 내달으며 벼락같이 소리쳤다.

"오랑캐는 빨리 목을 늘여 내 칼을 받아라!"

용골대는 황망히 말에서 내려 땅에 엎드리고 아뢰었다.

"장군은 노여움을 거두시고 이 글을 보소서."

용골대는 부들부들 떨며 두 손으로 글월을 받들어 올렸다. 임경업 장군이 칼끝으로 받아서 펴 보니 그 글은 이러하였다.

병조 판서 겸 광주 유수 이시백의 처 박 씨가 임 장군 앞에 한 장 글월을 올리나이다. 나라의 운수가 나빠 이런 기막힌 변을 당하였으니 어찌 통분치 않사오리까. 이제 용골대가 세자와 두 분 대군을 모셔 가니 더욱 분하고 억울하오니이다. 그러나 화친할 때 세자와 대군을 모셔 가기로 정하였사오니 어찌하오리까. 장군이 분을 참지 못하시고 용골대를 쳐 세자와 대군을 빼내려 하신다면 화의가 깨지오니, 분을 참으시고 뒷날을 도모하기 위해서라도 용골대를 그냥 돌려보내기 바라옵나이다. 삼 년 뒤에 세자와 두 분 대군을 무사히 모셔 오도록 하는 것이 상책이오니 장군은 잘 조처하여 주시기 바라옵나이다.

임경업 장군은 글을 다 보고 나서도 분을 참지 못해 용골대를 꾸짖었다.

"이 오랑캐 놈아! 쥐새끼처럼 몰래 우리 나라에 기어들어 서울을 침범하고 세자 마마와 대군들을 모셔 가니 참으로 분한 일이로다. 내 네놈의 목을 자르고 왕자 마마들을 모셔 올 수 있으나 뒷일을 생각하여 참으니 그리 알아라."

용골대는 임경업 장군 앞에 엎드려 목숨을 살려 주어 고맙다고 수없이 머리를 조아렸다.

임경업 장군은 말에서 내려 세자와 대군을 뵙고 피눈물을 뿌리며 맹세하였다.

"부디 슬픔을 참으시고 삼 년만 계시오면 신이 죽기로 호국에 가서 모셔 오겠사오니 신의 말씀을 헛되이 생각지 마옵소서."

세자와 대군들도 눈물을 흘리며 임경업 장군과 이별하고 떠나갔다.

왕은 세자와 대군들을 호국에 보내고 너무나 원통하고 기가 막혀, 밥 먹고 잠자는 것도 잊고 지냈다.

하루는 왕이 이시백과 함께 있는데 하늘에서 선녀가 머리에 꽃관을 쓰고 오색구름이 그려진 아름다운 옷을 입고 내려와 왕 앞에 엎드렸다. 왕이 놀라 물었다.

"선녀는 뉘신데 이곳에 내려오시었소?"

선녀가 다시 일어나 절하고 아뢰었다.

"저는 광주 유수 이시백의 처 박 씨라 하옵나이다."

왕은 더욱 놀라며 말하였다.

"그대의 지략을 매양 탄복하였는데, 이제 선녀 같은 모습을 보니 더욱 내 마음이 놓이고 위로가 되오."

그러더니 이시백을 돌아보며 말하였다.

"그대의 충성과 의리가 뛰어나 이같이 훌륭한 부인을 두었도다. 이 어찌 기특하지 않으리오."

이시백이 왕 앞에 나아가 엎드려 아뢰었다.

"신이 이렇다 할 공도 세우지 못하였사온데 이렇듯 넘치는 치하를 하시니 두려워 몸 둘 바를 모르겠나이다."

"그대는 나라가 위태로운 때에 충성을 다하였고 그대 부인은 여러 번 나를 도와주었도다. 용홀대를 죽이고 용골대를 혼내 주어 다시는 우리 나라를 넘보지 못하게 하였으니 이는 그대 부인의 뛰어난 충성이요 큰 공이로다."

이렇게 말하더니 시백의 벼슬을 돋우어 세자사를 내리고, 박 씨에게는 정경부인 직첩을 내리고, 득춘에게 보국숭록대부 봉조하˙를, 부인 강 씨를 정경부인으로 봉했다.

왕이 대궐에 돌아와 이튿날 신하들에게 인사를 받은 다음 온 나라에 대사면령을 내렸다.

세월이 흘러 세 왕자가 호국으로 간 지도 몇 해가 되었으나 그 소식을 몰라 왕은 궁금하였다. 그때 한 신하가 왕 앞에 엎드려 아뢰었다.

"신이 재주는 없사오나 호국에 가 왕자님 삼 형제를 모시고 올까

˙ 종이품의 벼슬아치가 늙어서 벼슬을 내놓고 물러가면, 그 사람을 대접하여 내리는 벼슬.

하옵나이다."

전임 의주 부윤 임경업이었다. 왕은 기뻐하며 임경업을 병조 판서 겸 훈련대장으로 삼아 곧바로 떠나게 하라고 하였다.

임경업 장군이 위풍 있게 행차를 차려서 떠나 여러 달 만에 호국에 당도하여 호국 왕을 만났다.

호국 왕은 임 장군을 맞으며 물었다.

"장군이 수천 리 멀고 험한 길을 오니 어인 일이오?"

"제가 온 것은 다름 아니라 세자와 대군들을 모시러 왔나이다."

임경업 장군은 이렇게 대답하고 왕의 글월을 전하였다. 그것을 받아 본 호국 왕은 왕자들을 돌려보내겠다고 승낙하였다.

호국 왕은 조선 사람들이 호국에게 침범당한 것을 몹시 분하게 여겨 그 치욕을 씻으려는 기운이 높아 가고 있는 것을 은근히 두려워하고 있던 터였다. 이번 기회에 왕자들을 돌려보내 조선 사람들이 호국을 증오하는 마음을 눅잦혀 보려는 셈속이었다.

호국 왕은 세 왕자를 불러 놓고 말하였다.

"그대의 나라에서 그대들을 데리러 왔는데 떠나면서 원하는 바가 있거든 말하라."

한 왕자가 말하였다.

"저희는 이제 우리 나라로 돌아가게 되매 한 가지 소원이 있나이다. 이곳에 와 있는 우리 나라 백성들도 같이 돌아가고자 원하오니 함께 돌아가게 해 주소서."

호국 왕은 왕자의 소원을 들어주어 그때 끌려 왔던 백성들도 함께 돌아가게 되었다. 이리하여 임경업 장군은 세 왕자와 우리 나라 백성들을 데리고 조선으로 돌아왔다.

서울로 돌아온 임경업 장군은 왕자들과 함께 임금 앞에 나아가 절하였다.

왕은 임경업 장군에게 공로를 칭찬하고 나서, 왕자들에게는 우리 백성을 함께 데려온 것을 치하하였다.

한 번 나면 한 번 죽는 것이 마땅하거늘

간신 김자점은 나라를 반역할 음흉한 뜻이 있어 충직하고 의로운 사람들을 미워하였다. 특히 왕이 이시백과 임경업을 신임하는 마음이 두터워지는 것을 시기하고 미워하였다. 그리하여 두 사람을 모해하기로 마음먹었다. 먼저 임경업을 역모 사건에 얽어 넣어 옥에 가두고는 무서운 악형으로 괴롭혔다.

임경업은 죽기 전에 아직도 나라를 위하여 할 일이 많으니 죽이지 말라고 크게 소리쳤으나 김자점은 끝내 임경업 장군을 죽이고 말았다. 이때 임경업 장군의 나이 쉰세 살이었다.

하루는 왕이 자리에 앉아 잠깐 조는데 임경업이 온몸에 피를 흘리며 들어와 아뢰었다.

"신이 살아 있을 때 진심으로 나라에 충성을 다하고자 하였사온데, 간신 김자점의 해를 입어 몸이 성한 곳 없이 목숨이 다하였사옵나이다. 어찌 통분하지 아니하오리까. 바라옵건대 신을 불쌍히 여기시어 역적 김자점을 죽여 나랏일을 바로잡고 신의 원수를 갚아 주시오면, 신은 넋이라도 충성을 다할까 하나이다."

왕이 놀라 깨어 보니 꿈이었다.

이때 이시백이 왕 앞에 들어와 엎드려 눈물을 흘리며, 김자점이 임경업을 모함하여 옥에 가두고 모진 형벌을 내려 원통히 죽게 하였다고 아뢰었다. 또한 김자점이 외적과 내통하고 있는 증거를 들어 그 죄상을 낱낱이 아뢰었다.

왕은 이시백의 말을 듣고 크게 노하여 곧바로 김자점을 의금부에 넘겨 엄중히 문초하니 김자점의 죄상이 남김없이 드러났다. 왕은 더욱 노하여 영을 내렸다.

"자점을 군기시 앞에서 목을 잘라 머리를 각 고을에 돌리고 재산을 몰수하라!"

그 뒤 얼마 안 되어 왕이 세상을 떠나고 세자가 왕위에 오르니 열아홉 살이었다.

영의정 이시백은 정사를 밝게 다스리며 백성을 어질고 의로운 길로 이끄니 백성들이 칭송하는 소리가 온 나라에 드높았다.

아들 희기와 희인 형제도 다 과거에 급제하여, 하나는 평안 감사를 하고 하나는 송도 유수를 지내는데, 두 사람 다 정사가 바르고 깨끗했다. 자손은 저마다 여남은 명이되 하나같이 총명하고 재주가 뛰어났다.

증손들의 재롱을 보며 여생을 편안히 보내던 이득춘이 어느 날 우연히 병을 얻어 일어나지 못하더니 잇따라 강씨 부인마저 세상을 떴는데 그때 나이가 여든 셋이었다. 시백 부부는 잇따라 하늘이 무너지는 아픔을 당하여 혼절하였다가 겨우 기운을 차려 선산에 장사 지냈다.

왕은 시백을 편전으로 불러 파리해진 몸을 가엾이 여겨 위로하더니 봉조하를 내리며 한가히 자손들의 효를 받으라 하였다. 그리고 희인의 벼슬을 돋우어 이조 판서를 내리고, 희기에게는 도승지, 형조 참판을 내렸다.

시백과 박씨 부인은 아들 형제의 효를 극진히 받으며 여생을 지내는데 여든 살이 넘도록 건강하고 기운이 좋아 건장한 젊은이 못지않았다.

때는 구월 보름이었다. 달빛이 휘영청 빛나는 밤, 시백과 박씨 부인은 완월대에 올라 자손들을 좌우에 앉히고 술잔을 기울이며 즐기다가, 시백이 잔을 잡아 두 아들에게 주며 말하였다.

"내 소년이던 때가 어제 같은데 어느새 여든이 지나 돌아보니 세상일이 한바탕 꿈이로구나. 우리 부부 세상 연분이 다해 곧 너희들과 영이별할 터이니 너희는 조금도 서러워 말고 자손들을 거느려 길이 영화를 누리라."

두 아들은 아버지 말을 듣자니 눈물이 앞을 가려 잔을 받아 마시려 하나 가슴이 막혀 잔을 놓고 슬피 울었다. 그러자 시백 부부가 낯빛을 바로 하고 꾸짖었다.

"사람이 세상에 한 번 나면 한 번 죽는 것이 마땅하거늘, 네 아비 나이 여든이 지나고 벼슬이 일품에 이른 데다 자손이 번성하여 집안을 빛내니 지금 죽은들 무엇이 한스럽겠느냐. 너희는 부질없이 슬퍼하지 말라."
말을 마치더니 모든 손주들에게도 술을 내렸다.
그날 밤 잠자리에 든 부부는 한날한시에 세상을 떠났다.

원문
홍길동전
전우치전
박씨부인전

세 소설에 관하여

홍길동전 원문

상편

 화설話說[1], 조선국 세종世宗 시절에 한 재상이 있으되 성은 홍이요 명은 모라. 대대 명문거족으로 소년등과少年登科하여 벼슬이 이조 판서에 이르매 물망物望이 조야朝野에 으뜸이요 충효 겸비하기로 이름이 일국에 진동하더라. 일찍 두 아들이 있으니, 장자長子의 이름은 인형仁衡이니 정실正室 유 씨의 소생이요, 차자次子의 이름은 길동吉童이니 시비侍婢 춘섬春纖의 소생이라.
 선시先時에 공이 길동을 낳을 때에 일몽一夢을 얻으니, 문득 천상으로서 뇌성벽력이 진동하며 청룡이 수염을 거사리고 공에게 향하여 달아들거늘 놀라 깨달으니 남가일몽南柯一夢이라. 공이 심중에 대희大喜하여 생각하되, 이제 용몽龍夢을 얻었으니 반드시 귀자貴子를 낳으리라 하고 즉시 내당內堂에 들어가니, 부인 유 씨 일어 맞거늘, 공이 흔연히 그 옥수玉手를 잡고 정히 친압親狎[2]코자 한대 부인이 정색 왈,
 "상공이 체중體重하시거늘 소년 경박자輕薄子의 비루함을 행코자 하시니 첩은 봉행奉行치 못하리로소이다."
하고 언파言罷에[3] 손을 떨치거늘, 공이 가장 무료無聊[4]하여 외당外堂에 나와 부인의 지식 없음을 한탄하더라. 마침 시비 춘섬이 차를 올리거늘 공이 그 고움을 보고 인하여 춘섬을 이끌고 협실夾室로 들어가 친압하니, 이때 춘섬이 나이 십팔이라.
 한 번 몸을 허한 후 문에 나지 아니하고 타인을 취할 뜻이 없거늘 공이 기특히 여겨 인하여 잉첩媵妾을 삼았더니, 그달부터 태기 있어 십 삭 만에 일개 옥동玉童을 생하니, 기골이 비범하여 짐짓 영웅호걸이라. 공이 일변 기꺼하나 부인에게 낳지 못함을 한하더라.
 길동이 점점 자라 팔 세 되매 총명이 과인過人하여 하나를 들으면 백을 통하니 더욱 애

---

1) 옛 소설에서 흔히 첫머리에 쓰이는 말. 곧, '이야기인즉'.
2) 남녀 사이에 분별없이 가까이하는 것.
3) 말을 끝내고.
4) 부끄럽게 생각하는 것.

중하나, 근본 천인이라 길동이 매양 호부 호형呼父呼兄하면 문득 꾸짖어 못 하게 하니, 길동이 십 세 넘도록 감히 부형을 부르지 못하고, 비복婢僕 등이 천대함을 각별 통한痛恨하여 심사를 정치 못하더니, 추구월秋九月 망간望間을 당하였는지라. 명월은 조요照耀하고 청풍은 소슬하여 사람의 심회를 돕는지라, 길동이 서당에서 글을 읽다가 문득 서안書案을 밀치고 탄 왈,

"대장부가 세상에 나서 공맹孔孟을 본받지 못하매 차라리 병법兵法을 배워 대장인大將印5)을 요하腰下에 비껴 차고 동정서벌東征西伐하여 국가에 대공을 세우고 이름을 만세에 빛냄이 대장부의 쾌사快事라. 나는 어찌하여 일신이 적막하여 부형이 있으되 호부 호형을 못 하니 심장이 터질지라 어찌 통탄치 않으리오."

말을 마치며 뜰에 내려 검술을 공부하더니, 마침 공이 월색을 구경하다가 길동의 배회함을 보고 즉시 불러 문問 왈,

"네 무슨 흥이 있어 야심토록 잠을 자지 아니하는다?"

길동이 공경 대對 왈,

"소인이 마침 월색을 사랑하였사오며, 대개 하늘이 만물을 내시매 사람이 귀한지라 소인에게 이르러는 귀하옴이 없사오니 어찌 사람이라 하오리까."

공이 그 말을 짐작하나 짐짓 책責 왈,

"네 무슨 말인고?"

길동이 고 왈,

"소인이 평생 설운 바는 대감의 혈육으로 당당한 남자가 되었사오니 부생모육지은父生母育之恩이 깊삽거늘 그 부친을 부친이라 못 하옵고 그 형을 형이라 못 하오니 어찌 사람이라 하오리까."

하며 눈물을 흘려 단삼單衫을 적시거늘 공이 청파聽罷에6) 측은하나 만일 그 뜻을 위로하면 방자할까 저어하여 크게 꾸짖어 왈,

"재상가 천생賤生이 비단 너뿐 아니라. 네 어찌 방자함이 이 같으뇨? 차후 다시 이런 말이 있으면 안전眼前에 용납지 못하리라."

하니, 길동이 감히 일언一言도 고치 못하고 다만 유체流涕7)할 따름이라. 공이 명하여 물러가라 하거늘, 길동이 침소로 돌아와 슬퍼함을 마지아니하더라.

길동이 본디 재기才器 과인過人하고 도량이 활달한지라 마음을 진정치 못하여 밤이면 잠을 이루지 못하더니, 일일一日은 길동이 어미 침소에 가 울며 고 왈,

"소자가 모친으로 전생연분이 중하와 금세에 모자 되오니 은혜 망극하온지라. 그러나

---

5) 왕이 대장에게 권력을 준다는 징표로 내리는 도장.
6) 다 듣고 나서.
7) 눈물을 흘리는 것.

소자의 팔자가 기박하와 천한 몸이 되오니 품은 한이 깊사온지라 소자가 자연 기운을 억제치 못하여 모친 슬하를 떠나려 하오니 복망伏望 모친은 소자를 염려치 마시고 귀체貴體를 보중保重하소서."
어미 청파에 대경大驚 왈,
"재상가 천생이 너뿐 아니어든 어찌 편협한 말을 발하여 어미 간장을 사르느뇨?"
길동이 대 왈,
"옛날 장충의 아들 길산吉山은 비록 천생이로되 그 어미를 이별하고 운봉산雲峯山에 들어가 도를 닦아 아름다운 이름이 후세에 유전하였으니 소자도 그를 효칙效則하여 세상을 벗어나려 하오니 모친은 안심하사 후일을 기다리소서. 근간 곡산모谷山母의 행색을 보니 상공의 총애가 더하여 우리 모자를 해하려 하여 원수같이 아옵는지라 큰 화를 입을까 하옵나니, 모친은 소자 나아감을 염려치 마소서."
하니, 그 어미 또한 슬퍼하더라.
원래 곡산모는 곡산 기생으로 상공의 총첩寵妾이 되었으니 이름은 초란初蘭이라. 위인이 교만 방자하여 제게 불합한 자가 있으면 공에게 참소하여 가중家中에 폐단이 무수하니 비복 등이라도 다 원망하더라.
원래 초란은 아들이 없고 춘섬은 길동을 낳아 상공이 매양 귀히 여김을 심중에 앙앙怏怏하여 길동 없애기를 도모하리라 하고, 일일은 무녀巫女를 청하여 왈,
"나의 일신을 평안케 함은 길동을 없애기에 있는지라. 만일 나의 소원을 이루면 그 은혜를 후히 갚으리라."
무녀 듣고 대 왈,
"지금 흥인문興仁門 밖에 일등 관상녀 있되 사람의 상을 한 번 보면 전후 길흉을 판단하나니, 이 사람을 청하여 소원을 자세히 이른 후 상공께 천거하여 전후사를 반드시 고하면 상공이 필연 대혹大惑하사 그 아이를 없애고자 하시리니 그때를 타 여차여차하면 어찌 묘계 아니리오."
초란이 대희大喜하여 먼저 은자 오십 냥을 상 주며 청하여 오라 하니, 무녀 기뻐하여 가니라.
이튿날 공이 내당에 들어가 부인으로 더불어 길동의 비범함을 일컬으며 다만 천생임을 한탄하고 정히 말씀하더니, 문득 한 여자 들어와 당하堂下에 문안하거늘, 공이 괴히 여겨 문 왈,
"그대는 어떤 여자이완데 무슨 일로 왔는다?"
그 여자가 대 왈,
"소녀 관상하기를 일삼더니 마침 상공 문하에 이르렀나이다."
공이 듣고 길동의 내두사來頭事[8]를 알고자 하여 즉시 불러 뵈니 상녀相女가 이윽히 보다가 놀라며 왈,
"공자의 상을 보니 천고 영웅이요 일대 호걸이로되 지체 부족하오니 다른 염려는 없을까

하나이다."

하고 말을 하고자 하다가 주저하거늘, 공이 가장 괴히 여겨 물어 가로되,

"무슨 말이든지 바른대로 이르라."

상녀 마지못하여 좌우를 치우고 고 왈,

"공자의 상을 보니 흉중胸中에 조화 무궁하고 미간에 산천 정기 영롱하오니 짐짓 왕후지상王侯之相이라. 장성하면 장차 멸문지화滅門之禍를 당하오리니 상공은 살피소서."

공이 청파에 경아驚訝[9]하여 묵묵반상默默半晌[10]에 마음을 정하고 왈,

"사람의 팔자는 도망키 어렵거니와 이런 말을 누설치 말라."

하고, 약간 은자를 주어 보내니라.

차후로 공이 길동을 산정山亭에 머물리고 일동일정一動一靜을 엄숙히 살피니, 더욱 설움을 이기지 못하나 하릴없어 육도삼략六韜三略[11]과 천문 지리를 공부하더니, 공이 일일一日은 알고 크게 근심하여 왈,

"이놈이 본디 재주 있으매 만일 범람한 의사를 두면 상녀의 말과 같으리니 이를 장차 어찌하리오?"

하더라.

초란이 무녀를 교통交通하여 공의 마음을 놀랍게 하고 길동을 없애고자 하여 천금을 버려 자객을 구하니, 이름이 특재特才라 하는 자 있어 전후사를 자세히 이르고 초란이 공께 고 왈,

"일전에 상녀가 아는 것이 귀신같으매 길동의 일을 어찌 처치하시나이까? 일찍이 저를 없이함만 같지 못하도소이다."

공이 청파에 눈썹을 찡기고 왈,

"이 일은 내 장중掌中에 있으니 번거히 굴지 말라."

하고 물리치나, 심사 자연 산란하여 밤이면 잠을 이루지 못하고 인하여 병이 되지라. 부인과 좌랑佐郞 인형이 크게 근심하여 초민焦悶[12]하더니, 초란이 곁에 있다가 고 왈,

"상공 환후가 위중하심은 길동을 두신 연고라. 천하온 소견은 길동을 죽여 없이하면 상공의 병환도 쾌차하실 뿐더러 문호를 보존하오리니 어찌 이를 생각지 아니하시나이까?"

부인 왈,

"아무리 그러나 인륜이 지중至重하니 차마 어찌 행하리오."

---

8) 앞으로 닥쳐올 일.
9) 놀랄 정도로 의아히 여기는 것.
10) 입을 다물고 말없이 반나절. 곧 오랫동안 말이 없다는 뜻.
11) 병법에 관한 책 《육도》와 《삼략》을 아울러 이르는 말.
12) 애타게 고민하는 것.

초란 왈,

"듣자오니 특재라 하는 자객이 있어 사람 죽임을 낭중취물囊中取物같이¹³⁾ 한다 하오니 천금을 주어 밤에 들어가 해하오면 상공이 아시나 하릴없사오리니 부인은 재삼 생각하소서."

부인과 좌랑이 눈물을 흘려 왈,

"이는 차마 못할 바이로되 첫째는 나라를 위함이요, 둘째는 상공을 위함이요, 셋째는 홍문洪門을 보존함이니 너의 계교대로 행하라."

초란이 대희하여, 다시 특재를 불러 이 말을 자세히 이르고 금야今夜에 급히 행하라 하니, 특재 응낙하고 밤들기를 기다리더라.

차설且說¹⁴⁾, 길동이 그 천대에 원통한 일을 생각하매 시각을 머물지 못할 일이로되, 상공의 엄명이 지중하므로 하릴없어 밤이면 잠을 이루지 못하더니, 차야此夜에 초를 밝히고 《주역周易》을 잠심潛心¹⁵⁾하다가 문득 들으니 까마귀 세 번을 울고 가거늘, 길동이 괴히 여겨 혼잣말로 이르되,

"이 짐승은 본디 밤을 꺼리거늘 이제 울고 가니 심히 불길하도다."

하고, 잠깐 팔괘八卦를 벌여 보고 대경大驚하여 서안書案을 물리치고 둔갑법을 행하여 그 동정을 살피더니 삼경三更을 하여 한 사람이 비수를 들고 완완緩緩히 방문을 열고 들어오는지라. 길동이 급히 감추고 진언眞言을 염송하니¹⁶⁾ 홀연 일진음풍一陣陰風이 일어나며 집은 간데없고 첩첩한 산중에 풍경이 거룩한지라.

특재 대경하여 길동의 조화 신기함을 알고 비수를 감추어 피코자 하더니 문득 길이 끊어지고 층암절벽이 가리었으니 진퇴유곡이라. 사면으로 방황하더니 문득 옥저 소리 들리거늘 정신을 차려 살펴보니 일위一位 소동少童¹⁷⁾이 나귀를 타고 오며 저 불기를 그치고 꾸짖어 왈,

"네 무슨 일로 나를 죽이려 하는다? 무죄한 사람을 해하면 어찌 천앙天殃이 없으리오."

하고 진언을 염하더니, 일진흑운一陣黑雲이 일어나며 큰비 담아 붓듯이 오고 사석砂石이 날리거늘, 특재 정신을 수습하여 살펴보니 길동이라. 비록 그 재주를 신기히 여기나 '어찌 나를 대적하리오.' 하고 달아들며 대호大呼 왈,

"너는 죽어도 나를 원망치 말라. 초란이 무녀와 상녀로 하여금 상공과 의논하고 너를 죽이려 함이니 어찌 나를 원망하리오."

---

13) 제 주머니에서 물건 꺼내듯이.
14) 한편. 옛 소설에서 이야기의 한 대목을 끝내고 다른 대목으로 넘어갈 때 쓰는 말.
15) 마음을 가라앉히고 생각하는 것.
16) 주문을 외우니.
17) 어린아이 하나.

하고 칼을 들고 달아들거늘, 길동이 분기를 참지 못하여 요술을 베풀어 특재의 칼을 앗아 들고 대매大罵 왈[18],

"네 재물을 탐하여 사람 죽임을 좋이 여기니 너 같은 무도한 놈은 죽여 후환을 없이하리라."

하고 한 번 칼을 드니 특재의 머리 방중房中에 내려지는지라. 길동이 분기를 이기지 못하여 이 밤에 바로 상녀와 무녀를 잡아다가 특재 죽은 방중에 들이치고 꾸짖어 왈,

"네 나로 더불어 무슨 원수 있관데 초란과 한가지로 나를 죽이려 하였느냐?"

하고 버히니(베니) 어찌 가련치 아니하리오. 이때 길동이 삼 인을 죽이고 건상乾象[19]을 살펴보니 은하수는 서로 기울어지고 월색은 희미하고 삭풍은 소슬하여 정히 사람의 수회愁懷를 돕는지라. 분기를 참지 못하여 초란을 또 죽이고자 하다가 상공의 사랑하심을 깨닫고 칼을 던지며 망명도생亡命圖生[20]함을 생각하고, 바로 상공 침소에 나아가 하직을 고코자 하더니, 이때 공이 창외窓外에 인적이 있음을 괴히 여겨 창을 열고 보니 이 곧 길동이라. 인견引見 왈[21],

"밤이 깊었거늘 네 어찌 자지 아니하고 이리 방황하는다?"

길동이 복지伏地 대對 왈,

"소인이 일찍이 부생모육지은을 만분지일이나 갚을까 하였삽더니 불의지인不義之人이 있사와 상공께 참소하고 소인을 죽이려 하오매 겨우 목숨을 보존하였사오나 상공을 오래 모실 길이 없삽기로 금일 상공께 하직을 고하나이다."

하거늘, 공이 대경 왈,

"네 무슨 변괴 있관데 어린아이 집을 버리고 어디로 가려 하는다?"

길동이 대 왈,

"날이 밝으면 자연 아시려니와 소인의 신세는 부운浮雲과 같사오니 상공의 버린 자식이 어찌 참소를 두리리이꼬."

하며 쌍루雙淚 종횡하여 말을 이루지 못하거늘, 공이 그 형상을 보고 측은히 여겨 개유開諭 왈[22],

"내 너의 품은 한을 짐작하나니 금일로부터 호부 호형하여라."

길동이 재배再拜 왈,

"소자 일편지한一片之恨을 야야爺爺[23] 풀어 주시니 이제 죽어도 한이 없도소이다. 복원

---

18) 크게 꾸짖어 말하되.
19) 하늘에 있는 별들의 모양.
20) 살기 위해 도망가는 것.
21) 불리들어 말하기를.
22) 알아듣도록 잘 타일러 말하되.

伏願 야야는 만수무강하옵소서."
하고 재배 후 작별하니, 공이 붙들지 못하고 다만 무사함을 당부하더라.
　길동이 어미 침소에 가 이별을 고하여 왈,
　"소자가 지금 슬하를 떠나오매 다시 모실 날이 있사오니 모친은 그사이 귀체를 보중하소서."
　춘랑春娘[24]이 말을 들으매 무슨 변고가 있음을 짐작하고 아자兒子의 하직함을 보고 집수執手[25] 통곡 왈,
　"네 어디로 향코자 하는다? 한집에 있으되 처소가 초원稍遠[26]하여 매일 연연하더니 이제 너를 정처 없이 보내고 생각하는 마음을 어찌 견디리오. 너는 쉬이 돌아와 모자 서로 상봉함을 바라노라."
　길동이 재배 하직하고 문을 나매, 운산雲山은 첩첩하여 지향 없이 향하니 어찌 가련치 않으리오.
　차설, 초란이 특재의 소식이 없음을 십분 의아하여 사람으로 하여금 탐지하니, 길동은 간데없고 특재와 두 계집 주검이 방중에 있다 하거늘, 초란이 혼비백산하여 급히 부인께 고 왈,
　"길동은 간데없고 세 주검이 있나니이다."
　부인이 또한 대경실색하여 좌랑을 불러 이 일을 이르며 공께 고하니, 공이 대경 왈,
　"길동이 밤에 와 슬피 하직함을 가장 괴히 여겼더니 이런 일이 있도다."
　좌랑이 감히 은휘隱諱치 못하여 초란의 실상을 고한데, 공이 더욱 분노하여 일변 초란을 내치고 가만히 그 시체를 없이하며 노복 등을 불러 이런 말을 내지 말라 당부하여 신칙하더라.
　각설却說[27], 길동이 부모를 이별하고 문을 나매 일신이 표박漂泊하여 정처 없이 행하더니 한 곳에 다다르니 경개 절승한지라. 인가를 찾아 점점 들어가니 큰 바위 밑에 석문石門이 닫혔거늘, 길동이 가만히 그 문을 열고 들어가니 평원광야平原曠野에 수백 호가 즐비하고 여러 사람들이 모도여 잔치하며 즐기니 이곳은 도적의 굴혈窟穴이라. 문득 길동을 보고 그 위인이 녹록지 않음을 보고 반겨 문 왈,
　"그대는 어떤 사람이완데 이곳에 왔느뇨? 이곳은 영웅이 모도였으나 아직 괴수를 정치 못하였으니, 그대 만일 용력이 있어 참례코자 할진대 저 돌을 들어 보라."

---

23) '아버지'의 높임말.
24) 길동의 어머니 춘섬을 가리킨다.
25) 손을 붙잡고.
26) 거리가 좀 먼 것.
27) 옛 소설에서 이야기를 다른 쪽으로 돌릴 때에 쓰는 말.

하니, 길동이 이 말을 듣고 다행하여 재배 왈,

"나는 경성 홍 판서의 천첩 소생 길동이러니 가중家中 천대를 받지 않으려 하여 사해 팔방으로 정처 없이 다니더니 우연히 이곳에 들어와 모든 호걸의 유류類[28] 됨을 이르시니 불승감사不勝感謝[29]하거니와 대장부가 어찌 저만 돌을 들기를 근심하리오."

하고 그 돌을 들어 수십 보를 행하다가 던지니 그 돌 무게 천 근이라. 제적諸賊이 일시에 칭찬 왈,

"과연 장사라. 우리 수천 명에 이 돌 들 자가 없더니 오늘날 하늘이 도우사 장군을 주심이로다."

하고, 길동을 상좌에 앉히고 술을 차례로 권하며 백마를 잡아 맹세하며 언약을 굳게 하니 중인衆人이 일시에 응낙하고 종일토록 즐기더라.

이후로 길동이 제인諸人으로 더불어 무예를 연습하여 수월지내數月之內 군법이 정제한지라.

일일은 제인이 이르되,

"아등我等이 벌써 합천 해인사를 치고 그 재물을 탈취코자 하나 지략이 부족하여 거조擧措[30]를 받지 못하였더니, 이제 장군의 의향이 어떠하시니이꼬?"

길동이 소소笑 왈,

"내 장차 발군發軍하리니 그대 등은 지휘대로 하라."

하고 청포 흑대青袍黑帶에 나귀를 타고 종자從者 수인數人을 데리고 나가며 왈,

"내 그 절에 가 동정을 보고 오리라."

하고 가니, 완연한 재상가 자제러라. 그 절에 들어가 먼저 주승主僧을 불러 이르되,

"나는 한양 홍 판서 댁 자제라. 이 절에 글공부하러 왔거니와 명일에 백미 이십 석을 보낼 것이니 음식을 정히 차리면 너희들도 한가지 먹으리라."

하고, 사중寺中을 두루 살펴보며 후일을 기약하고 동구를 나오니, 제승諸僧이 기꺼하더라.

길동이 돌아와 백미 수십 석을 보내고 중인을 불러 왈,

"내 아무 날은 그 절에 가 이리이리하리니 그대 등은 뒤를 좇아와 이리이리하라."

하고, 그날을 기다려 종자 수십 인을 데리고 해인사에 이르니 제승이 맞아들이거늘, 길동이 노승를 불러 문 왈,

"내 보낸 쌀로 음식이 부족지 아니하더뇨?"

노승 왈,

"어찌 부족하리까. 너무 황감하여이다."

---

28) 영웅의 무리.
29) 고마움을 이기지 못하는 것.
30) 큰일을 벌이는 것.

길동이 상좌에 앉고 제승을 일제히 청하여 각기 상을 받게 하고 먼저 술을 마시며 차례로 권하니 모든 중이 황감해 하더라.

길동이 상을 받고 먹으며 문득 모래를 가만히 입에 넣고 깨무니 소리 가장 큰지라. 제승이 듣고 놀라 사죄하거늘, 길동이 거짓 대로하여 꾸짖어 왈,

"너희 등이 어찌 음식을 이다지 부정히 하였는다? 이는 반드시 나를 능멸함이라."

하고, 종자에게 분부하여 모든 중을 한 줄에 결박하여 앉히니 사중이 황겁하여 아무리할 줄을 모르는지라.

이윽고 대적大賊 수백여 명이 일시에 달아들어 모든 재물을 다 제 것 가져가듯 하니, 제승이 보고 입으로 소리만 지를 따름이라. 이때 불목하니[31] 마침 나갔다가 이런 일을 보고 즉시 관가에 보報하니, 합천 원이 듣고 관군을 조발調發하여 그 도적을 잡으라 하니, 수백 장교가 도적의 뒤를 좇을새 문득 보니, 한 중이 송낙[32]을 쓰고 또 장삼을 입고 뫼에 올라 외쳐 왈,

"도적이 저 북편 소로로 가니 빨리 가서 잡으소서."

하거늘, 관군이 그 절 중이 가리키는 줄로 알고 풍우같이 북편으로 찾아 나가다가 날이 점점 저문 후 잡지 못하고 돌아가니라.

길동이 제적을 남편 대로大路로 보내고 제 홀로 중의 복색으로 관군을 속인 후 무사히 굴혈로 돌아오니, 모든 사람이 벌써 재물을 수탐搜探하여 왔는지라 일시에 나와 사례하거늘 길동이 소 왈,

"대장부가 이만 재주 없으면 어찌 중인의 괴수가 되리오."

하더라.

이후 길동이 자호自號 활빈당活貧黨이라 하여 조선 팔도로 다니며, 각 읍 수령의 불의의 재물이 있으면 탈취하고, 혹 집이 빈한한 자 있으면 구제하며, 백성을 일호一毫도 범치 아니하고, 나라에 속한 물재는 추호도 범치 아니하니, 이러므로 제적이 그 의기를 탄복하더라.

일일은 길동이 제인을 모으고 왈,

"이제 함경 감사 탐관오리로 준민고택浚民膏澤[33]하여 백성이 도탄에 든지라 우리 등이 그저 두지 못하리니 그대 등은 내 지휘대로 하라."

하고, 하나씩 흘러들어가 아무 날 밤에 기약을 정하고 남문 밖에 불을 지르니, 감사가 대경하여 그 불을 구하라 하니 관속이며 백성들이 일시에 내달아 그 불을 구할새, 길동의 수백 명 적당이 일시에 성중에 달아들어 창고를 열고 전곡錢穀과 군기軍器를 수탐하여 북문으로 달아나니, 성중이 요란하여 물 끓듯 하는지라. 감사 불의지변不義之變을 당하여 아무리

---

31) 절에서 밥 짓고 물 긷는 사람.
32) 소나무 겨우살이로 엮어 만든 중의 모자.
33) 백성들의 재물을 강제로 빼앗으며 괴롭히는 것.

할 줄 모르더니, 날이 밝은 후 살펴보니 창고에 군기와 전곡이 다 비었거늘, 감사가 대경실색하여 그 도적 잡기를 힘쓰더니, 홀연 북문에 방榜을 붙쓰되, 아무 날에 전곡 도적한 자는 활빈당 행수 홍길동이라 하였거늘, 감사 발군發軍하여 그 도적을 잡으라 하더라.

차설, 길동이 제적과 한가지로 전곡을 많이 도적하였으니 행여 길에서 잡힐까 염려하여 둔갑법을 행하여 처소에 돌아오니 날이 새고자 하였더라.

일일은 길동이 제인을 모으고 의논 왈,

"이제 우리가 합천 해인사에 가 재물을 탈취하고, 또 함경 감사에 가 전곡을 도적하여 소문이 파다하려니와, 나의 성명을 써서 감영에 붙였으니 오래지 아니하여 잡히기 쉬울지라. 그대 등은 나의 재주를 보라."

하고, 즉시 초인草人 일곱을 만들어 진언을 염하고 혼백을 붙이니, 일곱 길동이 일시에 팔을 뽐내며 크게 소리하고 한곳에 모두 난만爛漫히 수작하니 어느 것이 정작 길동인지 알지 못할러라.

팔도에 하나씩 흩어지되 각각 사람 수백여 명씩 거느리고 다니니 그중에 정正 길동이 어느 곳에 있는 줄은 알지 못할러라. 여덟 길동이 팔도에 다니며 호풍환우呼風喚雨[34]하는 술법을 행하면, 각 읍 창곡을 일야一夜 간에 종적 없이 가져가며, 서울 오는 봉물을 의심 없이 탈취하니, 팔도 각 읍이 소요하여 밤에 능히 잠을 자지 못하고 도로에 행인이 끊겼으니, 이러므로 팔도가 요란한지라. 감사 이 일로 장계狀啓[35]하니, 그 글에 하였으되,

난데없는 홍길동이란 대적이 있어 능히 풍운을 짓고 각 읍의 재물을 탈취하오매 봉송하는 물종物種이 올라가지 못하고 작란作亂이 무수하오니, 그 도적을 잡지 못하면 장차 어느 지경에 이를 줄을 알지 못하오니, 복망伏望 성상은 좌우 포청捕廳으로 잡게 하소서.

하였더라.

상이 보시고 대경하사 포장捕將을 명초命招[36]하실새, 연하여 팔도 장계를 올리는지라. 연하여 떼어 보니 도적의 이름이 다 홍길동이라 하였고, 전곡 잃은 일자日子를 보시니 팔도가 다 한날한시라. 상이 크게 놀라 가라사대,

"이 도적의 용맹과 술법은 옛날 치우蚩尤[37]라도 당치 못하리로다. 아무리 신기한 놈인들 어찌 한 놈이 팔도에 있어 한날한시에 도적질을 하리오. 이는 심상한 도적이 아니라 잡기 어려우리라. 좌우 포장은 발군하여 그 도적을 잡으라."

---

34) 바람과 비를 불러일으키는 것.
35) 감사 또는 왕의 명을 받고 지방에 파견된 관원이 임금에게 글을 올려 보고하던 것.
36) 왕의 명령으로 신하를 부르는 것.
37) 용맹과 술법이 능하였다는 중국 전설의 인물.

하시니, 이에 우포장 이흡李洽이 주奏 왈,

"신이 비록 재주 없사오나 그 도적을 잡아 올리니 전하는 근심 마소서. 조그마한 도적으로 인하여 이제 어찌 좌우 포장이 다 발군하오리까."

상이 옳이 여기사 급히 발행함을 재촉하시니, 이흡이 하직하고 허다 관졸을 거느리고 발행할새, 각각 흩어져 아무 날 문경聞慶으로 모도임을 약속하고, 이흡이 약간 포졸 수삼 인을 데리고 변복하여 다니더니, 일일은 날이 저물매 주점을 찾아 쉴새, 문득 일위 소년이 나귀를 타고 들어와 뵈거늘, 포장이 답례한대, 그 소년이 문득 한숨을 지으며 왈,

"보천지하普天之下 막비왕토莫非王土요 솔토지민率土之民이 막비왕신莫非王臣이라[38] 하니, 소생이 비록 향곡鄕曲에 있으나 국가를 위하여 근심이로소이다."

포장이 거짓 놀라며 왈,

"이 어찌 이름이뇨?"

소년 왈,

"이제 홍길동이란 도적이 팔도로 다니며 작란하오매 민심이 소동하거늘 이놈을 잡아 없애지 못하니 어찌 분치 않으리오."

포장이 말을 듣고 왈,

"그대 기골이 장대하고 언어가 충직하니 나와 한가지로 그 도적을 잡음이 어떠하뇨?"

소년 왈,

"내 벌써 잡고자 하나 용력 있는 사람을 얻지 못하였더니 이제 그대를 만났으니 어찌 만행萬幸이 아니리오마는 그대 재주를 알지 못하니 그윽한 곳에 가 시험하자."

하고 한가지로 행하더니, 한 곳에 이르러 높은 바위 위에 올라앉으며 이르되,

"그대 힘을 다하여 나를 차 내리치라."

하고 바위 끝에 앉거늘, 포장이 생각하되,

'제아무리 용력이 있은들 한 번 차면 제 어찌 아니 떨어지리오.'

하고 평생 힘을 다하여 두 발로 매우 차니, 그 소년이 문득 돌아앉으며 왈,

"그대 짐짓 장사로다. 내 여러 사람을 시험하되 나를 요동하는 자가 없더니 그대에게 차여 오장이 울린 듯하도다. 그대 나를 따라오면 길동을 잡으리라."

하고 첩첩한 산곡山谷으로 들어가거늘, 포장이 생각하되,

'나는 힘을 자랑할 만하더니 오늘 저 소년의 힘을 보니 어찌 놀랍지 않으리오. 그러나 이곳까지 왔으니 설마 저 소년 혼자라도 길동 잡기를 근심하리오.'

하고 따라가더니, 그 소년이 문득 돌아서며 왈,

"이곳이 길동의 굴혈이라, 내 먼저 들어가 탐지할 것이니 그대는 여기 있어 기다리라."

포장이 마음에 의심되나 빨리 잡아 옴을 당부하고 앉았더니, 이윽고 홀연 산곡으로조차

---

[38] 하늘 아래 땅이 왕의 것 아닌 것이 없고, 나라 안 백성이 왕의 신하 아닌 자 없다.

수십 군졸이 요란히 소리 지르며 내려오는지라. 포장이 대경하여 피코자 하니, 점점 가까이 와 포장을 결박하며 꾸짖어 왈,

"네 토포대장討捕大將[39] 이흡인다? 우리 등이 지부왕地府王[40]의 명을 받아 너를 잡으러 왔다."

하고, 철삭鐵索[41]으로 몸을 묶어 풍우같이 몰아가니 포장이 혼불부신魂不附身[42]하여 아무런 줄 모르는지라. 한 곳에 다다라 소리 지르며 꿇어앉히거늘, 포장이 정신을 가다듬어 머리를 들어 보니, 궁궐이 광대한데 무수한 황건역사黃巾力士가 좌우에 나열하고 전상에 일위 군왕이 좌탑坐榻[43]에 앉아 여성厲聲 왈[44],

"네 요마么魔 필부匹夫로 어찌 홍 장군을 잡으려 하는고? 이 죄로 너를 잡아 풍도지옥酆都地獄에 가두리라."

포장이 겨우 정신을 차려 왈,

"소인은 인간에 한미한 사람이라 무죄히 잡혀 왔으니 살려 보냄을 바라나이다."

하고 심히 애걸하거늘, 전상에서 웃음소리 나며 꾸짖어 왈,

"이 사람아, 나를 자세히 보라. 나는 곧 활빈당 행수 홍길동이라. 그대 나를 잡으려 하매 그 용력과 뜻을 알고자 하여 작일昨日에 내 청포청袍 소년으로 그대를 인도하여 이곳에 와 나의 위엄을 보게 함이라."

하고, 언파言罷에 좌우를 명하여 맨 것을 끌러 당상에 앉히고 술을 내와 권하며 왈,

"그대는 부질없이 다니지 말고 빨리 돌아가되 나를 보았다 하면 반드시 죄책이 있을 것이니 부디 이런 말을 내지 말라."

하고 다시 술을 부어 권하며 좌우를 명하여 내보내라 하니, 포장이 생각하되,

'이것이 꿈인가 생시인가. 어찌하여 이리 왔으며 길동의 조화 신기하도다.'

하며 일어 가자 하더니, 홀연 사지를 요동치 못하겠는지라. 괴히 여겨 정신을 진정하여 살펴보니 가죽 부대 속에 들었거늘 간신히 나와 본즉 부대 셋이 나무에 걸렸거늘, 차례로 끌러 자세히 보니 처음 떠날 때 데리고 왔던 하인이라. 서로 이르되,

"이것이 어찐 일인고? 우리 떠날 때에 문경으로 모이자 하더니 어찌 이곳에 왔던고?"

하며 두루 살펴보니, 곧 장안성長安城[45] 북악北嶽이라. 사 인이 어이없어 장안을 굽어보다

---

39) 도둑 잡는 일을 맡아보는 벼슬.
40) 저승의 염라대왕.
41) 쇠줄.
42) 몹시 놀라 넋을 잃는 것.
43) 옛날에 관아에서 쓰던 나무로 만든 의자.
44) 목소리를 높여 크게 말하되.
45) 서울의 딴 이름.

가 포장이 하인더러 물어 왈,

"너는 어찌 이곳에 왔는다?"

삼 인이 고 왈,

"소인 등은 주점에서 자옵더니 비몽사몽간에 홀연 풍우에 싸여 정신이 없이 이리로 왔사오니 무슨 연고인지 알지 못하나이다."

포장 왈,

"이 일이 가장 맹랑하니 타인에게 전설傳說치 말라. 그러나 길동의 재주 불측하여 신출귀몰하니 어찌 인력으로써 잡으리오. 우리 그저 돌아가면 필경 죄를 면치 못하리니 아직 수월數月을 기다려 들어가자."

하고 내려오더라.

차시此時 상上이 조선 팔도에 행관行關[46]하사 길동을 잡아들이라 하시되, 그 술법의 변화가 불측하여 혹 초헌軺軒[47]도 타고 왕래하며, 혹 각 읍에 노문路文[48] 놓고 쌍교雙轎도 타고 왕래하며, 어사의 모양으로 역졸驛卒을 데리고 각 읍 수령 중에 탐관오리 하는 자를 문득 선참후계先斬後啓[49]하되 가어사假御使 홍길동의 계문啓聞[50]이라 하거늘, 상이 더욱 진노하사 왈,

"이놈이 각 도에 다니며 작란이 무쌍하되 아무도 잡지 못하니 이 일을 장차 어찌하리오."

하시고 제신諸臣으로 더불어 의논하시더니, 연하여 장계를 올리되 팔도에 홍길동이 작란하는 장계라. 상이 차례로 보시고 크게 근심하사 좌우를 돌아보시며 문 왈,

"이놈이 아마도 사람은 아니요 귀신의 작폐니 조신朝臣 중에 뉘 능히 근본을 짐작하리오?"

하신대, 반열班列 중에 일인이 출반주出班奏[51] 왈,

"홍길동은 전임 이조 판서 홍 모의 서자요 병조 좌랑 홍인형의 서제庶弟오니 이제 그 부자를 부르사 친문親問하시면 자연 아시리라."

상이 익노益怒 왈,

"이런 말을 어찌 이제야 하는다?"

하시고, 즉시 홍 모는 금부禁府에 나수拿囚[52]하고 인형은 먼저 잡아들여 친히 국문鞠問하

---

46) 관청에 공문을 보내는 것.
47) 높은 벼슬아치가 타던, 외바퀴 달린 높은 가마.
48) 관원이 도착할 날짜를 미리 알리는 것.
49) 먼저 죄인을 처형하고 나중에 왕에게 보고하는 것.
50) 지방 관원들이 글로 왕에게 보고하는 것.
51) 여러 사람이 모인 곳에서 첫째로 말하기를.

시니, 성명性命이 어찌된고.

하편

차설且說, 홍 모는 금부로 나수하고 먼저 인형을 잡아들여 친국親鞠[1]하실새 천위天威[2] 진노하사 서안을 쳐 가라사대,
"길동이란 도적이 너의 서제라 하니 어찌 금단禁斷치 아니하고 그저 두어 국가의 대환大患이 되게 하느뇨? 네 만일 잡아들이지 아니하면 너희 부자의 충효를 돌아보지 아니하리니 빨리 잡아들여 나의 근심을 풀라."
하시니, 인형이 황공하여 면관돈수免冠頓首[3] 왈,
"신의 천한 아우 있어 일찍이 사람을 죽이고 망명도주하온 지 수년이 지나오되, 그 존망을 알지 못하와 신의 늙은 아비 이로 인하여 신병이 위중하와 명재조석命在朝夕[4]이온 중, 길동이 무도불측無道不測하므로 성상께 근심을 끼치오니 신의 죄 만사무석萬死無惜이오나, 복망伏望 전하는 자비지택慈悲之澤을 드리옵소서. 신의 아비 죄를 사하사 집에 돌아가 조병調病케 하시면 신이 죽기로써 길동을 잡아 신의 부자의 죄를 속贖하올까 하나이다."
상이 청파聽罷에 천심이 감동하사, 즉시 홍 모를 사하시고 인형으로 경상 감사를 제수하사 왈,
"경이 만일 감사의 기구機構[5] 없으면 길동을 잡지 못할 것이요, 일 년 한을 정하여 주나니 쉬이 잡아들이라."
하시니, 인형이 백배 사은하고 인하여 하직하며, 즉일 발행하여 감영에 도임하고 각 읍에 방을 붙이니, 이는 길동을 달래는 방이라. 그 글에 하였으되,

---

52) 잡아다 가두는 것.

1) 왕이 몸소 죄인을 심문하는 것.
2) 임금의 위엄을 높여서 이르는 말.
3) 갓을 벗고 머리를 조아리는 것.
4) 목숨이 아침에 끊어질지 저녁에 끊어질지 모르는 위급한 상태에 있는 것.
5) 여기서는 '직책'을 뜻한다.

사람이 세상에 나매 오륜五倫이 으뜸이요, 오륜이 있으매 인의예지仁義禮智 분명하거늘 이를 알지 못하고 군부의 명을 거역하여 불충불효 되면 어찌 세상에 용납하리오. 우리 아우 길동은 이런 일을 알 것이니 스스로 형을 찾아와 사로잡히라. 우리 부친이 너로 말미암아 병입골수病入骨髓하시고 성상이 크게 근심하시니 네 죄악이 관영貫盈[6]한지라. 이러므로 나로 특별히 도백道伯[7]을 제수하사 너를 잡아들이라 하시니, 만일 잡지 못하면 우리 홍문의 누대청덕累代淸德이 일조一朝에 멸하리니 어찌 슬프지 아니하리오. 바라나니 아우 길동은 이를 생각하여 일찍 자현自現[8]하면 너의 죄도 덜릴 것이요 일문一門을 보전하리니 아지 못게라. 너는 만 번 생각하여 자현하라.

하였더라.

감사가 이 방을 각 읍에 붙이고 공사를 전폐하고 길동이 자현하기만 기다리더니, 일일一日은 한 소년이 나귀를 타고 하인 수십을 거느리고 원문轅門 밖에 와서 뵈옴을 청한다 하거늘, 감사가 들어오라 하니 소년이 당상에 올라 배알하거늘, 감사 눈을 들어 자세히 보니 때로 기다리던 길동이라. 대경대희大驚大喜하여 좌우를 물리치고 그 손을 잡아 오열유체嗚咽流涕[9] 왈,

"길동아, 네 한번 문을 나매 사생존망死生存亡을 알지 못하여 부친께서 병입고황病入膏肓[10]하시거늘, 너는 갈수록 불효를 끼칠 뿐 아니라 국가의 큰 근심이 되게 하니, 내 무슨 마음으로 불충불효를 행하며 또한 도적이 되어 세상에 피치 못할 죄를 짓느뇨? 이러므로 성상이 진노하사 나로 하여금 너를 잡아들이라 하시니 이는 세상에 피치 못할 죄라. 너는 일찍 경사京師[11]에 나아가 천명을 순수順受하라."

하고 말을 마치며 눈물이 비 오듯 하거늘, 길동이 머리를 숙이고 왈,

"천생 길동이 이에 이름은 부형의 위태함을 구코자 함이니 어찌 다른 말이 있으리오. 대저 대감께서 천한 길동을 위하여 부친을 부친이라 하고 형을 형이라 하였던들 어찌 이에 이르리꼬. 왕사往事[12]는 일러 쓸데없거니와 이 소제小弟를 결박하여 경사로 올려 보내소서."

하고 다시 말이 없거늘, 감사가 이 말을 듣고 일변 슬퍼하며 일변 장계를 써 길동을 항쇄족

---

6) 가득 차는 것.
7) 도의 우두머리. 감사.
8) 자수.
9) 목멘 소리로 눈물을 흘리며 우는 것.
10) 병이 명치끝에 들어서 고칠 수 없는 중병.
11) 서울.
12) 이미 지나간 일.

쇄항쇄족鎖項鎖足[13]하고 함거檻車에 실어 건장한 장교 십여 인을 빼어 압령押領하게 하고 주야배도晝夜倍道[14]하여 한양으로 보내니, 각 읍 백성들이 길동의 재주를 들었는지라 잡아 옴을 듣고 길이 메어 구경하더라.

차시此時 팔도에서 길동을 잡아 올리니 조정과 장안 인민이 망지소조罔知所措[15]하여 능히 알 리 없더라. 상이 놀라사 만조滿朝를 모으시고 친국하실새 여덟 길동을 잡아 올리니, 저희 서로 다투어 이르되, 네가 정正 진정 길동이요 나는 아니라 하며 서로 싸우니, 어느 것이 정 길동인지 분간치 못할러라. 상이 괴히 여기사 즉시 홍 모를 명초命招하사 왈,

"지자知子는 막여부莫如父라 하니[16] 여덟 중 경의 아들을 찾아내라."

홍 공이 황공하여 돈수청죄頓首請罪 왈,

"신의 천생 길동은 좌편 다리에 붉은 혈점血點이 있사오니 이로조차 앎이로소이다."

하고 여덟 길동을 꾸짖어 왈,

"네 지척에 인군이 계시고 아래로 네 아비 있거늘 이렇듯 천고에 없는 죄를 지었으니 죽기를 아끼지 말라."

하고 피를 토하며 엎더져 기절하니, 상이 대경하사 약원藥院으로 구하라 하시되 차도가 없는지라. 여덟 길동이 이 경상을 보고 일시에 눈물을 흘리며 낭중囊中으로조차 환약 일 개씩 내어 입에 드리더니 홍 공이 반상半晌[17] 후에 정신을 차리는지라. 길동 등이 상께 주奏 왈,

"신의 아비 국은國恩을 많이 입었사오니 신이 어찌 감히 불측한 행사를 하오리까마는, 신은 본디 천비賤婢 소생이라 그 아비를 아비라 못 하옵고 그 형을 형이라 임의로 못 하오니, 평생에 일편지한一片之恨이 복중腹中에 맺혔삽기로 집을 버리고 적당 총중賊叢中[18]에 참예하오나, 백성은 추호불범秋毫不犯하옵고 각 읍의 수령이 준민고택浚民膏澤하는 재물을 탈취하였사오니, 이제 십 년을 지내오면 떠나갈 곳이 있사오니 복망 성상은 근심치 마시고 신을 잡으시는 관자關子[19]를 거두시옵소서."

하고 여덟 길동이 일시에 넘어지거늘, 자세히 보니 다 초인草人이라. 상이 더욱 놀라시며 정 길동 잡기를 다시 행관行關하여 팔도에 내리시니라.

차설, 길동이 초인을 없이하고 두루 다니다가 사대문에 방을 붙였으되,

---

13) 목에 칼을 씌우고 발목에 차꼬를 채우는 것.
14) 낮과 밤을 이어 하루 갈 길을 곱이나 더 가는 것.
15) 어찌할 바를 모르는 것.
16) 자식은 아비가 잘 아니.
17) 반나절. '한참 만에'를 뜻한다.
18) 도적 무리들 속.
19) 상급 관청에서 하급 관청으로 발송하는 공문.

요신妖臣 홍길동은 아무리 하여도 잡지 못하리니 병조 판서 교지를 내리시면 잡히리다.

하였거늘, 상이 그 방문을 보시고 조신朝臣을 모아 의논하시니 제신諸臣 왈,
"이제 그 도적을 잡으려 하시다가 잡지 못하옵고 도리어 병조 판서를 제수하심은 불가하여이다."
상이 옳이 여기사 다만 경상 감사에게 길동 잡기를 재촉하시더라.
이때 경상 감사가 엄지嚴旨를 보고 황공 황송하여 어찌할 줄 모르더니, 일일은 길동이 공중으로 내려와 절하고 고 왈,
"소제 지금은 정작 길동이오니 형장은 아무 염려 마시고 결박하여 경사로 보내소서."
감사가 이 말을 듣고 집수유체執手流涕 왈,
"이 무지한 아이야, 너도 나와 동기어늘 부형의 교훈을 듣지 아니하고 일국을 소동케 하니 어찌 애석지 아니하리오. 네 이제 정작 몸이 와 나를 보고 잡혀가기를 자원하니 도리어 기특한 아우로다."
하고 급히 길동의 좌편 다리를 보니 과연 홍점紅點이 있거늘, 즉시 사지를 각별 결박하고 함거에 실어 건장한 장교 수십을 가려 철통같이 싸고 풍우같이 몰아가되 길동의 안색이 조금도 변치 아니하더라.
여러 날 만에 한양에 다다르니, 궐문에 이르러는 길동이 몸을 한번 요동하매 철삭鐵索이 끊어지고 함거 깨어져 마치 배암이 허물 벗듯 공중으로 오르며 표연히 운무에 묻혀 가니, 장교와 제군이 어이없이 공중만 바라보고 다만 넋을 잃을 따름이라. 할 수 없어 이 연유로 상달上達하온대 상이 들으시고,
"천고 이런 일이 어데 있으리오."
하시고 근심하시더니, 제신 중 일인이 주 왈,
"길동의 소원이 병조 판서를 한번 지내면 조선을 떠나리라 하오니 한번 그 원을 풀면 제스스로 사은할지라 이때를 타 부르면 좋을까 하나이다."
상이 옳이 여기사 즉시 홍길동으로 병조 판서를 제수하시고 사문四門에 방을 붙이니라.
이때 길동이 이 말을 듣고 즉시 사모관대에 서대犀帶20)를 띠고 높은 초헌을 헌거롭게 높이 타고 대로 상에 완연히 들어오매, 이에 홍 판서 사은하러 온다 하니 병조 하속下屬이 맞아 호위하여 궐내에 들어갈새, 백관이 의논하되 길동이 오늘 사은하고 나올 것이니 도부수刀斧手21)를 매복하였다가 나오거든 일시에 내달아 쳐 죽이라고 약속을 정하였더니, 길동이 궐내에 들어가 숙배肅拜하고 주 왈,

---

20) 높은 벼슬아치들이 띠는 넓은 띠. 코뿔소의 뿔로 만든 장식이 붙어 있다.
21) 큰 칼과 도끼를 쓰는 병졸.

"소신의 죄악이 지중하옵거늘 도리어 천은을 입사와 평생 한을 푸옵고 돌아가오매 영결 전하이오니 복망 성상은 만수무강하옵소서."

하고 말을 마치며 몸을 공중에 솟아 구름에 싸여 가니 그 가는 바를 알지 못할러라.

상이 보시고 도리어 차탄嗟歎 왈,

"길동의 신기한 재주는 고금에 희한하도다. 제 지금 조선을 떠나노라 하였으니 다시는 작폐할 길이 없을 것이요, 비록 수상하나 일단 장부의 쾌한 마음이 있는지라 족히 염려 없을 것이라."

하시고 팔도에 사문赦文을 내리와 길동 잡는 공사를 거두시니라.

각설, 길동이 제 곳에 돌아와 제적諸賊에게 분부하되,

"내 다녀올 곳이 있으니 여등汝等은 아무 데 출입 말고 나 돌아오기를 기다리라."

하고 즉시 몸을 솟아 남경南京으로 향하여 가다가 한 곳에 다다르니, 이는 소위 율도국이라. 사면을 살펴보니 산천이 청수清秀하고 인물이 번성하여 가히 안신할 곳이라 하고 남경에 들어가 구경하며, 또 제도堤島라 하는 섬 중에 들어가 두루 다니며 산천도 구경하고 인심도 살피며 다니더니, 오봉산五峯山에 이르러는 짐짓 제일강산이라 주회周回[22] 칠백 리요 옥야 전답이 가득하여 사람 살기에 정히 적당한지라. 내심에 헤오되(헤아리되),

'내 이미 조선을 하직하였으니 이곳에 와 아직 은거하였다가 대사大事를 도모하리라.'

하고 표연히 본 곳에 돌아와, 제인諸人더러 일러 왈,

"그대 등이 아무 날 양천강 변에 가 배를 많이 지어 모월 모일에 한양 한강에 대령하라. 내 인군께 간청하여 정조正租[23] 일천 석을 구득求得하여 올 것이니 기약을 어기지 말라."

하더라.

각설, 홍 공이 길동의 작란 없으므로 신병이 쾌차하고, 상이 또한 근심 없이 지내시더니, 차시此時 추구월 망간에 상이 월색을 띠고 후원에 배회하실새 문득 일진청풍一陣清風이 일어나며 공중으로서 옥저 소리 청아한 가운데 한 소년이 내려와 상께 복지伏地하거늘, 상이 경문驚問 왈,

"선동仙童이 어찌 인간에 강굴降屈하며 무슨 일을 이르고자 하느뇨?"

소년이 복지주伏地奏 왈,

"신은 전임 병조 판서 홍길동이로소이다."

상이 경문 왈,

"네 어찌 심야에 온다?"

길동이 대 왈,

---

22) 둘레.
23) 벼.

"신이 전하를 받들어 만세를 모시올까 하오나, 천비 소생이라 문과文科를 하오나 옥당玉堂[24]에 참예치 못할 것이요, 무과를 하오나 선전宣傳[25]에 막힐지라. 이러므로 사방에 오유遨遊[26]하와 무뢰지당無賴之堂으로 관부官府에 작폐하옵고 조정을 요란케 하옴은 이름을 성상이 아시게 하옴이러니, 신의 소원을 풀어 주시옵시니 전하를 하직하옵고 조선을 떠나 한없는 길을 가오니, 정조 일천 석을 서강西江으로 내주옵시면 전하 덕택으로 수천 명이 보전할까 하나이다."

상이 즉시 허락하시고 왈,

"전에 경의 얼굴을 자세히 못 보았더니 금일 월하月下나 얼굴을 들어 나를 보라."

하신대, 길동이 비로소 얼굴을 드나 눈을 뜨지 아니하거늘, 상이 가라사대,

"어찌하여 눈을 뜨지 않느뇨?"

길동이 대 왈,

"신이 눈을 뜨면 전하가 놀라실까 하나이다."

상이 이 말을 들으시고 과연 범인凡人이 아님을 짐작하시고 위로하시니, 길동이 천은天恩을 돈수사례頓首謝禮하고 도로 공중에 솟아 가거늘, 상이 그 신기함을 일컫고 익일翌日에 선혜당상宣惠堂上[27]에게 전지하사 정조 일천 석을 서강으로 수운輸運하라 하시니, 혜당惠堂이 아무런 줄 모르고 거행하였더니, 문득 여러 사람이 큰 배에 싣고 가며 왈,

"전임 병조 판서 홍길동이 천은을 입사와 정조 천 석을 얻어 가노라."

하거늘, 이 연유로 상달하온대, 상이 소笑 왈,

"내 길동을 사급賜給[28]한 것이라."

하시더라.

길동이 정조 천 석을 얻고 삼천 적당을 거느려 대해에 떠 남경 땅 제도 섬으로 들어가 수천 호 집을 짓고 농업을 힘쓰고 재주를 배워 무기를 지으며 군법을 연습하니 병정양족兵精糧足[29]하더라.

본래 그곳이 그윽한지라 알 이 없고 재산이 부요한지라, 일일은 길동이 제인을 불러 왈,

"내 망탕산芒碭山에 들어가 살촉에 바를 약을 얻어 올 것이니 여등은 그사이 애구隘口[30]를 잘 지키라."

---

24) 홍문관의 딴 이름.
25) 조선 시대의 무관인 선전관. 여기서는 왕을 호위하는 벼슬을 말한다.
26) 즐겁게 노는 것.
27) 양곡을 관리하는 선혜청의 으뜸 벼슬.
28) 나라나 관청에서 물건을 주는 것.
29) 군대가 훈련되어 강하고 군량이 풍족한 것.
30) 험하고 좁은 길목. 여기서는 길동이 있는 섬의 입구.

하고 즉일 발선發船하여 망탕산으로 들어갈새 수일 만에 낙천洛川 땅에 이르러는 그곳에 만석 부자 있으니 성명은 백룡白龍이라. 일찍 한 딸을 두었으되 인물과 재질이 비상하고 겸하여 백가서百家書[31]를 달통하며 검술이 초등超等하니 그 부모 극히 사랑하여 천하 영웅이 곧 아니면 사위를 삼지 않으려 하여 두루 구혼하더니, 일일은 풍운이 대작大作하고 천지 아득하더니 백룡의 딸이 간데없는지라. 백룡 부부가 슬퍼하여 천금을 흩어 사면으로 찾되 마침내 그 종적이 없는지라. 백룡 부부 주야 통곡하여 거리로 다니며 왈,
 "아무라도 내 딸을 찾아 주면 만금을 줄 뿐 아니라 마땅히 사위를 삼으리라."
하더라.
 차시에 홍길동이 지나가다가 이 말을 듣고 심중에 측은히 여겨 망탕산으로 향하여 약을 캐며 점점 들어가더니 날이 저문지라 정히 주저하더니, 문득 사람의 소리가 나며 등촉이 조요照耀하거늘 심중에 다행하여 그곳을 찾아가니 무수한 요괴 무리가 앉아 서로 지저귀거늘, 가만히 엿보니 비록 사람의 형상이나 필경 짐승의 무리라. 원래 이 짐승은 울동[32]이란 짐승이 여러 해를 묵어 변화무궁하더라.
 길동이 생각하되,
 '내 두루 다녔으나 이 같은 것은 본 바 처음이라. 이제 저것을 잡아 없애리라.'
하고 몸을 감추어 활로 쏘니 그중 어떤 놈이 맞은지라. 그것이 소리를 지르고 달아나거늘 길동이 쫓아가고자 하다가 생각하되,
 '밤이 이미 깊었고 산이 험하니 어찌 잡으리오.'
하고 큰 나무를 의지하여 밤을 지내고, 궁시弓矢를 감추어 없이하고 두루 다니며 약을 캐더니, 문득 괴물 수삼 명이 길동을 보고 문 왈,
 "이곳은 아무도 다니지 못하거늘 무슨 일로 이곳에 이르렀느뇨?"
 길동이 답 왈,
 "나는 조선 사람으로 의술을 알더니 이곳에 선약仙藥이 있단 말을 듣고 찾아왔더니 우연히 그대를 만나니 다행하도다."
 그것이 듣고 대희大喜하여 길동을 자세히 보며 왈,
 "나는 이 산중에 있은 지 오래더니 우리 대왕이 부인을 새로 정하시고 작야昨夜에 잔치하시다가 불행하여 천살天煞[33]을 맞아 만분위중萬分危重한지라. 그대는 선약으로써 우리 왕을 살리시면 은혜를 중히 갚사오리니 함께 감을 청하나이다."
 길동이 이 말을 듣고 헤오되,
 '이놈이 작야에 살에 상한 놈이로다.'

---

31) 여러 학자들이 쓴 책들.
32) 사람의 형체를 가졌다는 가상의 짐승.
33) 불길하다는 별. 천살을 맞는다는 것은, 급살을 맞고 천벌을 받는다는 뜻.

하고 한가지로 가며 보니 몸에 피 흘러 그 문외門外까지 이르렀더라.

길동을 문외에서 기다리라 하고 들어가더니 이윽고 나와 청하거늘, 길동이 들어가 보니 화각畵閣34)이 굉장한 가운데 흉악한 요괴 좌탑에 누워 신음하다가 길동이 이름을 보고 겨우 기동起動하여 왈,

"복僕35)이 우연히 천살을 맞아 죽기에 이르렀으니 그대는 재주를 아끼지 말고 복을 살리면 은혜를 갚으리라."

길동이 사례하고 속여 이르되,

"상처를 보매 중상치 아니하였으니 먼저 내치內治할 약을 쓰고 후에 발근拔根할 약을 쓰면 쾌차하리니 생각하소서."

그 요괴 곧이듣고 대희하는지라. 길동이 본디 온갖 환약을 가지고 다니는지라 모든 요괴 대희하거늘, 길동이 약낭藥囊에서 독약을 내어 급히 온수에 화하여 먹이니 한 식경은 하여 배를 두드리며 눈을 실룩이며 한소리 지르더니 두어 번 뛰놀다 죽는지라. 모든 요괴 등이 이 형상을 보고 길동에게 달아들어 칼을 지르며 왈,

"너 같은 흉적을 버혀 우리 대왕의 원수를 갚으리라."

하고 일시에 달아드니, 길동이 몸을 솟아 공중에 오르며 풍백風伯36)을 불러 큰바람을 이루고 활을 무수히 쏘니 요괴 아무리 조화 있으나 길동의 신기한 술법을 어찌 당하리오.

한참 싸움에 모든 요괴를 소멸하고 도로 들어가 살펴보니 한 돌문 속에 두 소년 여자가 있어 서로 죽으려 하거늘, 길동이 보고 계집 요괴라 하고 마저 죽이려 한대, 그 계집이 울며 애걸 왈,

"첩 등은 요괴가 아니고 인간 사람으로 이곳 요괴에게 잡혀 죽으려 하더니 천행으로 장군이 들어와 요괴를 멸하시니 첩 등의 잔명을 보존하여 고향에 돌아가게 하심을 바라옵나이다."

하고 울며 애걸하니, 길동이 그 자닝함을 보고 자세 보니 짐짓 경국지색傾國之色이라. 인하여 거주를 물으니 하나는 낙천현 백룡의 딸이요, 하나는 조철의 딸이라. 길동이 내심에 희한히 여겨 즉시 두 여자를 인도하여 낙천현에 가 백룡을 찾아보고 전후를 이르며 그 여자를 뵈니, 백룡 부부가 잃었던 여아를 보고 여취여광如醉如狂37)하여 서로 붙들고 울며, 조철도 또한 여아를 보매 죽었던 자식을 만난 듯이 기쁨을 측량치 못하더라.

이때 백룡이 소철과 의논하고 즉시 친척을 모아 대연大宴을 배설하고 훗생 길동을 맞아 사위를 삼으니, 첫째 안해는 백 소저요 지차之次 안해는 조 소저라. 길동의 나이 이십이 넘

---

34) 단청을 한 누각.
35) 자기를 낮추어서 이르는 말.
36) 바람을 맡아보는 신.
37) 기뻐서 취한 것도 같고 미친 것도 같은 것.

도록 원앙의 재미를 모르더니 일조一朝에 두 처를 얻으매 양가兩家로 낙을 보니 그 견권지정繾綣之情[38]을 비할 데 없더라.

이러구러 날이 오래매 처소를 생각하고 제도 섬으로 두 집 가산과 친척을 거느리고 가니, 모든 사람이 반기며 부인 처소를 별로이 정하고 세월을 보내더니, 이때는 칠월 망간이라.

길동이 일일은 마음이 자연 슬퍼하더니 문득 천문天文[39]을 살피고 눈물을 흘리거늘, 백 소저가 문 왈,

"무슨 일로 슬퍼하시나이꼬?"

길동이 대 왈,

"나는 천지간 용납지 못할 불효라. 내 본디 이곳 사람이 아니요, 조선국 홍 판서의 천첩 소생으로 사람 지위에 참예치 못하매 평생 한이 맺힌지라 장부 심사 편치 못하므로, 부모를 하직하고 이곳에 와 의지하였으나 부모의 안부를 천상 성신天上星辰으로 살피더니, 아까 건상乾象을 살펴보니 부친께서 병환이 위중하사 오래지 아니하여 세상을 버리실지니, 내 몸이 만 리 밖에 있어 미처 득달得達치 못하겠기로 이로 인하여 슬퍼하노라."

백 소저 그제야 근본을 알고 비감悲感하여 하더라.

이튿날 길동이 월봉산月峯山에 올라가 일장一場 대지大地[40]를 얻고 그날부터 역군을 얻어 산역山役[41]을 시작하되 석물石物 범절이 국릉國陵에 비할러라.

중인衆人을 불러 큰 배를 준비하되 조선국 서강 강변에 대후待候[42]하라 하고, 즉시 머리를 깎아 대사大士의 모양으로 작은 배를 타고 조선국으로 향하니라.

각설, 홍 공이 길동이 멀리 간 후로 반점半點 수심愁心이 없이 지내더니 연기 팔순에 홀연 득병하여 점점 침중한지라 부인과 인형을 불러 왈,

"나의 나이 팔십이라 죽으나 무한無恨이로되 다만 길동의 사생을 알지 못하고 죽으니 눈을 감지 못할지라. 제 죽지 않았으면 반드시 찾아올 것이니 부디 적서嫡庶를 가리지 말고 저의 어미도 잘 대접하라."

하고 인하여 명이 진하니, 일가가 망극하여 초종범절初終凡節을 지내나, 다만 산지山地를 얻지 못하여 정히 민망하더니, 일일은 하인이 들어와 보하되,

"문밖에 어떤 중이 와서 상공의 영위靈位에 조문하려 하나이다."

하거늘, 괴히 여겨 들어오라 하니, 그 중이 들어와 방성대곡放聲大哭하니, 제인이 이르되,

---

38) 서로 떨어질 수 없는 깊은 사랑.
39) 여기서는 하늘의 별들을 말한다. 옛날에는 별을 보고 점을 쳤다.
40) 좋은 묏자리.
41) 묘지를 꾸리는 일.
42) 기다리는 것.

"상공 전에 친한 중이 없더니 어떤 중이완데 저다지 애통하는고?"
하더라.
반상半晌 후 길동이 여막에 나아가 상인喪人에게 또 일장통곡하다가 왈,
"형장이 어찌 소제小弟를 모르시나이까."
하거늘, 상인이 그제야 자세히 보니 아우 길동이라. 붙들고 통곡 왈,
"이 무지한 아이야, 그사이 어디으로 갔더뇨? 부친 생시에 너를 생각하시고 임종에 유언하사 너를 위하여 눈을 감지 못한다 하였으니 어찌 인자人子에 차마 외람히 견딜 바리오."
하고 그 손을 이끌어 내당에 들어가 모 부인께 뵈고 또 춘랑을 불러 보게 하니, 모자 붙들고 통곡하다가 정신을 차려 길동의 모양을 보고 왈,
"네 어찌 중이 되었는다?"
길동이 대 왈,
"소자 처음에 마음을 그릇 먹고 작란하기를 일삼더니 부형이 화를 보실까 두려워하여 조선을 떠나오매 삭발위승削髮爲僧하고 지술地術을 배워 생도生道[43]를 삼더니 이제 부친이 기세棄世하심을 짐작하고 왔사오니 모친은 과히 슬퍼 마옵소서."
부인과 춘랑이 이 말을 듣고 눈물을 거두며 왈,
"네 지술을 배웠으면 천하에 유명하리니 너는 부공父公을 위하여 산지를 얻어 보라."
길동이 대 왈,
"소자 과연 산지는 얻었사오나 천 리 밖에 있사오니 행상行喪하기 어렵사와 이로 근심하나이다."
상인이 듣고 대희 왈,
"네 재주와 효행을 아나니 다만 길지吉地만 얻었으면 어찌 원로遠路를 근심하리오."
길동이 대 왈,
"형장 말씀이 이러하시면 명일 상구喪具를 발행하소서. 소제는 벌써 산역을 시작하옵고 안장安葬 택일擇日을 정하였사오니 형장은 염려 마소서."
하고 제 모친 춘랑을 데려가기를 청하니 부인과 춘랑이 마지못하여 허락하더라.
차시 길동이 상구를 모시고 따르며 모친과 한가지로 서강 강변에 이르니, 길동의 지휘한 바 일시에 대후한지라, 모두 배에 올라 행선하니, 망망대해에 순풍이 일어나며 배 빠르기 살 같은지라. 한 곳에 다다르니 제인이 수십 선척船隻을 띄우고 길동을 기다리다가 보고 반기며 좌우로 호위하여 가니 위의 기룩하더라. 인형이 의아하여 문 왈,
"이 어쩐 연고뇨?"
길동이 그제야 전후사를 고하며 왈,
"소제 거한 바 옥야 천 리요, 창곡倉穀이 누거만累巨萬[44]이요, 두 처가에 재산이 유여有

---

43) 생활을 유지하는 길.

餘하니 이만 기구 없사오리까."

산상으로 올라가니 봉만峰巒이 청수淸秀하여[45] 산세 거룩한지라. 한 곳에 다다라 정한 곳을 가리키거늘 인형이 살펴보니 산맥이 아름답고 치산治山[46] 범절이 국릉 같은지라 대경 문 왈,

"이 어쩐 일인고?"

길동이 왈,

"형장은 놀라지 마소서."

하고, 때를 기다려 하관 후 최복衰服[47]을 갖추고 새로이 애통하다가 좌랑과 모친을 모셔 처소에 돌아오니, 백, 조 양 소저 중당에 나와 존고尊姑[48]와 시숙媤叔을 모셔 비로소 예禮하니, 좌랑이 맞아 반기며 길동의 신기함을 탄복하더라.

이러구러 여러 날이 되매 길동이 그 형더러 일러 왈,

"이제 친산親山을 대지에 모셨으니 장상將相이 끊이지 아니할지라 형장은 바삐 고국에 돌아가 존당尊堂[49] 문안을 살피소서. 형장은 야야爺爺 생시에 많이 모셨으니 소제는 야야 영구를 모셔 향화香火[50]를 극진히 하올지라 조금도 염려 마시고, 이후 만날 때 있사오니 바삐 행하여 큰어머님의 기다리심이 없게 하소서."

한대, 좌랑이 그 말을 듣고 그러히 여겨 인하여 친묘親墓에 하직고 오니, 벌써 제장諸將에게 분부하여 행중 범절行中凡節[51]을 준비하였더라. 행한 지 여러 날 만에 본국에 득달하여 모부인께 길동의 전후와 대지 쓴 연유를 고하니 부인이 신기히 여기더라.

각설, 길동이 부친 산소를 제도 땅에 모시고 조석제전朝夕祭奠을 정성으로 지내니 제인이 탄복하더라.

세월이 여류餘流하여 삼상三喪을 마치고 모든 영웅을 모아 무예를 연습하며 농업을 힘쓰니 수년지내에 병정양족兵精糧足한지라.

차시를 당하여 율도국이란 나라 있으니, 지방이 수천 리요, 사면이 막혀 짐짓 금성천리金城千里[52]요, 천부지국天府之國[53]이라. 길동이 매양 그곳을 유의하여 왕위를 앗고자 하

---

44) 매우 많은 것.
45) 산봉우리가 맑고 아름다워.
46) 묏자리를 꾸리고 장식하는 것.
47) 상제가 입는 상복.
48) 시어머니를 높여 이르는 말.
49) 상대방의 부모를 높여 이르는 말.
50) 향불을 피우는 것. 곧 제사 지내는 것.
51) 길 떠날 사람들이 갖추는 절차.
52) 방비가 굳건한 성이 길게 뻗어 있는 것.

더니, 일일은 길동이 제인을 불러 왈,

"내 당초에 사방으로 다닐 제 율도국을 유의하고 이곳에 머물더니 이제 마음이 자연 발하니 운수 열림을 가히 알지라. 그대 등은 나를 위하여 일군一軍을 조발調發하면 족히 대사를 도모하리라."

하고 택일擇日 출사出師하니 이때는 갑자 추구월이라. 대군을 휘동하여 율도국 철봉산鐵峯山 하에 다다르니 철봉 태수 김현충金賢忠이 난데없는 군마를 보고 대경하여 일변 왕에게 보하고, 일군을 거느려 싸울새 길동을 모르고 달려들어 수합이 못 하여 대패하여 본진에 돌아와 견벽불출堅壁不出[54]하거늘, 길동이 제장을 모아 의논 왈,

"우리 이곳에 들어와 양초糧草[55] 부족하니 만일 날이 오래면 대사를 이루지 못하리니 계교를 써 철봉 태수를 잡고 그 양초를 앗아 도성을 치면 어찌 계교가 아니리오. 장수를 사처에 매복하고 마숙馬叔으로 정병 오천을 거느려 여차여차하라."

하니, 마숙이 청령聽令하고 군사를 거느려 나와 싸움을 돋우니, 현충이 뒤를 따르는지라. 길동이 공중을 향하여 진언을 염하니 이윽고 오방신장五方神將[56]이 대군을 거느려 일시에 에워싸니, 동은 청제장군靑帝將軍이요 남은 적제장군赤帝將軍이요 서는 백제장군白帝將軍이요 북은 흑제장군黑帝將軍이요 중앙은 길동이라. 황금 투구에 대도大刀를 들고 짓쳐 들어가니 반 합이 못하여 현충의 탄 말을 질러 엎지르고 대질大叱 왈,

"네 죽기를 아끼거든 빨리 항복하라."

현충이 애걸 왈,

"소장이 이미 잡혔으니 잔명을 살려 주소서."

길동이 항복함을 보고 그 맨 것을 끄르고 위로하며, 인하여 철봉을 지키라 하고 군사를 몰아 도성을 칠새 격서檄書를 써 율도 왕에게 보내니, 하였으되,

의병장 홍길동은 율도 왕께 글월을 보내나니, 대저 인군은 한 사람의 인군이 아니요 천하 사람의 인군이라. 이러므로 탕湯이 벌걸伐桀하시고 무왕武王이 벌주伐紂하시니[57] 천도天道 자연한 일이라. 내 먼저 기병起兵하여 철봉을 항복받고 들어오매, 지나는 바에 망풍귀순望風歸順[58]하니 이제 싸우고자 하거든 싸우고 그렇지 않으면 일찍이 항복하라.

---

53) 백성이 많고 물산이 많은 나라.
54) 성문을 굳게 닫고 나오지 않는 것.
55) 군량과 말꼴.
56) 동서남북과 중앙의 다섯 방위를 맡아보는 신.
57) 중국 고대의 은나라 탕왕이 하나라의 악한 임금 걸왕을 정벌하고, 주나라 무왕이 은나라의 임금 주를 토벌하니.
58) 소문을 듣고 놀라서 싸워 보지도 않고 항복하는 것.

하였더라.
　국왕이 남필覽畢에[59] 대경大驚 왈,
　"아국我國이 전혀 철봉을 믿거늘 이제 철봉을 잃었으니 장차 어찌하리오."
하고 인하여 자결하니, 세자 왕비 또한 자결하는지라.
　길동이 성중에 들어가 백성을 안무按撫하고 우양牛羊을 잡아 제장 군졸諸將軍卒을 호궤犒饋[60]하고 길동이 왕위에 나가니 을축 정월 초구일이라.
　제장을 다 봉작封爵[61]할새 마숙으로 좌승상을 삼고 김지로 우승상을 삼고 그 남은 사람은 다 벼슬을 돋우고 최철로 순무안찰사를 하이어 육 도 삼백구십 주를 순행케 하니, 만조백관이 천세千歲를 부르고 하례하며, 원근 백성이 송덕頌德하더라.
　왕이 인하여 부인 백 씨와 조 씨로 다 왕비를 봉하고, 부친을 추존하여 현덕왕賢德王을 봉하고, 모친을 대비를 봉하고, 백룡과 조철로 부원군을 봉하여 궁실을 사급하고, 부친 능호陵號를 선릉先陵이라 하여 능소陵所에 올라가 제문을 지어 제사할새, 모부인 유 씨로 현덕 왕비를 봉하고 환자宦者[62]와 시신侍臣[63]을 보내어 대비와 왕비를 영접하여 오니라.
　왕이 즉위 삼 년에 국태민안國泰民安하고 사방이 일이 없으니 왕의 덕택이 성탕成湯[64]에 비할러라. 일일은 대연大宴을 배설하고 만조를 모아 즐길새 대비를 모셔 석사昔事를 생각하고 탄식 왈,
　"소자 집에 있을 때에 자객에게 죽었던들 어찌 오늘날 이에 이르리까."
하며 눈물을 흘려 용포를 적시거늘, 대비와 두 왕비 추연愀然하더라.
　왕이 조회를 파하고 백룡을 인견하여 왈,
　"과인이 이제 왕위에 거하니 본디 조선 사람으로 우연히 이리되었으니 과극過極한지라. 조선 성상이 과인을 위하여 정조正租 천 석을 사급하시니 그 덕택이 하해 같은지라 어찌 그 성덕을 잊으리오. 이제 경을 보내어 사례코자 하나니 경은 수고를 아끼지 말고 수천 리 원로에 편안히 다녀옴을 바라노라."
하고, 즉시 표表를 올려 홍문洪門에 전할 서간과 함께 주고 정조 천 석을 배에 실어 관군으로 하여금 운전運轉케 하니, 백룡이 봉명퇴조奉命退朝하여 즉일 발행하니라.
　각설, 상이 길동의 구청求請하는 정조를 주어 보낸 후로 십 년이 가깝되 소식이 없음을 괴히 여기시더니, 일일은 문득 율도 왕 표문이라 하고 올리거늘 상이 놀라시며 떼어 보시

---

59) 다 읽고 나서.
60) 군사들에게 음식물을 많이 주어 위로하는 것.
61) 높은 벼슬을 내리는 것.
62) 내시.
63) 왕을 가까이에서 섬기는 신하.
64) 은나라를 세운 탕왕.

니, 하였으되,

전임 병조 판서 율도 왕 신臣 홍길동은 돈수백배頓首百拜 상언우上言于⁽⁶⁵⁾ 조선 성상 탑하榻下⁽⁶⁶⁾ 하옵나니, 신이 본디 천생으로 마음이 편협하와 성상의 천심天心을 산란케 하오니 이만 불충이 없삽고, 또 신의 아비 천한 자식으로 신병이 되오니 이런 불효 없삽거늘, 전하 이런 죄를 사하시고 벼슬을 더하시며 정조 천 석을 사급하시니 이 천은을 갚을 길이 없사오며, 그사이 사방으로 유리遊離하옵다가 자연 군사를 모아 율도국에 들어가 한번 북 쳐 나라를 얻고 외람히 왕위에 거하니 장차 한이 없사오나, 매양 성상 대덕을 앙모仰慕하와 정조 천 석을 환송하오니, 복망 성상은 신의 외람한 죄를 사하시고 만수무강하소서.

하였더라.
　상이 표문을 보시고 대경 대찬하사 즉시 홍인형을 명초하사 율도 왕의 표문을 뵈시며 희한함을 일컬으시니, 이때 인형의 벼슬이 참판에 거한지라. 마침 길동이 서찰을 보고 놀라던 차에 더욱 황감하여 놀라 복지주伏地奏 왈,
　"신의 아우 길동이 타국에 가서 비록 귀히 되었으나 실로 성상의 대덕이오니 아뢸 말씀 없거니와 신의 망부亡父 산소를 저로 인하여 율도 근처에 썼사오니 복원 전하는 신의 정사를 살피사 일 년 말미를 주시면 다녀올까 하나이다."
　상이 의윤依允하여 인형으로 율도국 위유사慰諭使⁽⁶⁷⁾를 하이시니, 인형이 하직하고 집에 돌아와 모부인께 탑전榻前 설화說話를 고하니 모부인이 가로되,
　"길동의 글월을 보니 나더러 다녀감을 일렀으니 너와 같이 가리라."
하니, 참판이 만류치 못하여 부인을 모시고 삼 삭朔 만에 제도에 이르니, 왕이 먼저 나와 지영祗迎⁽⁶⁸⁾하며 두 왕비 나와 맞으니 위의 거룩하더라.
　이러구러 오래매 모부인 유 씨 홀연 득병하여 백약이 무효하니 부인이 탄 왈,
　"몸이 타국에 와 죽으니 한심하나 너의 부친 산소를 한번 보니 무한이라."
하고 명이 진하니, 인형 형제 예로써 선릉先陵에 합장하고, 수월이 지난 후 인형이 왕더러 왈,
　"우형愚兄⁽⁶⁹⁾이 온 지 누삭累朔이라. 불행하여 모친이 기세棄世하시니 망극함은 형제 일

---

65) 말씀을 올린다는 뜻.
66) 임금의 자리 앞.
67) 왕이 신하를 위로하기 위하여 보내는 사절.
68) 마중.
69) 형이 자기를 겸손하게 이르는 말.

반이라. 오래지 아니하여 본국에 돌아가리니 심히 결연缺然⁷⁰⁾하도다. 현제賢弟는 보중保重하라."
하고 발행하여 여러 날 만에 조선에 득달하여 연유를 상달하온대, 상이 또한 그 모상母喪 당함을 비감히 여기시고 삼 년 후 즉시 입조하라 하시더라.

차시, 율도 왕이 형장을 보낸 후, 모친 대비 득병하여 졸卒하니 왕과 왕비 애통함을 측량치 못할러라. 예로써 선릉에 안장하고 엄연히 삼 년을 지내니 강구康衢⁷¹⁾에 격양가擊壤歌는 요순堯舜에 비할러라.

왕이 삼자三子 이녀二女를 두었으되, 장자의 명名은 현이니 백 씨 소생이요, 차자의 명은 창이요, 삼자의 명은 열이니 조 씨 소생이요, 이녀는 궁인 소생이니 부품모습父稟母襲⁷²⁾하여 다 기남숙녀奇男淑女러라. 장자는 세자를 봉하고 기차其次는 각각 봉군封君하며 이녀는 부마를 간택하니 그 거룩함이 곽 분양郭汾陽⁷³⁾을 비할러라.

왕이 등극 삼십 년에 연기 칠순이라. 일일은 왕이 후원 영락전에 온갖 풍악을 갖추고 노래를 지어 부르니, 하였으되,

　　세상사를 생각하니 풀 끝에 이슬 같도다.
　　백 년을 산다 하나 이 또한 부운浮雲 같도다.
　　귀천이 때 있음이여, 다시 보기 어렵도다.
　　소년이 어제러니 백발 될 줄 어이 알리.

하며 두 왕비와 연락宴樂하더니, 문득 오색구름이 전각을 두르며 일위 노옹老翁이 청려장青黎杖⁷⁴⁾을 짚고 속발관束髮冠⁷⁵⁾을 쓰고 학창의鶴氅衣⁷⁶⁾를 입고 전상에 오르며 왈,
"그대 인간재미 어떠하뇨? 이제 우리 모도이리라."
하더니, 문득 왕과 왕비 간데없는지라. 삼자三子와 모든 시녀가 이를 보고 망극하여 일장통곡하다가, 거짓 관곽을 갖추어 예로써 선릉에 안장하니 능호를 현릉이라 하고, 세자 즉시 대위大位에 오르니 만조 신하 옹위하여 천세를 부르며 각 읍에 자문咨文⁷⁷⁾을 내려 백성

---

70) 섭섭하다는 뜻.
71) 사방으로 두루 통하는 큰 거리.
72) 아버지와 어머니를 닮은 것.
73) 중국 당나라 사람 곽자의郭子儀. 안녹산의 난을 다스렸으며 전쟁에서 진 적이 없다. 분양왕에 봉해지고 장수를 누렸기 때문에 복 많은 사람으로 유명하다.
74) 명아줏대로 만든 지팡이.
75) 상투관.
76) 소매가 넓고 뒤 솔기가 트인 웃옷으로, 흰색에 가장자리를 검은 천으로 넓게 댔다.

을 안무하며 십 년 부세賦稅를 특감特減하니 만성萬城 인민이 덕을 일컫더라.

왕이 친히 제문을 지어 선릉을 치제致祭하고 정사를 어질게 다스리니 조야 송덕하고 연년이 풍년 들매 강구연월康衢煙月[78]에 격양가를 부르더라.

세월이 여류하여 왕이 또한 삼 자를 두었으니 총명이 과인하고 계계승승繼繼承承하여 왕업을 누리니 만고에 희한한 일이더라.

---

77) 공문.
78) 번화한 거리에서 달빛이 연기에 은은하게 비치는 모습을 나타내는 것으로, 태평한 세상의 평화로운 풍경을 이르는 말이다.

전우치전 원문

조선 초에 송경松京 숭인문崇仁門 안에 한 선비 있으니 성은 전田이요 이름은 우치禹治라. 일찍 높은 스승을 좇아 신선의 도를 배우되 본래 재질이 표일飄逸[1]하고 겸하여 정성이 지극하므로, 마침내 오묘한 이치를 통하고 신기한 재주를 얻었으나 소리를 숨기고[2] 자취를 감추어 지내므로 비록 가까이 노는 이도 알 리 없더라.

이때 남방 해변 여러 고을이 여러 해 바다 도적의 노략을 입은 나머지에 엎친 데 덮쳐 무서운 흉년을 만나니, 그곳 백성의 참혹한 형상은 이루 붓으로 그리지 못할지라. 그러나 조정에 벼슬하는 이들은 권세를 다투기에만 눈이 붉고 가슴이 탈 뿐이요 백성의 질고疾苦는 모르는 듯이 버려두니, 뜻있는 이 팔을 뽐내어 통분함이 이를 길 없더니, 우치 또한 참다못하여 그윽이 뜻을 결단하고 집을 버리며 세간을 헤치고 천하로써 집을 삼고 백성으로써 몸을 삼으려 하더라.

하루는 몸을 변하여 선관仙官이 되어, 머리에 쌍봉금관雙鳳金冠을 쓰고 몸에 홍포紅袍를 입고 허리에 백옥대를 띠고 손에 옥홀玉笏[3]을 쥐고 청의동자青衣童子 한 쌍을 데리고 구름을 타고 안개를 멍에하여[4] 바로 대궐 위에 이르러 공중에 머물러 섰으니, 이때는 춘정월 초이일이라. 상上이 문무백관의 진하進賀[5]를 받으시더니 문득 오색 채운이 만천滿天하고 향풍香風이 촉비觸鼻[6]하더니 공중에서 말하여 왈,

"국왕은 옥황玉皇의 칙지勅旨를 받으라."

하거늘, 상이 놀라사 급히 백관을 거느리시고 전殿에 내리사 분향첨망焚香瞻望하니[7] 선관이 오운五雲 중에서 이르되,

---

1) 뛰어나게 훌륭한 것.
2) 소문을 내지 않고.
3) 옥으로 만든 홀. 홀은 벼슬아치들이 임금을 만날 때 관복에 갖추어 손에 쥐는 물건.
4) 안개를 멍에로 삼아. 여기서는 안개를 타고 간다는 뜻.
5) 경사가 있을 때 조정의 모든 관리들이 축하하여 인사하는 것.
6) 코를 찌르는 것.
7) 향을 피우고 바라보니.

"이제 옥제玉帝 천하에 구차한 중衆[8] 죽은 영혼을 위로하실 양으로 태화궁太華宮을 창건하실새 인간 각국에 황금 들보 하나씩을 만들어 올리되, 장長이 오 척이요 광廣은 칠 척이니, 춘삼월 망일望日[9]에 올려 가게 하라."
하고 언흘言訖에[10] 하늘로 올라가거늘, 상이 신기히 여기시며 전에 오르사 문무文武를 모아 의론하실새, 간의태위諫議太尉 주奏 왈[11],
"이제 팔도에 반포하여 금을 모아 천명을 받듦이 옳으리다."
상이 옳이 여기사 팔도에 금을 모아 바치라 하고 공인工人을 불러 일변 금을 불려 장광長廣 척수를 맞추어 지어 내니, 왕공경사王公卿士[12]의 집안에 있는 것은 말도 말고 팔도에 금이 진殄하고 심지어 비녀에 올린 금까지 벗겨 올리니, 상이 기꺼하사 삼일 재계하시고 그날을 기다려 포진鋪陳하고 등대하더니, 진시辰時는 하여 상운祥雲이 궐내에 자욱하고 향취 옹비饔鼻하며 오운 가운데, 선관이 청의동자를 좌우에 세우고 구름에 싸였으니 그 형용이 극히 황홀하더라.
상이 백관을 거느리시고 부복俯伏하신대, 그 선관이 전지傳旨를 내리어 가로되,
"고려 왕이 힘을 다하여 천명을 순종하니 정성이 지극한지라. 고려국이 우순풍조雨順風調하고[13] 국태민안國泰民安하여 복지福地 무량無量하리니 상천上天을 공경하여 덕을 닦고 지내라."
말을 마치매 두 편으로 쌍 동자 학을 타고 내려와 요구腰鉤[14]에 황금 들보를 걸어 올려 채운에 싸여 남 땅으로 행하니 무지개 하늘에 뻗치고 풍우 소리 진동하며 오색 채운이 각각 동서로 흩어지거늘 상과 제신諸臣이 무수히 사례하고 육궁六宮 비빈妃嬪이 땅에 엎디어 감히 우러러보지 못하더라.
상이 어전에 오르사 백관을 조회 받으실새 만세를 부른 후 대연大宴을 배설하여 즐기시더라.
이때 우치 그 들보를 가져다가 이 나라 안에서는 처치하기가 난편難便한지라. 그길로 구름을 멍에하여 서공西貢[15] 지방으로 향하여 먼저 들보 절반을 버혀(베어) 헤쳐 팔아 쌀 십만 석을 사고, 다시 선척船隻을 마련하여 나눠 실어 순풍으로 가져다 십만 빈호貧戶에 알

---

8) 억울하고 가난한 사람들.
9) 보름.
10) 말이 끝난 뒤에.
11) 아뢰기를.
12) 왕과 대신과 벼슬아치와 선비들.
13) 바람 불고 비 오는 것이 알맞춤하고.
14) 허리띠에 차고 다니는 갈고리.
15) 사이공. 오늘날 베트남 남부 지방.

맞추 분급分給하여, 당장 주려 죽음을 건지고 다시 이듬해 농량과 종자를 하게 하니, 백성들은 희출망외喜出望外[16]하여 다만 손들을 마주 잡고 여천대덕如天大德을 칭사稱謝할 뿐이요, 관장官長들도 또한 기가 막히고 어리둥절하여 어찌한 곡절을 몰라 하더라.

우치 이리한 뒤에 한 장 방榜을 써서 동구에 붙였으니, 그 글에 하였으되,

> 이번에 곡식을 나누므로 혹 나를 칭송하나 이는 마땅치 아니한지라. 대개 나라는 백성을 뿌리 삼고 부자는 빈민이 만들어 줌이어늘, 이제 너희들이 양순한 백성과 충실한 인군으로 이렇듯 참혹한 지경에 이르렀건마는, 벼슬한 이가 길을 트지 아니하고 가멸한 이[17]가 힘을 내고자 아니하이 과연 천리天理에 어그러져 신인神人이 공분共憤하는 바이기로, 내 하늘을 대신하여 이러저러한 방법으로 이리저리하였음이니, 너희들은 모름지기 이 뜻을 깨달아 잠시 남에게 맡겼던 것이 돌아온 줄로만 알고 남의 힘을 입은 줄은 알지 말지어다. 더욱 자청하여 심부름한 내가 무슨 공이 있다 하리오. 이리 말하는 나는 처사處士 전우치로다.

하였더라.

이때 이 소문이 나라에 들리매 비로소 전후사연을 알고 인군을 속이고 나라를 소란히 하였으니 그 죄를 사하지 못하리라 하여 널리 그 종적을 수탐搜探하거늘, 우치 더욱 쾌씸히 알고 스스로 써 하되,

"약한 자를 붙들었다 허물함은 굳센 자의 젠체하는 예사라. 내 저의 굳센 것이 얼마밖에 못 됨을 실상으로 알리라."

하고, 계교를 생각하여 들보 한 머리를 버혀 가지고 서울 가 팔려 하니, 보는 사람마다 의심 아니 할 이 없더라. 마침 토포관討捕官[18]이 보고 크게 괴히 여겨 우치더러 문믄 왈,

"이 금이 어데서 났으며 값은 얼마라 하느뇨?"

우치 답 왈,

"이 금이 난 곳이 있거니와 값인즉 얼마나 될지 달아 팔지니, 오백 냥을 주거든 팔려 하노라."

토포관이 우又 문 왈,

"그대 집이 어디뇨? 내 명일에 반드시 돈을 가지고 찾아가리라."

우치 왈,

"내 집은 남선부중이요 성명은 전우치로라."

---

16) 뜻밖에 기쁜 일이 생기는 것.
17) 부자.
18) 도둑을 잡는 일을 맡은 벼슬아치.

토포관이 서로 이별하고 고을에 들어가 태수에게 고하니, 태수 대경大驚 왈,
　　"지금 본국에는 황금이 없거늘 이 반드시 연고 있도다."
하고, 관리를 압령押領하여 발차發差[19]하려 하다가 다시 생각하되,
　　'이는 자세치 못한 일이니 은자銀子 오백 냥을 주고 사다가 진위를 알리라.'
하고 은자 오백 냥을 주며 사서 오라 하니, 토포관이 이吏[20]를 데리고 남선부로 찾아가니, 우치 맞아 예필禮畢에[21], 토포관 왈,
　　"금을 사러 왔노라."
한대, 우치 응낙하고 오백 냥을 받은 후 금을 내어 주니, 토포관이 받아 가지고 돌아와 태수께 드리니, 태수 보고 대경 왈,
　　"이 금이 들보 머리 버힌 것이 분명하니 필경 우치로다."
하고, 일변,
　　"이놈을 잡아 진위를 안 연후에 장계狀啓함이 늦지 않다."
하고, 즉시 십여 명을 분부하여 빨리 잡아 오라 하니, 관리 청령聽令하고 바삐 남선부에 가 우치를 잡아내니, 우치 좋은 음식을 내어 관리를 대접하여 왈,
　　"그대들이 수고로이 오도다. 나는 죄 없으매 결단코 가지 아니하리니 그대 등은 돌아가 태수에게 고하기를, '우치는 잡혀 오지 아니하고 왈 태수의 힘으로는 못 잡으리니 나라에 고하여 군명君命이 있은 후에야 잡혀가리라.' 하라."
하며 조금도 요동치 아니하니, 관리 하릴없어 돌아가 태수께 이대로 고하니라.
　　태수 이 말을 듣고 대경하여 즉시 토병土兵 오백을 점고點考[22]하여 남선부에 가 우치의 집을 에워싸고, 일변 이 뜻으로 나라에 장계하니, 상이 대경 대로하사 백관을 모아 의론을 정하시고, 포청으로 나래拿來[23]하라 하시고 친국親鞫하실 기구를 차리시고 잡아 오기를 기다리더라.
　　이때 금부 나졸이 군명을 받자와 남선부에 가 우치의 집을 에워싸고 잡으려 하니, 우치 냉소 왈,
　　"너희 백만 군이 와도 내 잡혀가지 아니하리니 너희 마음대로 나를 철삭鐵索으로 단단히 얽어 가라."
하거늘, 모든 나졸이 일시에 달아들어 철삭으로 동여매고 전후좌우로 옹위하여 갈새, 우치 또 외쳐 왈,

---

19) 죄인을 잡기 위하여 사람을 파견하는 것.
20) 구실아치.
21) 인사를 마치고 나서.
22) 명부에 일일이 점을 찍어 가면서 사람의 수효를 조사하는 것. 여기서는 사람을 골랐다는 뜻.
23) 죄인을 잡아 오는 것.

"나를 잡아가지 않고 무엇을 매어 가는다?"

토포관이 대경하여 보니 한낱 잣나무를 매었거늘 좌우 나졸이 기가 막혀 아무 말을 못하더니, 우치 왈,

"너희 나를 잡아가고자 하거든 한낱 병을 주리니 그 병을 잡아가라."

하고 병 하나를 내어 땅에 놓거늘, 여러 나졸이 달아들어 잡으려 하니, 우치 그 병으로 들어가거늘 나졸이 병을 잡아 드니 무겁기가 천 근 같고, 병 속에서 이르되,

"내 이제는 잡혔으니 올라가리라."

하는지라, 나졸이 또 잃을까 겁하여 병 부리를 단단히 막아 짊어지고 와 바치니, 상이 가라사대,

"우치 요술을 한들 어찌 능히 병 속에 들었으리오?"

하시더니, 문득 병 속으로 소리하여 왈,

"답답하니 병마개를 빼어 달라."

하거늘, 상이 그제야 병 속에 든 줄 아시고 제신諸臣더러 처치함을 물으시니, 제신이 주 왈,

"그놈이 요술이 능하오니 가마에 기름을 끓이고 병을 넣게 하소서."

상이 옳이 여기사 기름을 끓이라 하시고 병을 잡아넣으나, 병 속에서 외쳐 왈,

"신의 집이 빈한하여 추위 견딜 수 없사옵더니 천은天恩이 망극하사 떨던 몸을 녹여 주시니 황감하여이다."

하거늘, 상이 진노하사 그 병을 깨쳐 여러 조각이 나되 아무것도 없고 병 조각이 뛰어 어전에 나아가 주奏 왈,

"신이 전우치어니와 원컨대 군신君臣 간 신의 죄를 다스릴 정신으로 백성이나 편안케 함이 옳을까 하나이다."

하고 조각마다 한결같이 하거늘, 상이 더욱 진노하사 도부수刀斧手[24]로 하여금 병 조각을 빻아 가루를 만들어 다시 기름에 끓이라 하시고, 전우치의 집을 불 지르고 그 터에 연못을 만드시고 제신으로 우치 잡기를 의논하실새, 제신이 주 왈,

"요적妖賊 전우치를 위엄으로 잡을 수 없사오니 마땅히 사대문에 방을 붙여 우치 자현自現[25]하면 죄를 사하고 벼슬을 주리라 하여, 만일 자현하거든 죽여 후환을 없이함이 가할까 하나이다."

상이 좇아서 즉시 사대문에 방을 붙이니, 그 방에 왈,

전우치 비록 나라에 득죄得罪하였으나 그 재주가 능하고 도법이 높되 알리지 못함은 유사有司[26]의 책망이요, 짐이 불명하므로 이 같은 영걸英傑을 죽이고자 하였으니 어찌

---

24) 칼과 도끼를 든 병졸.
25) 자수.

차탄嗟歎치 않으리오. 이제 짐이 전사前事를 뉘우쳐 특별히 우치에게 벼슬을 주어 국정을 다스리고 백성을 편안코자 하나니 전우치는 자현하라.

하였더라.
    이때 전우치 구름을 타고 사처로 다니며 더욱 어진 일을 행하더니, 한 곳에 이르러 보니 백발 노옹老翁이 슬피 울거늘, 우치 구름에 내려 그 우는 연고를 물으니 그 노옹이 울음을 그치고 답 왈,
    "내 나이 칠십삼 세에 다만 한낱 자식이 있더니 애매한 일로 살인 죄수로 잡혀 죽게 되었으므로 서러워 우노라."
    우치 왈,
    "무슨 애매한 일이 있느뇨?"
    노옹 왈,
    "왕가라 하는 사람이 있는데 자식이 친하여 다니더니, 그 계집의 인물이 아름다우나 음란하여 조가라 하는 사람을 통간하여 다니다가 왕가에게 들켜 양인이 싸워 낭자히 구타하더니, 자식이 마침 갔다가 그 거동을 보고 말려 조가를 제집으로 보낸 후 돌아왔더니, 왕가 인하여 죽으매 그 외사촌이 있어 고장告狀[27]하여 취옥就獄하매, 조가는 형조 판서 양문덕의 문객門客이라 알음 있어 빠져나오고, 내 자식은 살인 정범으로 문서를 만들어 옥중에 가두니, 이러하므로 서러워 우노라."
    우치 이 말을 듣고 왈,
    "여차할진대 조가가 원범原犯이라."
하고 또 문 왈,
    "양문덕의 집이 어디뇨?"
    노옹이 자세히 가르치거늘, 우치 노인을 이별하고 몸을 흔들어 변하여 일진청풍一陣淸風이 되어 그 집에 이르니, 차시此時 양문덕이 홀로 당상堂上에 앉았거늘, 우치 동정을 보더니 양문덕이 거울을 대하여 얼굴을 보거늘, 우치 변하여 왕가가 되어 면경 앞에 앉았거늘 양문덕이 괴히 여겨 거울을 살펴보니 아무것도 없는지라. 생각 왈,
    '요얼妖孼[28]이 백주白晝에 나를 희롱하는가.'
하고 다시 거울을 살펴보니 아까 앉았던 사람이 그저 서서 왈,
    "나는 이번 조가에게 맞아 죽은 왕생이러니, 원혼이 되어 원수 갚기를 바랐더니, 상공이 그릇 이가를 가두고 조가를 놓으니 이 일이 애매한지라. 지금으로 조가를 가두고 이가를

26) 벼슬하는 이.
27) 고발.
28) 요사스러운 귀신의 재앙 또는 재앙의 징조.

방송放送하라. 불연즉 명부冥府²⁹⁾에 가 송사하리라."
하고 홀연 간데없거늘, 양문덕이 대경하여 즉시 조가를 올려 매고 엄문하니 조가가 애매타 하고 발명할 제, 문득 왕가가 고성高聲 질叱 왈,

"이 몹쓸 놈 조가야. 어찌 내 처를 겁탈하고 또 나를 쳐 죽이니 어찌 구천九泉의 원혼이 없으리오. 만일 너를 죽여 원수를 갚지 못하면 명부에 송사하여 너와 양문덕을 잡아다가 지옥에 가두고 나지 못하게 하리라."

하고 인하여 소리 없는지라. 조가 머리를 들지 못하고 양문덕이 놀라 아무리할 줄 모르다가 이윽고 정신을 진정하여 조가를 엄문하니, 조가 능히 견디지 못하여 개개복초箇箇服招³⁰⁾하 거늘, 인하여 이가를 놓고 조가를 엄수嚴囚하고, 즉시 조정에 상달하여 조가를 복법伏法³¹⁾ 하니, 이때 이가가 집에 돌아가 아비를 보고 왕가의 혼이 와서 여차여차하여 놓임을 말하 니 노옹이 기쁨을 이기지 못하여 하더라.

이때 우치 이가를 구하여 보내고 얼마쯤 가다가 홀연 보니, 저잣거리에 사람들이 돼지 머리 다섯을 가지고 다투거늘, 우치 구름에 내려 그 연고를 물은대, 한 사람이 이르되,

"저도 쓸데 있어 사 가더니 이 관리 놈이 앗아 가려 하기로 다투노라."

하거늘, 우치 관리를 속이려 하여 진언眞言을 염송하니³²⁾ 그 저두猪頭가 입을 벌리고 달아 들어 관리의 등을 물려 하거늘, 관리와 구경하던 사람이 일시에 헤어져 달아나는지라.

우치 또 한 곳에 이르니 풍악이 낭자하고 가성歌聲이 요란하거늘 즉시 여러 사람 좌중에 들어가 예하고 왈,

"소생은 지나가던 객이러니 제형諸兄이 모여 즐기실새 감히 들어와 말석에서 구경코자 하나이다."

제인諸人이 답례 후 서로 성명을 통하고 앉으매, 우치 눈을 들어 보니 여러 좌객座客 중 에 운생과 설생이란 자 거만하여 우치를 보고 냉소하며 제생諸生으로 더불어 수작하거늘, 우치 괘씸함을 이기지 못할러니, 이윽고 주반酒盤이 나오는지라. 우치 왈,

"제형의 사랑하심을 입어 진수성찬을 맛보니 만행萬幸이로소이다."

설생이 소笑 왈,

"우리 비록 빈한하나 명기名妓와 진찬珍饌이 많으니 전 공은 처음 본 듯하리로다."

우치 소 왈,

"그러하나 없는 것이 많도다."

설생 왈,

---

29) 염라대왕이 있는 저승.
30) 문초하는 대로 낱낱이 실토하는 것.
31) 형벌을 적용하여 죽이는 것.
32) 주문을 외우니.

"팔진성찬八珍盛饌에 빠진 것이 없거늘 무엇이 미비타 하느뇨?"
우치 왈,
"우선 선득선득한 수박도 없고 시금달금한 포도도 없고 시금시금한 승도僧桃[33]도 없어 빠진 것이 무수하거늘 어찌 다 있다 하느뇨?"
제생이 박장대소 왈,
"이때가 계춘季春이라 어이 이런 실과 있으리오?"
우치 왈,
"내 오다가 본즉 한 곳에 나무 하나 있는데 각색 과실이 열리지 아니한 것이 없더라."
운, 설 양인 왈,
"연즉 형이 이제 능히 따 올쏘냐?"
우치 왈,
"만일 따 올진대 어찌하려느뇨?"
양인이 가로되,
"형이 만일 따 오면 아등我等이 납두편배納頭遍拜[34]하고 만일 따 오지 못하면 형이 만좌 중 볼기 세 개를 맞으리라."
우치 왈,
"낙諾다[35]."
하고, 즉시 한 동산에 가니 도화桃花 만발하여 금수장錦繡帳을 드리운 듯하거늘, 우치 두루 완상하다가 꽃 한 떨기를 훑어 진언을 염하니 개개箇箇가 변하여 각색 실과 되거늘, 인하여 놓고 돌아와 좌상에 던지니 향기 촉비觸鼻하며 승도, 포도, 수박이 낱낱이 헤어지거늘, 제생이 일변 놀라며 일변 기꺼하여 저마다 다투어 집어 구경하며 칭찬 왈,
"전 형의 재주는 보던 바 처음이라."
하고 창기를 명하여 술을 가득 부어 권하거늘, 우치 술을 받아 들고 운, 설 양인을 돌아보며 웃어 왈,
"이제도 사람을 업수이여길쏘냐? 그러하나 형 등이 이미 사람을 경모輕侮[36]한 죄로 천벌을 입었을지라 내 또한 말함이 불가하다."
하거늘, 운, 설 양인이 입으로는 비록 손사遜辭[37]하는 체하나 속으로는 종시 믿지 아니하더니, 운생이 마침 소피하려고 옷을 끄르고 본즉 하문下門이 편편하여 아무것도 없거늘,

---

33) 잘고 털이 없는 복숭아.
34) 굴복하여 모두 절하는 것.
35) 그리하마.
36) 업신여겨 모욕하는 것.
37) 겸손하게 말하는 것.

대경하여 왈,

"이 어이한 연고로 졸지에 하문이 떨어졌는고?"

하며 어찌할 줄 모르거늘, 모두 놀라 본즉 과연 민숭민숭한지라, 대경 왈,

"연즉 소변을 어디로 보리오?"

할 즈음에 설생이 또한 자기의 하문을 만져 보니 역시 그러한지라. 양인이 경완驚悗[38]하여 서로 의논 왈,

"전 형이 아까 아등을 기롱하더니 이러한 변고가 났도다. 이를 장차 어찌하리오."

할 즈음 창기 중 제일 고운 계집의 소문小門이 간데없고 문득 배 위에 궁기(구멍이) 났거늘 망극하여 아무리할 줄 모르더라.

그중에 오생이란 자가 총명이 비상하여 지감知鑑이 있더니 문득 깨달아 우치에게 빌어 왈,

"아등이 눈이 있으나 망울이 없어 선생께 득죄하였사오니 바라건대 용서하소서."

우치 웃고 진언을 염하더니 문득 하늘로서 실 한끝이 내려와 땅에 드리거늘, 우치 대호大呼 왈,

"청의동자 어디 있느뇨?"

말이 맟지(마치지) 못하여 일쌍一雙 동자 표연히 내려오는지라. 우치 분부 왈,

"네 이 실을 타고 하늘에 올라가 반도蟠桃[39] 열 개를 따 오라. 불연즉 죄를 당하리라."

우치 말을 마치매 동자 수명受命하고 줄을 타고 공중에 오르니, 제인이 신기히 여겨 하늘을 우러러보고, 동자 나는 듯이 올라가더니, 이윽고 도엽桃葉이 분분히 떨어지며 사발만 한 붉은 천도 열 개 내려오되 상치 아니하였거늘, 제생이 일시에 달아들어 주워 가지고 서로 사랑하는지라. 우치 제생을 나누어 주고 왈,

"제형과 창기 등이 아까 얻은 병이 이 선과仙果를 먹으면 쾌히 나으리라."

한대, 제생과 창기 등이 하나씩 먹은 후 저마다 만져 보니 여전한지라, 모두 사례 왈,

"천선天仙이 하강하심을 모르고 아등이 무례하여 하마 병신이 될 뻔하였다."

하며 지극히 공경하니, 우치 가장 존중한 체하다가 구름에 올라 동으로 가다가, 또 한 곳에 이르러 보니 두어 사람이 서로 이르되,

"차인此人이 어진 일을 많이 하더니 필경 이 지경에 이르니 참 불쌍하도다."

하고 눈물을 내리거늘, 우치 구름에 내려 양인兩人을 향하여 문 왈,

"그대는 무슨 비창한 일이 있어 저리 슬퍼하느뇨?"

양인이 왈,

"이곳 호조戶曹 고지기 장세창이라 하는 사람이 효성이 지극하고 심히 어질어 빈곤한 사

---

38) 놀라서 한탄하는 것.
39) 삼천 년에 한 번씩 열매를 맺는다는 불로장생의 복숭아.

람도 많이 구제하더니 호조 문서를 그릇하여 쓰지 아니한 은자 이천 냥 무면無麪지매[40] 법관이 사형에 처하여 오시午時에 행형行刑하겠기로 자연 비창함을 금치 못하노라."

우치 말을 듣고 잠깐 눈을 들어 본즉 과연 한 소년을 수레에 싣고 행형차로 나아가고 그 뒤에 젊은 계집이 따라 나오며 우는지라. 우치 문 왈,

"저 여인은 뉘뇨?"

답 왈,

"죄인의 부인이라."

하더니, 이윽고 옥졸이 죄인을 수레에 내려 제구諸具를 차리며 시각을 기다리거늘, 우치 즉시 몸을 흔들어 일진청풍이 되어 장세창과 여자를 거두어 가지고 하늘로 올라가거늘, 중인衆人이 일시에 말하되,

"하늘이 어진 사람을 구하시는도다."

하고 기꺼하더라.

이때 형관刑官이 대경하여 급히 이 연유를 상달하니, 상과 백관이 다 놀라시고 의심하시더라.

차설且說[41], 우치 집으로 돌아와 본즉 양인의 기식氣息이 엄엄奄奄하거늘[42] 급히 약을 흘려 넣은대 이윽고 깨어나 정신이 황홀하여 진정치 못하는지라. 우치 전후수말을 이르니 장세창 부부 고두사례叩頭謝禮 왈,

"대인의 은혜 태산 같으니 차생此生에 어찌 다 갚으리까."

우치 손사하고 집에 두니라.

일일一日은 우치 한가함을 타 명승지지名勝之地를 두루 구경타가, 한 곳에 이르러는 사람의 슬피 우는 소리 들리거늘, 나아가 우는 연고를 물으니 기인其人이 공손 대 왈,

"나의 성명은 한자경이러니 부친의 상사를 당하여 장사 지낼 길이 없고 또한 겸하여 일한日寒이 여차하온데 칠십 모친을 봉양할 도리 없어 우노라."

우치 가장 불쌍히 여겨 소매로서 한 족자를 내어 주며 왈,

"이 족자를 집에 걸고 고직아 부르면 대답할 것이니 은자 백 냥만 내라 하면 그 족자 소리를 응하여 즉시 줄 것이니 이로써 장사 지내고 그 후부터는 매일 한 냥씩만 들이라 하여 자친慈親을 봉양하라. 만일 더 달라 하면 큰 화 있으리니 욕심내지 말고 부디 조심하라."

기인이 믿지 아니하나 받은 후 사례 왈,

"대인의 존성을 알아지이다."

---

40) 돈이 축나니.
41) 한편. 옛 소설에서 이야기의 한 대목을 끝내고 다른 대목으로 넘어갈 때 쓰는 말.
42) 숨결이 낮아지며 장차 숨이 끊어지려 하거늘.

하거늘, 우치 왈,

"나는 남선부 사람 전우치로다."

기인이 백배사례百拜謝禮하고 집에 돌아와 족자를 걸고 보니 아무것도 없이 큰 집 하나를 그리고 집 속에 열쇠 가진 동자를 그렸거늘, 시험하여 보리라 하고,

"고직아."

부르니, 그 동자 대답하고 나오는지라. 가장 신기히 여겨 은자 일백 냥을 들이라 하니, 말이 맞지 못하여 동자가 은자 일백 냥을 앞에 놓거늘, 한자경이 대경 대회하여 그 은을 팔아 부친의 장사를 지내고, 매일 은자 한 냥씩 들이라 하여 일용日用에 쓰니 가산이 풍족하여 노모를 봉양하며 은혜를 잊지 못하더라.

일일은 쓸 곳이 있어 헤오되(헤아리되),

'은자 일백 냥을 다가쓰면(당겨쓰면) 관계있으랴.'

하고 고직을 부르니 동자 대답하거늘, 자경 왈,

"내 마침 은을 쓸 곳이 있나니 은자 일백 냥만 먼저 쓰게 함이 어떠하뇨?"

고지기 듣지 아니하는지라 재삼 간청하니 고지기 문을 열거늘, 따라 들어가 은자 백 냥을 가지고 나오려 하니 벌써 문이 잠겼는지라. 대경하여 고직을 부르니 대답이 없는지라 대로하여 문을 박차더니, 이때 호조 판서 마을에 좌기坐起할새 고지기 고告 왈,

"돈 넣은 곳에서 사람의 소리 나니 가장 기이하더이다."

호판이 의심하여 추종을 모으고 문을 열고 보니, 한 사람이 은을 가지고 섰거늘, 고지기 등이 대경하여 급히 문 왈,

"너는 어떤 놈이완데 감히 이곳에 들어와 은을 도적하여 가려 하는다?"

한자경이 대로 왈,

"너희는 어떤 놈이완데 남의 내실內室에 들어와 무례히 구는다?"

바삐 나가라 재촉하니 고지기 미친놈으로 알고 잡아다가 고하니, 호관이 분부하되,

"이 도적놈을 꿇리라."

하고 치죄治罪할새, 한자경이 그제야 정신을 차려 자세히 보니 제집이 아니요 호조어늘, 대경 왈,

"내 어찌하여 이곳을 왔던고? 이 아니 꿈인가?"

하더니, 호판이 문 왈,

"너는 어떠한 놈이완데 감히 어고御庫에 들어와 도적질하니 죽기를 면치 못할지라. 네 동류同類를 자세히 아뢰라."

한자경 왈,

"소인이 집에 걸린 족자 속에 들어가 은을 가지고 나오려 하더니 이런 변을 당하오니 소인도 생각지 못하리로소이다."

호판이 의혹하여 족자 출처를 물으니 자경 전후수말을 고한내, 호판이 대경 문 왈,

"네 어느 때에 전우치를 본다?"

대 왈,

"본 지 오 삭朔이나 되었나이다."

호관이 한가를 엄수嚴囚하고 각 고庫를 조사할새 은 궤를 열어 본즉 은은 없고 청개구리 가득하고, 또 돈 고를 연즉 돈은 없고 누른 배암이 가득하거늘, 호관이 이를 보고 대경하여 이 연유를 상달하니, 상이 대경하사 제신을 모아 의논하시더니, 각 창고 관원이 아뢰되,

"창고의 쌀이 변하여 버러지뿐이요, 쌀은 한 섬도 없나이다."

또 각 영 장신將臣이 보報하되,

"고의 군기軍器가 변하여 나무가 되었나이다."

또 궁녀 보하되,

"내전에 범이 들어와 궁인을 해하나이다."

하거늘, 상이 대경하사 급히 궁노수弓弩手를 발하여 내전에 들어가 보니 궁녀마다 범 하나씩 탔는지라 궁노를 발치 못하고 이 연유를 상주하니, 더욱 대경하사 궁녀 암질러(아울러) 쏘라 하시니 궁노수 하교를 듣고 일시에 쏘니, 흑운이 일며 범 탄 궁녀 구름에 싸여 하늘로 올라 호호탕탕浩浩蕩蕩[43]히 헤어지는지라. 상이 차경此景을 보시고 왈,

"이는 다 우치의 술법이니 이놈을 잡아야 국가 태평하리라."

하시고 차탄하시더니, 호관이 주奏 왈,

"어고에 은 도적을 수엄囚嚴하였삽더니 이놈이 우치의 당류라 하오니 죽이사이다."

상이 윤허하시매, 이 한가를 행형할새 문득 광풍이 대작大作하며 한자경이 간데없으니, 이는 전우치의 구함이라. 행형관이 이대로 상달하니라.

차시에 우치 자경을 구하여 제집으로 보내며 왈,

"내 그대더러 무엇이라 당부하더뇨? 그대를 불쌍히 여겨 그 그림을 주었거늘 그대 내 말을 듣지 아니하고 하마 죽을 뻔하였으니 이제 누굴 원하며 누굴 한하리오."

하고 제집으로 보내니라.

우치 두루 돌아다녀 한 곳에 이르러 보니 사문에 방을 붙였거늘 내심에 냉소하고 궐문에 나아가 크게 외쳐 왈,

"전우치 자현하나이다."

정원政院[44]에서 연유를 상달한대, 상이 가라사대,

"이놈의 죄를 사하고 벼슬을 시켰다가 만일 작란作亂함이 또 있거든 죽이리라."

하시고, 즉시 입시하라 하시니, 우치 들어와 복지사은伏地謝恩한대, 상이 가라사대,

"네 죄를 아는다?"

우치 복지사례 왈,

---

43) 넓고 넓어서 끝이 없는 것.
44) 승정원. 왕의 명령을 내보내고 그 집행 여부를 보고하는 일을 맡아보는 관아.

"신의 죄 만사무석萬死無惜이로소이다."
상 왈,
"내 네 재주를 보니 과연 신기한지라 중죄를 사하고 벼슬을 주노니 너는 진충보국盡忠報國하라."
하시고 선전관에 동지관 겸 사복 내승[45]을 하이시니, 우치 사은숙배謝恩肅拜하고 하처下處[46]를 정하고 궐내에 입직할새 행수선전관이 조사朝仕[47] 보채기를 심히 괴롭게 하는지라. 우치 갚으려 하더니 일일은 선전이 퇴질[48]을 차례로 할새 우치 조사 차례를 당하매 가만히 망두석[49]을 빼어다가 퇴를 마치니 선전들이 손바닥이 마치어(결리어) 아파 능히 치지 못하고 그치더라.
이러구러 수삭數朔이 되매 선전들이 모두 하인을 꾸짖어 허참許參[50]을 재촉하라 하니, 하인들이 연유를 보한대, 우치 왈,
"나는 거居를 옮겼기 더 민망하니 명일 백사장으로 제진齊進[51]하게 하라."
서원이 품하되,
"자고로 허참을 적게 하려도 수백 금이 드오니 사오 일을 숙설熟設[52]하와야 치르리다."
우치 왈,
"내 벌써 준비함이 있으니 너는 잔말 말고 개문開門 입시하여 하인 등을 대령하라."
서원과 하인이 물러 나와 서로 의논 왈,
"우치 비록 능하나 이 일새에는 및지 못하리라."
하고 각처에 지휘하여 명일 평명平明[53]에 백사장으로 제진하게 하니라.
이튿날 모든 하인이 백사장에 모이니 구름차일은 반공半空에 솟아 있고 포진과 수석금병수석금병繡席錦屛[54]이 눈에 휘황찬란하며 풍악이 진천震天하여 수십 칸 뜸집을 짓고 일등 숙수熟手[55] 이십 명이 앞에 안반을 놓고 음식을 장만하니 그 풍비豐備함은 금세에 없을러라.

45) 궁에서 쓰는 말과 수레 들을 맡아보는 사복시의 관리.
46) 거처하는 곳.
47) 아랫사람들이 아침마다 우두머리 벼슬아치 앞에 모이는 것.
48) 방망이질.
49) 무덤 앞에 세우는 한 쌍 돌기둥.
50) 새로 부임한 벼슬아치가 전부터 있는 벼슬아치들에게 음식을 대접하는 일.
51) 여럿이 한꺼번에 나아감.
52) 음식을 만드는 것.
53) 아침 해가 뜰 때.
54) 수놓은 자리와 비단 병풍.
55) 음식 만드는 사람.

날이 밝으매 선전관 사오 인이 일시에 준총駿驄[56]을 타고 나오니 포진이 극히 화려한지라, 차례로 좌정하매, 오음육률五音六律을 갖추어 풍악을 질주迭奏하니 맑은 소리 반공에 어렸더라.

각각 상을 드리고 잔을 날려 술이 반감半酣에 우치 고 왈,

"조사曹司[57] 일찍 호협 방탕하여 주사청루를 다녀 아는 창기 많으니, 오늘 놀이에 계집이 없어 가장 무미無味하니 조사 나아가 계집을 데려오리다."

차시에 제인이 모두 반취하였는지라 저마다 기꺼 왈,

"전 조사가 이렇듯 호기 있는 줄 몰랐더니 오늘 보건대 가히 오입쟁이로다."

우치 하인을 데리고 나는 듯이 남문으로 들어가더니 오래지 아니하여 무수한 계집을 데려다가 장 밖에 두고 큰상을 물리고 또 상을 드리니 수륙진찬水陸珍饌이 성비盛備하며 풍악이 진천한 중 우치 고 왈,

"이제 계집을 데려왔으니 각각 하나씩 수청하여 흥을 돋움이 가하니이다."

한대, 제인이 가장 기꺼하니 우치 한 계집을 불러 먼저 행수 앞에 앉히고 왈,

"너는 떠나지 말고 수청을 잘하라."

하고 차례로 하나씩 불러 앉히는데, 제인이 각각 계집을 앉히고 보니 다 제인의 안해러라. 놀랍고 분하나 서로 알까 저어하며 아무 말도 못 하고 대로하여 모두 상을 물리고 각기 말을 타고 집으로 돌아와 보니, 노복이 혹 발상發喪하고 통곡하며 집안이 소요함도 있어, 경괴驚怪하여 문 왈,

"부인이 어느 때에 기세棄世하셨느뇨?"

시비侍婢 대 왈, 오래지 아니하다 하거늘 제인이 경아驚訝하여, 그중 김 선전이란 자는 집에 돌아오니 노복이 발상하고 울거늘 묻고자 하더니 모든 노복이 주인을 반겨 왈,

"부인이 의복을 마르시더니 관격關格[58]되어 기세하였더니 지금 회생하였나이다."

하거늘, 김 선전이 대로 왈,

"내 아까 보니 백사장 놀음에 참여하러 왔기로 내 분하여 빨리 돌아옴이어늘 어찌 나를 속이려 하는다?"

하고 분기를 참지 못하여 왈,

"이 몹쓸 처자가 양가 문호良家門戶를 돌아보지 않고 이런 해참駭慚[59]한 일을 하되 전혀 몰랐으니 어찌 통탄치 아니하리오."

하며 분기등등하여 죽어 모르려 하다가 진위를 알려 하여 들어가 본즉, 부인이 과연 죽었

---

56) 잘 뛰는 뛰어난 말.
57) 말단 관리. 여기서는 전우치 자신을 말한다.
58) 체해서 먹지도 못하고 대소변도 못 보고 정신을 잃는 위급한 병.
59) 아주 놀랍고 부끄러운 일.

다가 깨었거늘, 부인이 일어나 비로소 김 선전을 보고 왈,

"내 한 꿈을 꾸니 한 곳에 간즉 대연을 배설하고 모든 선전관이 열좌列坐하고 나 같은 노소 부인이 모였는데, 한 사람이 가로되 기생을 데려왔다 하니 하나씩 앞에 앉혀 수청케 하는데, 나는 가군家君의 앞에 앉히기로 묵연히 앉았더니 좌중 제객이 다 불호不好하여 노색을 띠었더니 가군이 먼저 일어나며 제인이 또 각각 흩어지는 바람에 내 꿈을 깨었노라."

하거늘, 김 선전이 부인의 말을 듣고 할 말이 없는 중 가장 의혹하여 익일에 동관同官으로 더불어 즉일 백사장 놀음의 창기 말과 각각 부인의 혼절하던 일을 전하여 왈,

"이는 반드시 전우치의 요술이 우리 등에게 욕보임이라."

하더라.

차시 함경도 가달산에 한 도적이 있어 재물을 노략하며 인민을 살해하매, 본 읍 원이 관군을 발하여 잡으려 하되 능히 잡지 못하고 나라에 장계한대, 상이 크게 근심하사 조정에 전지하사 파적지계破敵之計를 의논하라 하시니, 우치 주 왈,

"도적의 형세 심히 크다 하오니 신이 홀로 나아가 적세賊勢를 보온 후 잡을 묘책을 정하리다."

상이 대희하사 어주御酒를 주시며 인검印劍[60]을 주사 왈,

"적세 호대浩大하거든 이 칼로 사졸을 호령하라."

하시니, 우치 사은하고 물러 나와 즉시 말에 올라 장졸을 거느리고 여러 날 만에 가달산 근처에 다다라 보니, 큰 산이 하늘에 닿은 듯하고 수목이 총잡叢雜하여 기암괴석이 중중하니 가장 험악한지라. 우치 군사를 산하山下에 머물리고 스스로 하사하신 인검을 가지고 몸을 흔들어 변하여 솔개 되어 가달산을 바라고 가니라.

원래 가달산 중 수천 명 적당 중에 한 괴수 있으니, 성은 엄이요 명은 준이라. 용맹이 절륜絶倫하고 무예 출중하더라. 이때 우치 공중에서 두루 살피더니 엄준이 엄연히 홍일산紅日傘을 받고 천리백총마를 타고 채의홍상彩衣紅裳한 시녀를 좌우에 벌이니 종자從者 백여 인을 거느리고 바야흐로 사냥을 하거늘, 우치 자세히 살펴보니 기골이 장대하고 신장이 팔 척이요 낯빛이 붉고 눈이 방울 같으며 수염은 비늘을 묶어 세운 듯하니 곧 일대 걸물이러라.

엄준이 추종들을 거느리고 이 골 저 골로 한바탕 사냥하다가 분부하되,

"오늘은 각처 갔던 장수들이 다 올 것이니 마땅히 소 열 필만 잡고 잔치하라."

하는 소리 쇠북을 울림 같더라.

차시 우치 일계一計를 생각하고 나뭇잎을 훑어 신병을 만들어 창검을 들리고 기치를 벌여 진을 이루고 머리에 쌍통구雙筒兜를 쓰고 몸에 황금 쇄자갑鎖子甲에 항라 전포戰袍[61]

---

60) 군사 지휘권을 상징하는 칼.
61) 항라는 명주, 모시, 무명실 따위로 구멍이 송송 나게 짠 옷감, 전포는 장수의 옷옷.

를 겹쳐 입고 천리오추말을 타고 손에 청사양인도靑蛇兩刃刀를 들고 짓쳐 들어가니 성문을 굳게 닫거늘, 우치 문 열리는 진언을 염하니 문이 절로 열리는지라. 들어가며 좌우를 살펴보니 장려한 집이 두루 벌였고 사처 창고에 미곡이 가득하며, 차차 전진하여 한 곳에 이르니 전각이 굉장하여 주란화동朱欄畫棟[62]이 반공에 솟았거늘, 우치 이윽히 보다가 몸을 변하여 솔개 되어 날아 들어가 보니, 으뜸 도적이 황금 교자에 높이 앉고 좌우에 제장諸將을 차례로 앉히고 크게 잔치하며 그 뒤에 대청이 있으니 미녀 수백 인이 열좌列坐하여 상을 받았거늘, 우치 하는 양을 보려 하고 진언을 염하니 무수한 수리 내려와 모든 장수의 상을 거두쳐(걷어치워) 가지고 중천에 높이 떠오르며 광풍이 대작하여 눈을 뜨지 못하고, 그러한 운문 차일과 수놓은 병풍이 무너져 공중으로 날아가니, 엄준이 정신을 진정치 못하여 뜰아래 나뭇등걸을 붙들고 모든 군사 차반茶盤을 들고 표풍漂風하여 구르더라.

우치 한바탕 속이고 이에 바람을 거두며 앗아 온 음식을 가지고 산하에 내려와 장졸을 나누어 먹이고 그곳에서 자니라.

이때 바람이 그치매 엄준과 제장이 비로소 정신을 차려서 보니 그 많은 음식이 하나도 없거늘 엄준이 가장 괴이히 여기더라.

익일 평명平明에 우치 다시 산중에 들어가 갑주甲冑[63]를 갖추고 문전에 이르러 대호 왈,
"반적叛賊은 바삐 나와 내 칼을 받으라."
하니, 수문守門한 군사 급히 보한대, 엄준이 대경하여 급히 장졸을 거느리고 문밖에 나와 진을 벌이고 엄준이 휘검출마揮劍出馬 왈,
"너는 어떠한 장수완데 감히 와 싸우고자 하는다?"
우치 왈,
"나는 전교를 받자와 너희를 잡으러 왔으니 내 성명은 전우치로라."
엄준 왈,
"나는 엄준이라. 네 능히 나를 저당抵當[64]할까."
하며 달려드니, 우치 맞아 싸울새 양인의 재주 신기하여 맹호 밥을 다투는 듯, 청황룡靑黃龍이 여의주를 다투는 듯 양인의 정신이 씩씩하여 진시로부터 사시에[65] 이르도록 승부 없으매, 양 진에서 쟁錚[66]을 쳐 군을 거두고 제장이 엄준을 보고 치하 왈,
"작일昨日 천변天變을 만나 마음이 놀랐으되 오늘 범 같은 장수를 능적能敵하시니 하늘이 도우심이라. 그러나 적장의 용맹이 절륜하니 가히 경적輕敵지 못하리다."

---

62) 붉게 칠한 난간과 그림 그려 놓은 지붕마루, 곧 화려한 집.
63) 갑옷과 투구.
64) 맞서서 겨루는 것.
65) 진시는 아침 7시부터 9시까지, 사시는 오전 9시부터 11시까지.
66) 꽹과리. 옛날에는 뒤로 물러날 때 꽹과리를 쳤다.

엄준이 소 왈,

"적장이 비록 용맹하나 내 어찌 저를 그냥 두리오. 명일은 결단코 우치를 버히고 바로 한양으로 향하리라."

하고, 익일에 진문陣門을 대개大開하고 엄준이 대호 왈,

"전우치는 빨리 나와 내 칼을 받으라. 오늘은 맹세코 너를 버히리라."

하고 장검 출마하여 좌우 치빙馳騁⁶⁷⁾하니, 우치 대로하여 말을 내몰아 칼춤 추며 즉취卽取⁶⁸⁾ 엄준 하여 교봉交鋒⁶⁹⁾ 삼십여 합에 적장의 창이 번개 같은지라. 우치 무예로 이기지 못할 줄 알고 몸을 흔들어 변하여 제 몸은 공중에 오르고 거짓 몸이 엄준을 대적할새 문득 대매大罵 왈⁷⁰⁾,

"내 평생에 살생을 아니 하려 하다가 이제 너를 죽이리라."

하더니 다시 생각 왈,

'이놈을 생금生擒하여 만일 순종하면 죄를 사하여 양민을 만들고 불연즉 죽여 후환을 없이하리라.'

하고 공중에 칼을 번뜩이며 대호 왈,

"적장 엄준은 나의 재주를 보라."

하니, 엄준이 대경하여 하늘을 처다보니 한 떼 구름 속에 우치의 검광이 번개 같거늘 대경실색하여 급히 본진으로 돌아오더니, 앞으로 우치 칼을 들어 길을 막고, 또 뒤로 우치 따르고, 좌우로 칼을 들어 짓쳐 오고, 또 머리 위로 우치 말을 타고 춤추며 엄준을 범함이 급한지라. 엄준이 정신이 아득하여 말에서 떨어지니, 우치 그제야 구름에서 내려 거짓 우치를 거두고 군사를 호령하여 엄준을 결박하여 본진으로 보내고 적장을 엄살掩殺하니, 적진 장졸이 잡혀감을 보고 싸울 뜻이 없어 손을 묶어 살거지라(살려 달라) 하거늘, 우치 일인도 상치 아니코 꾸짖어 왈,

"여등汝等이 도적을 좇아 각 읍을 노략하고 백성을 살해하니 그 죄 비경非輕한 죄라. 특별히 죄를 사하노니 여등은 각각 고향에 돌아가 농업을 힘쓰고 가산을 다스려 양민이 돼라."

한대, 모든 장졸이 고두사은叩頭謝恩하고 행장을 수습하여 일시에 흩어지니라.

우치 엄준의 내실에 들어가니 녹의홍상綠衣紅裳한 시녀와 가인이 수백 명이라. 각각 제 집으로 보내고 본진에 돌아와 장대將臺에 높이 앉고 좌우를 호령하여 엄준을 계하에 꿇리고 여성대매厲聲大罵 왈,

---

67) 좌우로 말을 몰아 달리는 것.
68) 곧 나아가서.
69) 칼날을 마주치는 것, 곧 싸움.
70) 크게 꾸짖어 말하니.

"네 재주와 용맹이 있거든 마땅히 진충보국하여 후세에 이름을 전함이 옳거늘 감히 역심逆心을 품고 산적이 되어 재물을 노략하여 인민을 살해하니 마땅히 삼족을 멸할지라 어찌 잠시나 용대容貸[71]하리오."
하고 무사를 호령하여 원문 밖에 참하라 하니, 엄준이 슬피 빌어 왈,
"소장의 죄상은 만사무석萬死無惜이오나 장군의 하해 같은 신덕神德으로 잔명을 살리면 마땅히 허물을 고치고 장군의 휘하에 좇으리다."
하며 뉘우치는 눈물이 비 오듯 하여 진정이 거죽에 드러나거늘, 우치 침음반상沈吟半晌[72]에 왈,
"네 실로 회과천선悔過遷善하면 죄를 사하리라."
하고 무사를 분부하여 매인 것을 풀고 위로한 후, 신병을 파하고 첩서捷書를 닦아 올린 후 산채를 불 지르고 즉시 발행할새, 엄준이 이미 산채를 불 지르고 또 우익羽翼이 없고 우치의 재주를 항복하여 은혜를 사례하고 고향에 돌아가 양민이 되니라.
우치 궐하에 나아가 복지伏地한대, 상이 인견하시고 파적破賊한 설화를 들으시고 칭찬하시며 상을 후히 주시니, 우치 천은을 감축하여 집에 돌아와 모친을 뵈옵고 상사賞賜하신 물건을 드리니 부인이 감축하여 하더라.
우치 한양에 돌아온 후 조정 백관이 다 우치를 보고 성공함을 치하하되 선전관은 한 사람도 온 자 없으니, 이는 전일 놀이에 부인들을 욕보인 허물이러라. 우치 짐작하고 다시 속이러 하더니 일일은 월색이 조요함을 타 오운을 타고 황건역사黃巾力士와 이매망량魑魅魍魎[73]을 다 모으고 신장神將을 명하여 모든 선전관을 잡아 오라 하니 오래지 아니하여 잡아왔거늘, 우치 구름 교의에 높이 앉고 좌우에 신장이 벌여 서서 등촉이 휘황한데, 황건역사 이매망량이 각각 일인씩 잡아들이거늘, 모든 선전관이 떨며 땅에 엎디어 쳐다보니 우치 구름 교의에 단좌端坐하고 좌우에 신장이 나열하였고 등촉이 휘황한 중 위풍이 늠름하더라.
문득 우치 대갈大喝 왈,
"내 너희들의 교만한 버릇을 징계하려 하여 전일 여등汝等의 부인을 잠깐 욕되게 하였으나 극한 죄 없거늘 어찌 이렇듯 함혐含嫌하여 아직도 산 체하니 내 너희를 다 잡아 풍도酆都[74]로 보내리라. 내 밤이면 천상 벼슬에 다사多事하고 낮이면 국가에 중임이 있어 지금껏 천연하더니 이제 너희를 잡아 옴은 지옥에 보내어 만모慢侮[75]한 죄를 속贖하려 함이로다."

71) 용서.
72) 한참 동안 깊이 생각하던 끝에.
73) 온갖 귀신 도깨비.
74) 지옥의 이름.
75) 오만하게 남을 업신여기는 것.

하고 역사로 하여 곧 몰아내라 하니, 모두 청령하고 달아들거늘, 우치 다시 분부 왈,
"너희는 이 죄인을 압령하여 냉옥에 가두고 법왕께 주주奏하여 이 죄인들을 지옥에 가두고 팔만 겁이 지나거든 업축業畜[76]을 만들어 보내라."
하는지라. 모든 선전관이 경황한 중 차언此言을 들으니 혼비백산하여 빌어 왈,
"아등我等이 암매暗昧하여 그릇 대죄를 범하였사오니 바라건대 죄를 사하시면 다시 허물을 고치리다."
우치 양구良久에 왈,
"내 너희를 풍도로 보내고 누천년이 지내도록 인세人世에 나지 못하게 하잤더니 전일 안면을 고념顧念하여 아직 놓아 보내나니 후일 다시 보아 처치하리라."
하고 모두 내치거늘, 이때 선전관이 다 깨달으니 한 꿈이라. 정신을 진정치 못하여 땀이 흐르고 심혼心魂이 요요擾擾[77]하더라. 일일은 선전관이 모두 전일 몽사夢事를 말하니 다 한결같은지라. 이러므로 그 후로는 우치 대접하기를 각별히 하더라.

이때 상이 호판에게 물어 가라사대,
"전일 호조의 은이 변하였다 하더니 어찌 된고?"
대 왈,
"지금껏 변하여 있나이다."
상이 또 창고를 물으시니,
"다 변한 대로 있나이다."
하거늘, 상이 근심하시더니, 우치 주 왈,
"신이 원컨대 창고와 어고를 가 보옵고 오리다."
한대, 상이 허하시니, 우치 호판을 따라 호조에 이르러 문을 열고 보니 은이 예와 같거늘, 호판이 대경 왈,
"내가 작일에도 보고 아까도 변함을 보았거늘 지금은 은으로 보이니 가장 괴이하도다."
하고 창고에 가 문을 열고 보니 쌀이 여전하고 창검 기계 다 여전하여 조금도 변한 데 없으니 모두 놀라고 신기히 여기더라. 우치 두루 살펴보고 궐내에 들어가 이대로 상달하니, 상이 들으시고 기꺼하시더라.

차시 간의태위諫議太尉 상주 왈,
"호서 땅에 사오십 명이 둔취屯聚[78]하여 찬역簒逆[79]할 일을 의논하여 불구不久에 기병起兵하리라 하고 사자가 문서를 가지고 신에게 왔사오니 그자를 가두고 사연을 주奏하

---

76) 전생에 죄를 지어 이승에 태어난 짐승.
77) 안정되지 않아 뒤숭숭한 것.
78) 모여 있는 것.
79) 왕위를 뺏자고 반역하는 것.

나이다."

상이 탄 왈,

"과인이 박덕하여 처처處處에 도적이 일어나니 어찌 한심치 아니리오."

하시며 금부와 포청으로 잡으라 하시니 불구에 적당을 잡았거늘, 상이 친국하실새 그중 한 놈이 주 왈,

"선전관 전우치 재주 과인過人하기로 신등이 우치로 인군을 삼아 만민을 평안하려 하더니 명천明天이 불우不佑하사 발각하였사오니 죄사무석罪死無惜이로소이다."

이때 우치 문사낭청問事郎廳[80]으로 시위侍衛하였더니 불의에 이름이 역도의 초사招辭에 나는지라. 상이 대로하사 왈,

"우치 모역함을 짐작하되 나중을 보려 하였더니 이제 발각하였으니 빨리 잡아 오라."

하시니, 나졸이 수명受命하고 일시에 달려들어 관대를 벗기고 옥계하玉階下에 꿇리니, 상이 진노하사 형틀에 올려 매고 수죄數罪[81]하사 왈,

"네 전일 나라를 속이고 도처마다 작란함도 용서치 못할 바이어늘 이제 또 역률逆律에 들었으니 발명하나 어찌 면하리오."

하시고 나졸을 호령하사 한 매에 죽이라 하시니, 집장執杖 나졸이 힘껏 치나 능히 또 매를 들지 못하고 팔이 아파 치지 못하거늘, 우치 아뢰되,

"신의 전일 죄상은 죽어 마땅하오나 금일 일은 만만 애매하오니 용서하옵소서."

하고 심중에 헤오되,

'주상이 필경 용서치 아니시리라.'

하고 다시 주 왈,

"신이 이제 죽사올진대 평생에 배운 재주를 세상에 전치 못하올지라, 지하에 돌아가오나 원혼이 되리니 복원伏願 성상은 원을 풀게 하옵소서."

상이 헤아리시되,

'이놈이 재주 능하다 하니 시험하여 보리라.'

하시고 가라사대,

"네 무슨 능함이 있관데 이리 보채느뇨?"

우치 주 왈,

"신이 본시 그림 그리기를 잘하니 나무를 그리면 나무가 점점 자라고, 짐승을 그리면 짐승이 기어가고, 산을 그리면 초목이 나서 자라오매 이러므로 명화라 하오니, 이런 그림을 전치 못하옵고 죽사오면 어찌 원통치 않으리꼬."

상이 가만히 생각하시되,

---

80) 죄인을 신문할 때 기록과 낭독을 맡아보던 임시 벼슬.
81) 범한 죄를 낱낱이 들추어내는 것.

'이놈을 죽이면 원혼이 되어 괴로움이 있을까.'
하여 즉시 맨 것을 끌러 주시고 지필紙筆을 내리사 원을 풀라 하시니, 우치 지필을 받자와 산수를 그리니, 천봉만학과 만장폭포 산상으로조차 산 밖으로 흐르게 그리고, 시냇가에 버들을 그려 가지 늘어지게 그리고, 밑에 안장 지운 나귀를 그리고 붓을 던진 후 사은한대, 상이 문 왈,

"너는 방금 죽일 놈이라. 사은함은 무슨 뜻이뇨?"

우치 주 왈,

"신이 이제 폐하를 하직하옵고 산림에 들어 여년餘年을 마치고자 하와 주하나이다."

하고 나귀 등에 올라 산 동구에 들어가더니 이윽고 간데없거늘, 상이 대경하사 왈,

"내 이놈의 꾀에 또 속았으니 이를 어찌하리오."

하시고 그 죄인들은 내어 버히라 하시고 친국을 파하시니라.

차설, 우치 조정에 있을 때에 매양 이조 판서 왕연희 자기를 시기하여 해코자 하더니 차일 친국 시에 상께 참소하여 죽이려 하거늘, 몸을 변하여 왕연희 되어 추종을 거느리고 바로 왕연희의 집에 가니 연희 궐내에서 나오지 않았거늘, 이에 내당에 들어가 있더니 일모日暮할 때 왕 공이 돌아오매 부인과 시비 등이 막지기고莫知其故[82]하거늘, 우치 왈,

"이는 천년 된 여우 변하여 내 얼굴이 되어 왔으니 이는 변괴로다."

하니 왕연희 왈,

"어떤 놈이 내 얼굴이 되어 내 집에 있는다?"

하고 소리를 벽력같이 지르거늘, 우치 즉시 하리下吏를 명하여 냉수 일기一器와 개 피 한 사발을 가져오라 하니 즉시 가져왔거늘, 우치 연희를 향하여 한 번 뿜고 진언을 염하니 왕연희 문득 변하여 꼬리 아홉 가진 여우 되는지라. 노복 등이 그제야 칼과 몽치를 가지고 달아들거늘, 우치 만류 왈,

"이 일은 우리 집 큰 변괴니 궐내에 들어가 아뢰고 처치하리라."

하고 아직 단단히 묶어 방중에 가두라 하니 노복이 청령하고 네 굽을 동여 방에 가두고 수직하더라.

왕 공이 불의지변을 만나 말을 하려 하여도 여우 소리처럼 되고 정신이 아득하여 기운이 시진漸盡하니 그 아무리할 줄 모르고 눈물만 흘리더니, 우치 생각하되, 사오 일만 속이면 목숨이 끊일까 하여 차야此夜에 우치 왕 공 가둔 방에 이르러 보니 사지를 동여 굳어졌거늘, 우치 왈,

"연희야, 네 나와 평생에 원수 없거늘 구태여 나를 해하려 하나 하늘이 죽이려 하시면 죽으려니와 그렇지 아니하면 죽지 아니하리니, 네 미혹하여 나라에 참소하고 득총得寵[83]

---

82) 그 연고를 알지 못하는 것.
83) 지극한 사랑을 얻는 것. 여기서는 왕의 사랑을 말한다.

하려 하기로, 내 너를 한칼로 죽여 한恨을 설할 것이로되 내 평생에 살생 아니 하기로 너를 용서하나니 이후 만일 어전에서 나를 향하여 무슨 말씀 하시거든 일없게 하라."
하고 진언을 염하니 왕연희를 구한지라. 연희 벌써 우치인 줄 알고 황겁하여 재배再拜 왈,
"전 공의 재주는 세상에 없는지라 내 삼가 교훈을 불망不忘하리라."
하고 무수히 사례하더라.
우치 왈,
"내 그대를 구하고 가나니 내 돌아간 후 집안이 소요하리니 여차여차하고 있으라."
하고 구름에 올라 남 땅으로 가니라.
차설, 왕 공이 헤오되,
'우치의 술법이 세상에 희한하니 짐짓 사람을 희롱함이요 살해는 아니 하도다.'
하고 즉시 노복을 불러 요정妖精을 수색하라 하니 노복 등이 방에 가서 보니 간데없거늘 대경하여 이대로 고한대, 공이 양노佯怒[84] 왈,
"여등이 소홀하여 잃도다."
하고 꾸짖어 물리치니라.
이적에 우치 집에 돌아와 한가히 돌아다니더니 한 곳에 이르러 보니 소년들이 한 족자를 가지고 다투어 보며 칭찬 왈,
"이 족자 그림은 천하에 짝 없는 명화라."
하거늘, 우치 그림을 보니 미인도 그리고 아이도 있어 희롱하는 모양이로되 입으로 말은 못 하나 눈으로 보는 듯하니 생기 유동流動한지라. 모든 소년이 보고 흠앙欽仰함을 마지아니하거늘, 우치 일계一計를 생각하고 웃어 왈,
"그대는 눈이 높아 그러하거니와 물색을 모르는도다."
"이 족자 그림이 사람을 보고 웃는 듯하니 이런 명화가 이 천하에 없을까 하노라."
우치 대소 왈,
"이 족자 값이 얼마나 하뇨?"
답 왈,
"값인즉 은자 오십 냥이니 그림 값은 그림 분수보담 적다."
하거늘, 우치 왈,
"내게도 족자 하나 있으니 그대들은 구경하라."
하고 소매로서 족자 하나를 내어 놓으니, 모두 보건대 역시 한낱 미인도라. 인물이 가장 아름답고 녹의홍상을 정제整齊하였으니 옥모화용玉貌花容이 짐짓 경국지색傾國之色이라. 그 미인이 유리병을 들었으니 가장 신기롭고 묘하더라. 제인이 보고 칭찬하여 왈,
"이 족자가 더욱 좋으니 우리 족자보담 낫도다."

---

84) 거짓으로 화난 체하는 것.

하는지라, 우치 왈,

"내 족자의 화려함도 사람의 이목을 놀래려니와 이 중에 한층 더 묘한 것을 구경케 하리라."

하고 가만히 부르되,

"주선랑酒仙娘은 어디 있느뇨?"

하더니, 문득 족자 속의 미인이 대답하고 나오거늘, 우치 왈,

"미랑은 모든 상공께 술을 부어 드리라."

선랑이 응낙하고 벽옥배碧玉盃에 청주를 가득 부어 드리니, 우치 먼저 받아 마시매 동자 마침 상을 올리거늘 안주를 먹은 후에 연하여 차례로 드리니 제인이 받아먹은즉 맛이 가장 청렬淸洌한지라. 제인이 각각 일배주一杯酒를 파한 후 주선랑이 동자를 데리고 상과 술병을 거두어 가지고 족자 그림이 도로 되니, 제인이 대경 왈,

"이는 신선이요 조화 아니라. 이 희한한 그림은 천고에 듣지도 못하고 보던바 처음이라."

하고 기리기를 마지않더니 그중에 오생이란 자 가로되,

"내 아무려나 한번 시험하여 보리라."

하고 우치에게 청하여 왈,

"아등이 술이 나쁘니 주선랑을 다시 청하여 한 잔씩 더 먹게 함이 어떠하뇨?"

우치 허락하거늘, 오생이 가만히 부르되,

"주선랑아, 아등이 술이 나쁘니 더 먹기를 청하노라."

하니, 문득 선랑이 술병을 들고 나오고 동자는 상을 가지고 나오니, 제인이 자세히 보니 그림이 화하여 사람이 되어 병을 기울여 잔에 가득 부어 드리거늘, 받아 마신즉 향기 입에 가득하고 맛이 기이한지라. 제인이 또 한 잔씩 마시니 술이 가장 취한지라. 제생이 사례 왈,

"아등이 오늘날 존공尊公을 만나 선주仙酒를 먹으니 다행하거니와 또한 묘한 일을 많이 보오니 신통함이야 어찌 측량하리오."

우치 왈,

"그림의 술을 먹고 어찌 사례하리오."

오생 왈,

"그 족자를 내 가지고자 하나니 팔고자 하는다?"

우치 왈,

"내 가진 지 오랜지라. 그러나 정히 욕심을 내는 자 있으면 팔려 하노라."

오생 왈,

"연즉 값이 얼마나 되느뇨?"

우치 왈,

"술병이 천상天上의 주천酒泉을 응하였기로 술이 일시도 없지 않아 유주영준有酒盈樽[85]하니 이러므로 극한 보배라 은자 일천 냥을 받고자 하나 오히려 헐하다 하노라."

오생 왈,

"내게 누만금이 있으나 이런 보배는 처음 보는 바이라. 원컨대 형은 내 집에 가 수일만 머무르면 일천 금을 주리라."

우치 족자를 거두어 가지고 오생의 집으로 가니 제인이 대취하여 각각 흩어지니라. 우치 족자를 오생에게 전하고 왈,

"내 명일 돌아올 것이니 값을 준비하여 두라."

하고 가니라.

오생이 술이 대취하여 족자를 가지고 내당에 들어가 다시 시험하려 하고 족자를 벽상에 걸어 보니 선랑이 병을 들고 섰거늘, 생이 가만히 선랑을 불러 술을 청하니 선랑과 동자 나와 술을 쳐 권하거늘, 생이 그 고운 태도를 보고 사랑하여 이에 옥수玉手를 이끌어 무릎 위에 앉히고 술을 받아 마신 후 춘정春情을 이기지 못하여 침석에 나아가고자 하더니, 문득 문을 열고 급히 들어오는 여자 있으니 이는 생의 처 민 씨라. 위인이 투기에는 선봉이요 새암에는 대장이라 생이 어거치 못하더니 금일 생이 선랑을 안고 있음을 보고 대로하여 급히 다다르니, 선랑이 일어 족자로 들어가거늘, 민 씨 더욱 대로하여 달아들어 족자를 갈가리 찢어 버리니, 생이 대경하여 민 씨를 꾸짖을 즈음에 우치 와 부르거늘, 오생이 나와 맞아 예필禮畢 후 전후수말을 자세히 고하니, 우치 즉시 흔들어 거짓 몸은 오생과 수작하고 정 몸은 곧 안으로 들어가 민 씨를 향하여 진언을 염하니, 문득 민 씨 변하여 대망大蟒이 되어 방이 가득하게 하고, 가만히 나와 거짓 몸을 거두고 정 몸을 현출現出하여 오생더러 왈,

"이제 형의 부인이 나의 족자를 없앴으니 값을 어찌하려 하느뇨?"

오생 왈,

"이는 나의 죄라 어찌 값을 아니 내리오. 마땅히 한을 하여 주시면 진시眞是 갚으리다."

우치 왈,

"그러나 그대 집에 큰 변괴 있으니 들어가 보라."

오생이 경아驚訝하여 안방에 들어와 보니 문득 금빛 같은 대망이 두 눈을 끔적이며 상 밑에 엎디었거늘, 생이 대경실색하여 급히 내달아 우치를 보고 왈,

"방중에 흉악한 짐승이 있으매 쳐 죽이려 하노라."

우치 왈,

"그 요괴를 죽이진 못하리라. 만일 죽이면 큰 화를 당할 것이니, 내게 한 부작符作이 있으니 그 부작을 허리에 붙이면 금야에 자연 쓰러지리라."

하고 소매로서 부작을 내어 가지고 안방에 들어가 대망에 붙이고 나와 오생더러 왈,

"이곳에 경문 외는 자 있느뇨?"

---

85) 술이 술독에 가득 차는 것.
86) 큰 구렁이.

생이 대 왈,
"이곳에는 없나이다."
우치 왈,
"그러면 방문을 열고 보지 말라."
당부하고 즉시 거짓 민 씨 하나를 만들어 내당에 두고 돌아가니라.
생이 우치를 보내고 내당에 들어오니 민 씨 금금錦衾[87]에 싸여 누웠거늘, 생 왈,
"우리 집에 여러 천 년 묵은 요괴 그대 얼굴이 되어 외당에 나와 신선의 족자를 찢어 버리므로 아까 그 신선이 대망이 스스로 녹을 부작을 허리에 매고 갔으니 족자 값을 어찌하리오."
하고 근심하더라.
익일 우치 돌아와 방문을 열고 보니, 민 씨 그저 대망으로 있거늘, 우치 대망을 꾸짖어 왈,
"네 가군을 업수이여겨 요악妖惡을 힘써 남의 족자를 찢고 또 나를 수욕受辱한 죄로 금사망金絲網[88]을 씌워 여러 해 고초를 겪게 하잤더니 이제 만일 전과를 고쳐 회과천선悔過遷善할진대 이 허물을 벗기려니와 불연즉 그저 두리라."
민 씨 고두사죄하거늘, 우치 진언을 염하니 금사망이 절로 벗어지거늘, 민 씨 절하여 왈,
"선관의 가르치심을 들어 회과하오리다."
우치 내당에 있는 민 씨를 거두고 구름에 올라 돌아오니라.
일일은 양봉환이란 선비가 있어 어려서 한가지로 글을 배웠더니, 우치 찾아가니 병들어 누웠거늘, 우치 경문驚問 왈,
"그대 병이 이렇듯 중한데 어찌 늦게야 알았느뇨?"
양생 왈,
"때로 심통이 아프고 정신이 혼미하여 식음을 전폐한 지 오래니 살지 못할까 하노라."
우치 진맥 왈,
"이 병세, 사람을 생각하여 났도다."
양생 왈,
"과연 그러하니라."
우치 왈,
"어떤 가인佳人을 생각하느뇨? 나는 연장年壯 삼십에 여색에 뜻이 없노라."
양생 왈,
"남문 안 현동 사는 정 씨라 하는 여자 있으니 일찍 과거寡居하여[89] 다만 시모媤母를 모

---

87) 비단 이불.
88) 금빛 실로 얽어서 만든 그물. 여기서는 금빛 나는 뱀의 껍질을 말한다.

서 사는데 인물이 절색이라. 마침 그 집 담 사이로 보고 돌아온 후 사모하여 병이 되매 아마도 살아나지 못할까 하노라."
우치 왈,
"말 잘하는 매파를 보내어 통혼하라."
양생 왈,
"그 여자가 절개 송죽 같으니 마침내 성사치 못하고 속절없이 은자 수백 냥만 허비하였노라."
우치 왈,
"내 형장을 위하여 그 여자를 데려오리라."
양생 왈,
"형의 재주 유여有餘하나 부질없는 헛수고만 하리로다."
우치 왈,
"그 여자 춘광春光이 얼마나 되느뇨?"
양생 왈,
"이십삼 세로다."
우치 왈,
"형은 방심하고 나의 돌아오기만 기다리라."
하고 구름을 타고 나아가니라.
차설, 정 씨 일찍 과거하고 홀로 세월을 보내며 슬픈 심회를 생각하고 죽고자 하나 임의치 못하고 위로 노모를 모시고 다른 동기 없이 모녀 서로 의지하여 세월을 보내더니, 일일은 정 씨 심신이 산란하여 방중에서 배회하더니, 구름 속으로 일위一位 선관仙官이 내려와 낭성娘姓을 불러 왈,
"주인 정 씨는 빨리 나와 남두성南斗星의 명을 받으라."
정 씨 차언을 듣고 모친께 고하니 부인이 또한 놀라 뜰에 내려 복지하고 정 씨 역시 복지한대, 선관이 가로되,
"선랑은 천명을 순수順受하여 천상天上 요지瑤池 반도연蟠桃宴에 참여하라."
정 씨 대경 왈,
"첩은 인간 더러운 몸이요 또한 죄인이라 어찌 천상에 올라가 옥제 좌하에 참여하리꼬."

---

89) 과부가 되어.
90) 나이.
91) 여자의 성.
92) 사람의 수명과 복록을 맡은 별.
93) 신선들이 사는 경치 좋은 못가에서 반도(하늘 복숭아)를 가지고 차리는 잔치.

선관 왈,

"채 선랑은 인간의 더러운 물을 먹어 천상 일을 잊었도다."

하고 소매로서 호로葫蘆[94]를 내어 향온香醞[95]을 가득 부어 동자로 하여금 권하니 정 씨 받아 마시매 정신이 혼미하여 인사를 모르거늘, 선관이 정 씨를 한번 가리키매 문득 채운彩雲으로 오르는지라.

이때 강림도령[96]이 모든 거지를 데리고 저잣거리로 다니며 양식을 빌더니, 홀연 채운이 동남으로 지나며 향취 옹비雍鼻하거늘 강림이 치밀어 보고 한 번 구름을 가리키니 운문雲門이 열리며 일위 미인이 땅에 떨어지거늘, 우치 대경하여 급히 좌우를 살펴보니 아무도 법술을 행하는 자 없거늘, 우치 괴이히 여겨 다시 행술行術하려 하더니, 문득 한 거지 내달아 꾸짖어 왈,

"필부匹夫 전우치는 들으라. 네 요술로 나라를 속이니 그 죄 크되 다만 착한 일 하는 방편을 삼음으로 무사함을 얻었거니와 이제 흉악한 심장으로 절부節婦를 훼절코자 하니 어찌 명천이 버려두시리오. 이러므로 하늘이 나를 내사 너 같은 요물을 없이케 하심이니라."

우치 대로하여 보검을 뽑아 치려 하더니 그 칼이 변하여 큰 범이 되어 도리어 저를 해하려 하거늘, 우치 몸을 피코자 하더니 문득 발이 땅에 붙어 움직이지 못할지라. 급히 변신코자 하나 법술이 행치 못하거늘 대경하여 그 아이를 보니, 비록 의복은 남루하나 도법이 높은 줄 알고 몸을 굴하여 빌어 왈,

"소생이 눈이 있으나 망울이 없어 선생을 몰라본 죄 만사무석이오나, 고당高堂에 노모 계시되, 권세 잡고 가멸 있는 자 너무 백성을 못살게 굴기로 부득이 나라를 속임이요, 또 정 씨를 훼절하려 함이니, 원컨대 선생은 죄를 사하시고 선술을 가르쳐 주소서."

강림 왈,

"그대 이르지 아니해도 내 벌써 아나니 국운이 불행하여 그대 같은 요술이 세상에 작란하니 소당所當은[97] 그대를 죽여 후폐를 없이하겠으나 그대의 노모를 위하여 특별히 일명一命을 살리노니, 이제 정 씨를 데려다가 빨리 제집에 두고, 병든 양가에게는 정 씨 대신으로 할 사람이 있으니, 이는 조실부모하고 혈혈무의孑孑無依하나 마음이 어질고 성품이 유순할 뿐더러 또한 성이 정 씨요 연기 이십삼 세라. 만일 내 말을 어기면 그대의 몸에 대화大禍를 면치 못하리라."

우치 사례 왈,

---

94) 호리병.
95) 잘 괴어 향내 나는 술.
96) 전설에 염라대왕의 심부름을 하는 저승사자의 우두머리.
97) 마땅히 할 바는.

"선생의 고성대명高姓大名을 알고자 하노라."

기인 왈,

"나는 강림도령이라. 세상을 희롱코자 하여 거리로 빌어먹어 다니노라."

우치 왈,

"선생의 가르치심을 삼가 봉행하리다."

강림이 요술 내던 법을 풀어내니, 우치 백배사례하고 정 씨를 구름에 싸 가지고 본집에 가 공중에서 그 시모를 불러 왈,

"아까 옥경에 올라가니 옥제 가라사대, 채 선랑의 죄 아직 남았으니 도로 인간에 내보내어 여액餘厄을 다 겪은 후 데려오라 하시매 도로 데려왔노라."

하고 소매로서 향온을 내어 정 씨의 입에 넣으니, 이윽고 깨어 정신 차리거늘, 시모가 정 씨더러 선관이 하던 말을 이르고 신기히 여기더라.

차시, 우치 강림도령에게 돌아와 그 여자 있는 곳을 물으니, 강림이 낭중囊中으로 환형단換形丹[98]을 내어 주며 그 집을 가리키거늘, 우치 하직하고 정 씨를 찾아가니 그 집이 일간초옥一間草屋이요 풍우를 가리지 못하더라.

이에 들어가 보니 한 여자 시름을 띠고 홀로 앉았거늘, 우치 나아가 달래 왈,

"낭자의 고단하신 말씀은 내 이미 알았거니와 이제 청춘이 삼칠을 지낸 지[99] 오래되 취혼치 못하고 외로운 형상이 가긍한지라. 내 낭자를 위하여 중매하리라."

하고, 환형단을 먹인 후 진언을 염하니 정 과부의 모양과 일호一毫 차착差錯 없이 되는지라. 우치 왈,

"양생이란 사람이 있는데 인물이 가장 아름답고 가산도 부요하나 정 과부의 자색을 사모하여 병이 들었으니 낭자 한번 가 이리이리하라."

하고 즉시 보를 씌워 구름 타고 양생의 집에 이르러, 우치 거짓 정 씨를 외당에 두고 내당에 들어가 양생을 보니, 생이 문 왈,

"정 씨의 일이 어찌 된고?"

우치 왈,

"정 씨의 행실이 빙설 같기로 일언을 못 하고 왔노라."

생 왈,

"이제는 속절없이 죽을 따름이로다."

하고 탄식함을 마지아니하니, 우치 갖가지로 조롱하여 왈,

"내 이제 가서 정 씨보담 백배 나은 여자를 데려왔으니 보라."

한대, 양생 왈,

---

98) 형체를 변화시키는 약.
99) 스물한 살이 지난 지.

"내 미인을 많이 보았으되 정 씨 같은 쌍은 없나니 형은 농담 말라."
우치 왈,
"내 어찌 희롱하리오? 지금 외당에 있으니 보라."
양생이 겨우 몸을 일어 외당에 나와 보니 적실한 정 씨어늘 반가움을 측량치 못한대, 우치 왈,
"내 진심갈력盡心竭力하여 당자를 데려왔으니 가사를 선치하고 잘살라."
양생이 백배사례하더라.
우치 양생을 이별하고 돌아가다 선시先時에 야개산 중에 도사道士가 있으니 도학이 높고 마음이 청정하여 세상 명리名利를 구치 않으며 다만 박전薄田 다섯 이랑과 화원 십 칸으로 세월을 보내니, 이 곧 지상선地上仙이라. 성호姓號는 서화담徐花潭[100]이니 나이 오십 세에 얼굴이 연화蓮花 같고 양안兩眼은 추수秋水 같고 정신은 돌올突兀하더라.
우치 서화담의 도학이 높음을 알고 찾아가니, 화담이 맞아 왈,
"내 한번 찾고자 하더니 누사陋舍에 왕림하시니 만행萬幸이로다."
우치 일어 칭사하고 한담하더니 문득 보니 일위 선생이 들어와 가로되,
"좌상의 존객이 뉘시뇨?"
화담 왈,
"전 공이라."
하고 우치더러 왈,
"이는 내 아우 용담이로라."
우치 용담을 보니 미목이 청수하고 골격이 비상한지라. 용담이 우치더러 왈,
"선생의 높은 술법을 들은 지 오래더니 오늘날 만나 보니 행후이어니와 청컨대 술법을 한번 구경코자 하노니 아끼지 말라."
하고 구구히 간청하거늘, 우치 한번 시험코자 하여 진언을 염하니 용담의 쓴 관이 변하여 쇠머리 되거늘, 용담이 노하여 또 진언을 염하니 우치의 쓴 관이 변하여 범의 머리 되는지라. 우치 또 진언을 염하니 용담의 관이 변하여 백룡 되어 공중에 올라 안개를 피우거늘, 용담이 또 진언을 염하니 우치 관이 변하여 청룡이 되어 구름을 헤치고 안개를 발하여 쌍룡이 서로 싸워 청룡이 백룡을 이기지 못하고 동남으로 달아나거늘, 화담이 비로소 웃고 왈,
"전 공이 내 집에 오셨다가 이렇듯 하니 네 어찌 무례치 않으리오."
하고 책상에 얹은 연적을 한 번 공중 던지니 연적이 변하여 일도금광一道金光이 되어 하늘에 퍼지니, 양 용이 문득 본 관이 되어 땅에 떨어지는지라. 양인이 각각 거두어 쓰고, 우치 화담을 향하여 사례하고 인하여 구름 타고 돌아오니라.

---

100) 조선 때 철학자인 서경덕徐敬德.

화담이 우치를 보내고 용담을 꾸짖어 왈,

"너는 청룡을 내고 저는 백룡을 내니, 청은 목이요 백은 금이니, 오행에 금극목金克木이라. 목이 어찌 금을 이기리오. 또 내 집에 온 손이라 부질없이 해코자 하느뇨?"

용담이 다만 청사하고 가장 노하여 우치를 미워하는 뜻이 있더라.

우치 집에 돌아온 지 삼 일 만에 또 화담을 찾아가니, 화담이 가로되,

"그대에게 청할 말이 있으니 즐겨 좇을쏘냐?"

우치 왈,

"듣기를 원하나이다."

화담 왈,

"남해 중에 큰 산이 있으니 이름은 화산이요, 그 산중에 도인이 있으되 도호道號는 운수선생雲水先生이라. 내 젊어서 글을 배웠더니 그 선생이 여러 번 서신으로 물었으나 회서回書를 못 하였더니, 전 공을 마침 만났으니 그대 한번 다녀옴이 어떠하뇨?"

우치 허락하거늘, 화담 왈,

"화산은 해중海中에 있는 산이라 쉬이 다녀오지 못할까 하노라."

우치 왈,

"소생이 비록 재주 없사오나 순식간에 다녀오리다."

화담이 믿지 아니하거늘, 우치 내심에 업수이여기는가 하여 노 왈,

"생이 만일 못 다녀오면 이곳서 죽고 산을 나지 않으리라."

화담 왈,

"연즉 가려니와 행여 실수할까 하노라."

하며 즉시 글을 닦아 주거늘, 우치 즉시 받아 가지고 해동청海東靑 보라매 되어 공중에 올라 화산으로 가더니, 해중에 이르르는 난데없는 그물이 앞을 가리었거늘 우치 높이 떠 넘고자 하니 그물이 따라 높이 막았는지라. 또 넘으려 한대 그물이 하늘에 닿았고 아래로 해중을 연하여 좌우로 하늘을 펴 있으니 갈 길이 없어, 십여 일 애쓰다가 하릴없이 돌아와 화담을 보고 소 왈,

"화산을 거의 다 가서 그물이 하늘에 연하여 갈 길이 없삽기로 모기 되어 그물 틈으로 나가려 한즉 거미줄이 첩첩하여 나가지 못하고 왔나이다."

화담이 소 왈,

"그리 큰 말을 하고 가더니 다녀오지 못하였으니 이제는 산문山門을 나지 못하리로다."

우치 황겁하여 닫고자 하더니 화담이 벌써 알고 속이려 하는지라. 우치 착급하여 해동청이 되어 달아나니 화담이 수리 되어 따르매, 우치 또 변하여 갈범이 되어 닫더니 화담이 변하여 청사자 되어 물어 엎지르고 가르쳐 가로되,

"네 여러 가지 술법을 가지고 반드시 옳은 일을 위하여 행하니 기특하나, 사특함은 마침내 정대正大함이 아니요, 재주는 반드시 윗길이 있나니 오래 이로써 세상에 다니면 필경 파측叵測한 화를 입을지라. 일찍 광명한 세상에 돌아와 정대한 도리를 궁구함이 옳지 아

니하뇨? 내 이제 태백산에 진리를 밝히려 하노니 그대 또한 나를 좇음이 좋을까 하노라."

우치 왈,

"가르치시는 대로 하리다."

화담이 인하여 각각 집에 돌아와 약간 가사家事를 분별한 후, 우치 화담을 모시고 태백산 밑에 청사를 얽고 큰 이치를 궁구하여 보배로운 글을 많이 지어 석실에 감추니 그 후 일은 세상 사람이 알지 못하나, 일찍 강원도 사는 양봉래楊蓬萊[101]라 하는 사람이 태백산에 들어갔다가 화담과 우치 두 분을 보고 돌아올새, 두 분이 이르되,

"우리는 이리이리하여 이곳에 들어와 있거니와 그대를 보니 잠시 언행이 또한 유심한 사나인 줄 알지라. 내 전할 것이 있노니 삼가 받들라."

하고 비서秘書 몇 권을 주니, 봉래 받아 가지고 나와 정성으로 공부하여 그 오묘한 뜻을 통하고 가만한 가운데 도통道統을 전하니 한두 가지 드러나는 일이 있으나, 세상이 다만 신선의 도로 알고 봉래 또한 밝은 빛이 드러날 때를 기다릴 뿐이요, 화담과 우치 두 분이 태백산 중에서 도 닦으시는 일만 세상에 전하니라.

---

101) 조선 때 서예가이며 문장가인 양사언楊士彦. 봉래는 양사언의 호.

박씨부인전 원문

화설話說[1], 조선 인조仁祖 대왕 시절에 한양 안국방安國坊에 한 명사 있으니, 성은 이요, 이름은 득춘이요, 자는 문채니, 대대 명문거족으로 일찍이 용문龍門에 올라 벼슬이 이조참판 홍문관[2] 부제학에 이르니, 공의 위인이 충효공검忠孝恭儉하고 인후활달仁厚豁達하니 명망이 일국에 진동하더라.

그 부인 강 씨는 집금오執金吾[3] 강장문의 딸이라. 소년 결발結髮[4]로 부부 화락하여 금슬지락琴瑟之樂은 지극하나 성친成親한 지 사십 년에 일점혈육이 없음을 매양 근심하여 명산대천에 기도하나 종시 사속嗣續[5]이 없으니, 공이 부인을 대하여 탄식하여 가로되,

"우리 팔자 기박하여 늦도록 후사를 이을 자식이 없으니 이후 지하에 돌아가나 무슨 면목으로 선조를 뵈오리오."

말을 마치매 눈물이 옷깃을 적시니, 부인이 사죄하여 가로되,

"첩이 존문尊門에 들어와 위로 구고舅姑[6]의 총애하시는 은혜를 입사옴이 태산 같고, 군자의 후대하심이 극진하시니 감사무석感謝無惜이오나, 다만 슬하 적막함은 첩의 죄오니 군자는 첩의 불민함을 용서하시고, 명문 거가에 요조숙녀를 재취再娶하사 요행히 귀자貴子를 얻으시면 첩의 몸이 칠거지악을 면할까 하나이다."

공이 듣기를 다 하고 위로하여 가로되,

"이는 다 나의 박복함이라. 어찌 부인의 허물이라 하리오."

부인과 의논한 후 공이 금강산 명월암에 들어가 칠 일 기도에 정성을 다하고 돌아왔더

---

1) 옛 소설에서 흔히 첫머리에 쓰이는 말. 곧, '이야기인즉'.
2) 조선 시대에, 유교 교리를 연구하고 문필에 관한 일을 맡아보며, 왕 앞에서 유교 이론을 강의하거나 토론하는 일을 하는 기관.
3) 죄인을 체포하여 가두는 기관인 의금부의 벼슬아치. 의금부 도사 또는 금오랑이라고도 하였다.
4) 젊은 나이에 상투를 올렸다는 말로, 혼인하였다는 뜻.
5) 대를 이을 자손.
6) 시아버지와 시어머니.

니, 하루는 공이 책상을 의지하여 졸새, 한 노인이 죽장망혜竹杖芒鞋[7]로 점잖이 들어와 손을 잡아 예하고 가로되,

"그대 전생에 죄 중하므로 세존世尊이 믜이(밉게) 여기사 무자無子케 하였더니, 그대의 기도하는 정성이 지극함을 하늘이 감동하사 귀자를 점지하시나니 귀히 길러 문호를 빛내라."

하고 소매 안으로서 한 기이한 구슬을 내어 주거늘, 공이 받아 들고 치하코자 하더니, 문득 노인은 간데없고, 그 구슬이 변하여 청의동자靑衣童子 되어 내당으로 들어가거늘, 공이 문득 깨니 남가일몽南柯一夢이라. 마음에 기이히 여겨 내당으로 들어가니 부인이 맞아 좌정하매 공이 웃어 가로되,

"내 오늘 일몽을 얻으니 여차여차하기로 신기히 여겨 부인께 전하노라."

부인이 또한 미소하여 가로되,

"첩의 몽사夢事와 일호一毫도 다름이 없사오니 신기하여이다."

공이 기꺼 가로되,

"우리 양인의 몽사 이 같으니 이는 하늘이 우리의 무자함을 불쌍히 여기사 귀자를 점지하시도다."

하고 서로 기꺼하더라. 과연 그달부터 태기 있어 십 삭이 차매, 일일一日은 부인이 피곤하여 자리에 누우니 인하여 복통이 급하며 일개 옥동자를 낳으니, 이때 공이 부인의 산기 급함을 보고 황망히 약을 준비하며 마루 위에 거닐더니, 홀연 서기瑞氣 반공半空에 영롱하며 한 선녀 내려와 아기를 씻겨 누이고 부인께 고하여 가로되,

"이 아기는 하늘의 태백성太白星[8]으로 인간에 내려와 부인 슬하를 빛내거니와 이 아기의 배필은 금강산에 있으니 부디 천정天定을 어기지 마소서."

하고 문득 간데없거늘, 공의 부부 기꺼하여 아이를 보니 꿈에 보던 동자와 일호도 다름이 없는지라. 이때는 갑진년 사월 십칠일 진시辰時라. 공이 크게 기꺼 이름을 시백이라 하고 자를 명선이라 하여 장중보옥掌中寶玉같이 사랑하여 기르더니, 세월이 여류如流하여 시백의 나이 삼 세에 이르매 총명이 뛰어나 온갖 서책을 보고자 하니, 공이 그 너무 숙성함을 염려하더니, 그 이듬해 춘삼월에 부인이 또 태기 있어 십이월 초순에 일개 옥녀를 낳으니, 공이 더욱 기꺼하여 여아를 자세히 보니 요요작작夭夭灼灼[9]한 용모 세상에 짝이 없을러라.

이에 이름을 시화라 하고 자를 선옥이라 하여 금지옥엽같이 기르더니, 점점 자라매 용모 더욱 빼어나고 재주 비상하여 여공女功[10]과 시서詩書에 모를 것이 없는지라. 나이 십일 세

---

7) 대지팡이에 짚신을 신은 길손 차림.
8) 금성. 천지조화를 상징하는 별.
9) 인물이 아름다운 것.
10) 여인들이 하는 길쌈, 바느질, 음식 솜씨 따위.

에 이르매 옥안화용玉顔花容이 절승하고 숙덕淑德이 겸비하니, 공이 거문 거족에 어진 낭재郎材를 널리 구하여 슬하의 재미를 보고자 하더라.

세월이 여류하여 시백은 나이 십육 세요 시화 소저는 나이 십삼 세라. 이때에 상上이 공의 위인이 충후함을 아름다이 여기사 특히 강원 감사를 제수하시니, 공이 천은을 숙사肅謝하고 삼 일 후 발정發程할새 다만 아들을 데리고 부인과 시화 소저를 작별 후 수일 만에 감영에 도임하여 정사를 밝게 다스리며 아들을 데리고 시서를 강론하더라.

차설且說[11], 금강산 상상봉에 한 처사 있으니, 성은 박이요, 이름은 현옥이요, 별호는 유점 대사라. 도학道學이 유명한 선비니 그 부인은 최 씨로 동주同住한 지 삼십 년에 유점사楡岾寺 근처에 비취정翡翠亭을 짓고 세월을 보낼새, 세상 사람이 존칭하여 비취 선생이라 하며 혹은 유점 처사라 일컫더라. 일찍 두 딸을 두었으니, 장녀는 나이 십칠 세로되 용모 박색인 고로 출가치 못하고 아우는 일찍 출가한지라. 박 소저 용모는 비록 추악하나 천성이 현숙하고 도학이 무량無量하여 세상 만물에 모를 것이 없으니, 처사 기특히 여겨 한가한 때면 소저를 불러 앞에 앉히고 고금지사古今之事를 의논하니, 소저의 대답이 유수 같아 오히려 처사의 모를 일이라도 능히 해석하니, 처사 절절이 탄상歎賞하여 가로되,

"이 아이는 세상의 기이한 재주라. 저와 같은 명현군자名賢君子를 구하여 여아의 배필을 삼으리라."

하더니, 마침 이 공이 본도의 감사로 내려옴을 듣고 부인더러 가로되,

"생이 감영에 나아가 이 공을 보고 청혼하리다."

부인이 웃어 가로되,

"이 감사는 조정에 유명한 재상이라 어찌하여 촌부의 하염 없는 (하찮은) 딸과 연혼連婚코자 하오리까."

처사 웃어 가로되,

"부인은 염려 말라. 이 두 아이는 천정한 연분이니 부인은 두고 보소서."

부인이 처사의 신명함을 아는 고로 묵묵히 말이 없더라. 처사 이에 의관을 정제하고 한 필 청려靑驢[12]를 채질하여 감영에 이르러 통인通引을 불러 명함을 주며 가로되,

"너희 사또께 드리라."

통인이 명을 듣고 들어가 명함을 드리고 처사의 말씀을 고하니, 공이 의아하여 즉시 청하니 처사 갈건포의葛巾布衣로 천천히 들어오거늘, 공이 황망히 당에 내려 맞아 올려 예를 마치고 좌정한 후, 처사 무릎을 도사리고 가로되,

"비인鄙人[13]은 금강산에 거하는 박현옥이라. 산야에 묻혀 있는 천한 몸으로 외람히 상공

---

11) 한편. 옛 소설에서 이야기의 한 대목을 끝내고 다른 대목으로 넘어갈 때 쓰는 말.
12) 털이 검푸른 나귀.
13) 촌사람 또는 천한 사람. 여기서는 자신을 낮추어 가리키는 말.

게 뵈옴은 깊은 소회所懷 있어 감히 이르렀나이다."

공이 눈을 들어 처사를 살펴보니 선풍도골仙風道骨이 갈건 아래 더욱 빛나니 가히 범인凡人이 아님을 알지라 공이 공경하여 대답하되,

"복복[14]은 용렬한 필부로 외람히 성은을 입사와 일도一道 방백方伯[15]의 중임을 당하여 주야晝夜 두리더니(두렵더니), 이제 선생이 왕림하사 우매한 위인을 교훈코자 하시니, 복이 일도 만인의 시비를 면할까 하나이다."

처사 공경히 사례하여 가로되,

"상공이 너무 포장褒奬[16]하시니 비인이 심히 황감하오나, 다만 천한 소회는 다른 일이 아니오라 소생의 천견으로 천리를 궁구하온즉 영랑슈郞[17]이 소녀와 천정배필이오나, 다만 부끄리는(부끄러운) 바는 용모 박색이옵고 자질이 천한지라 감히 옥인 군자의 배필됨이 외람하오나, 하늘이 정하신 배필을 어길 길이 없는 고로 감히 상공께 이러한 사연을 고하나이다."

공이 듣기를 마치매 처사의 거동을 보고 말을 들으니 범인은 필경 아니라, 저의 말이 맹랑치 않음을 알고 이에 흔연히 대답하여 가로되,

"선생의 고명하신 지취志趣와 영녀슈女의 빼어난 자질로 용렬한 필부의 속된 자식의 배필을 삼고자 하시니, 이는 복의 얻지 못할 영광이라 어찌 사양하리꼬. 바라건대 존명尊命을 받들리다."

처사 기꺼 가로되,

"상공의 존귀하심으로써 비인의 말씀을 더러이 여기지 않으시고 한 말씀에 쾌히 허락하시니 감격함을 이기지 못하리로소이다."

공이 또한 기꺼하여 아들을 부르니, 이윽고 한 소년이 청포 흑건靑袍黑巾으로 앞에 나아오거늘, 공이 명하여 처사께 뵈오라 한대, 공자 부친의 명을 따라 처사를 향하여 공경히 재배再拜한대, 처사 답례하고 눈을 들어 보니 짐짓 만고 영웅이요 일대호걸이라. 이후에 출장입상出將入相[18]하여 명망이 일국에 떨칠 기상이 은은殷殷하거늘, 처사 크게 기꺼 이 공을 대하여 기이한 아들 둠을 치하하니, 공이 너무 과도히 칭찬함을 사례하더라. 처사 이 공을 향하여 가로되,

"아주 길일을 정함이 어떠하니이꼬?"

공이 허락한대, 처사 크게 기꺼하여 즉시 길일을 택하니 명년 팔월 이십일이 대길한지라

---

14) 자기를 낮추어 이르는 말.
15) 감사(관찰사)의 다른 이름.
16) 칭찬하여 장려하는 것.
17) 남의 아들을 높여 이르는 말.
18) 나가서는 장수 되고 들어와서는 재상이 된다는 말로, 문무를 겸비한다는 뜻.

그날로 정하고, 주객이 기꺼하여 술을 내와 즐기다가, 날이 저물매 처사 일어 하직하고 공자의 손을 잡고 후일 다시 봄을 이르고 표연히 당하에 내려 돌아가니, 그 행보 경첩輕捷하여 짐짓 신선이라. 이 공이 아들로 더불어 그 간 곳을 바라보며 그 신기함을 탄복하더라.

세월이 여류하여 명년 추절秋節이 되니, 상이 공의 애민선정愛民善政함을 아름다이 여기사 벼슬을 돋우어 이조 판서 세자빈객世子賓客[19]을 제수하사 역마驛馬로 부르시니 공이 천은을 축사祝辭하더라. 이러구러 박 처사와 상약相約한 길일이 다다르니 공이 부인을 대하여 가로되,

"복이 원주 감영에 있을 때에 금강산 박 처사의 여아와 정혼함은 부인도 이미 알거니와 이제 길일이 멀지 않은지라 부득이 아이를 데리고 내려가 성례成禮하고 올라오다."

부인이 가로되,

"혼인은 인륜대사. 상공이 면약面約하여 정혼하시고 어찌 위약하시리꼬."

공이 부인의 말이 정중함을 기꺼하여 이튿날 궐하闕下에 나아가 연유를 아뢰었더니, 상이 허락하시고,

"속히 내려가 혼사를 지내고 올라와 직책을 살피라."

하시며 금은필백金銀匹帛을 내리시니, 공이 천은을 사례하고 즉시 아들을 데리고 금강산을 찾아서 유점사 근처에 이르러 비취에 사는 박 처사 집을 찾으니 그 동리 사람들이 이르되,

"이곳에서 삼십 년을 살았으되 박 처사란 말을 듣지 못하나이다."

하거늘, 공이 적이 번민하여 생각하되,

"내일은 아들의 길일이어늘 지금까지 박 처사의 거처를 찾지 못하니 이는 시백이 선연仙緣이 없는도다."

하고 정히 주저하더니, 문득 공중으로서 학의 소리 나더니 박 처사 앞에 이르러 이 공의 손을 잡고 웃어 가로되,

"존공尊公이 산야의 천한 사람을 찾으려 하고 누지陋地[20]에 왕림하사 여러 날 방황하시니 이는 비인의 불민함이라. 빈도貧道[21]의 집이 멀지 아니하니 가사이다."

하고 시백의 손을 이끌고 이 공을 청하여 수리數里를 들어갈새 산길이 험준하여 접족接足하기 어려우나 처사의 행보는 평지같이 하여 한 곳에 이르니, 송죽이 울울하고 기화요초奇花瑤草 난만한데 사오 칸 초옥을 정결히 지었고 금자金字로 현판을 달았으되 비취정이라 하였더라.

처사 공의 부자를 인도하여 서당에 이르니 뜰 앞에 백학은 쌍쌍이 왕래하고 양류楊柳 사

---

19) 왕세자의 교육을 맡아보는 벼슬.
20) 누추한 곳. 자기가 사는 곳을 낮추어 하는 말.
21) 중이나 도사가 스스로를 낮추어 이르는 말.

이에 누른 꾀꼬리는 봄빛을 자랑하니 짐짓 별유선경別有仙境이라. 객실에 들어가니 옥백 서안書案에 만권 서책이 쌓여 있고 벽상에 칠현금七絃琴을 세웠으니 가히 은사隱士의 거처임을 알러라.

처사 공의 부자를 청하여 좌정하매 이윽고 시녀 석반夕飯을 올리거늘 처사 저를 들어 자시기를 권하니, 공이 흔연히 나와 상을 보매 찬품이 정결하고 소담하여 인간의 진수성찬에서 나음이 있거늘, 공의 부자 식사를 마치매 상을 물리고 처사로 더불어 고금을 의논하여 이윽히 담화하다가 밤이 깊으매 처사는 내당으로 들어가고 공의 부자는 인하여 쉬니, 이튿날 처사 공의 부자와 한가지로 조반을 파하매, 처사 흔연히 웃어 가로되,

"날이 늦었으니 영랑을 길복吉服을 갖추어 전안奠雁[22]을 행하게 하소서."

공이 얼굴에 기쁨이 무르녹아 아들을 명하여 길복을 입히고 내실에 들어가 행례行禮함을 명하니, 처사 공자의 손을 이끌어 내당에 들어가 교배석交拜席에 인도하니 공자 천천히 걸어 나아가 옥玉 상에 기러기를 전하고 다시 정상에 올라 신부로 더불어 초례醮禮를 마치매, 공자 몸을 돌이켜 외당으로 나오니 공이 기쁨을 못 이겨 아들의 손을 잡고 처사를 향하여 사례하여 가로되,

"선생의 고명하심으로 자식의 용렬함을 불고하시고 천금옥녀千金玉女로 하여금 길례吉禮 이루니 복의 부자는 복福이 손損할까 두리나이다."

처사 사례하여 가로되,

"영랑의 선풍도골로써 여아의 추한 자질을 대하니 비인의 마음에는 몸 둘 바를 알지 못하오니, 다만 천정연분이니 인력으로 면치 못할 바를 아는 고로 오늘 길례를 치름이라. 바라건대 존공은 하해 같은 은덕을 드리우사 여아의 추한 용모를 용서하시고 슬하에 양육하심을 바라나이다."

공이 흔연히 웃어 가로되,

"선생의 말씀이 너무 겸양하시는도다. 영녀의 용모 선생 말씀 같아 비록 불미한 곳이 있을지라도 여자의 도는 현숙함이 으뜸이요, 용색容色이 미려하면 옥안박명玉顔薄命이 쉬우니 선생은 조금도 염려치 마소서."

처사 공의 말을 감격히 여겨 술을 내와 주객이 종일토록 마셔 즐기더니, 날이 저물매 석반을 마친 후 공이 아들을 명하여 신방에 들어가라 하니, 공자 명을 받들어 신방에 이르러 방중의 물건을 살펴보니 여자의 침선針線 기물器物은 전혀 없고 손오 병서孫吳兵書와 육도삼략六韜三略을 서안 위에 쌓았거늘 공자 괴이히 여겨 무릎을 도사리고 단정히 앉았더니, 이윽고 신부 들어오거늘 공자 몸을 일어 맞아 좌정하고 눈을 들어 신부를 보니 키는 거의 칠 척은 되고 퍼진 허리는 열 아름은 되고 높은 코와 내민 이마며 둥근 눈방울이 끔찍이 흉하고 수족이 불인不仁[25]하여 걸음을 절며 안색이 먹칠 같고 두 어깨에 쌍 혹이 늘어져

---

22) 혼례식 날 신랑이 신부 집에 기러기를 가지고 가서 상 위에 놓고 절하는 예식.

가슴을 덮었으니, 비컨대 흑살 천신黑煞天神이 아니면 분명히 염라부閻羅府의 우두나찰牛頭羅刹[24] 같은지라. 공자 그 흉악한 용모를 보매 혼백이 날아나고 또 신부의 몸에서 더러운 냄새 코를 거스르니 공자 비위를 능히 진정치 못할지라. 황망히 뛰어나와 오히려 놀라움을 진정치 못하거늘, 공이 놀라 물어 가로되,

"네 어이 도로 나오며 놀란 기색이 있음은 어쩐 연고뇨?"

공자 여쭈오되,

"소자 신방에 들어가 보니 신부 나오지 아니하였더니 이윽고 한낱 흑살 천신 같은 여자 들어오거늘 마음에 놀라운 중 더러운 냄새 비위를 진정할 길이 없는 고로 급히 나왔사오니 명일은 급히 상경하사이다."

공이 듣기를 다 하고 크게 놀라 아들의 태도 진중치 못함을 노하여 꾸짖어 가로되,

"네 아무리 용렬하나 오늘이 부부의 첫날밤이어늘 신부 비록 외모 불미함이 있은들 무엇이 저리 놀라우며, 여자의 도리는 현숙함이 근본이요 용모 아름답지 못함은 상관할 바 아니어늘 네 어찌 색을 취하고 덕을 가벼이 하는 악한 행실을 하느뇨?"

공자 황송하여 부복俯伏하여 다시 여쭈오되,

"소자 본디 다른 아우 없삽고 다만 남매뿐이라 요조가인의 배필을 만나 부모를 편히 봉양하옵고 자녀를 갖추 두어 후사를 이음이 여자의 행도行道어늘, 이 여자의 거동은 괴괴망측하여 차마 마주 보기 어려우니, 이는 조물이 시기하고 하늘이 믜이 여기사 이런 괴물로써 계집이라 일컬으시니, 비록 하늘 뜻을 어기고 부모께 불효 될지라도 일시를 차마 볼 수 없사오니 바삐 상경하사이다."

공이 눈을 부릅떠 꾸짖어 가로되,

"네 아비 말을 홍모鴻毛[25]같이 가벼이 여기고 방자한 뜻을 말하여 여자의 숙덕淑德을 돌아보지 아니하고 요요작작한 미색을 취하니 어찌 한심치 아니하며 통분치 않으리오. 이런 방자한 말을 다시 말고 들어가 신부의 어진 덕을 감격하여 종고지락鐘鼓之樂[26]을 이루어 아비의 말을 순종하라. 만일 다시 거역하면 부자지의父子之義를 아주 끊으리라."

한대, 공자 부친의 명이 너무도 엄정함을 보매 감히 다시 거역지 못하여 다시 신방에 들어가나, 신부를 다시 보기 싫어 한편 구석에 옷을 벗지 아니하고 누웠다가, 닭이 울면 외당에 나와 부친의 침소를 살피고 조반을 마친 후, 자연 날이 저물면 구실 삼아 신방에 들어갔다가 밝으면 나와, 이리하기를 삼 일을 지내고 택일하여 상경할새, 공의 부자 처사를 하직하고 신부를 교자轎子에 태워 발정發程하여, 여러 날 만에 서울 본댁에 이르러 아들을 거느

---

23) 몸이 마비되어 마음대로 쓰지 못한다는 뜻.
24) 소머리를 가졌다는 악한 귀신.
25) 기러기 털.
26) 부부 사이의 재미나 즐거움.

려 사당에 들어가 예를 마치고 좌정한 후, 다시 의관을 정제하고 부인과 한가지로 비로소 신부를 불러 볼새, 신부 단장하고 폐백을 받들거늘, 부인이 눈을 들어 신부를 보니 만고에 없는 박색이라. 심중에 분하여 공을 향하여 가로되,

"저 인물을 어찌 며느리라 하여 슬하에 두고 보리오?"

한대, 공이 좋지 아니하여 가로되,

"신부 비록 외모는 추루醜陋하나 재주 기이하여 무궁한 도법道法이 심중에 가득하고 겸하여 숙덕이 겸비하니 진실로 우리 가문을 빛낼 인물이라. 부인은 어찌 용색容色이 불미함을 시비하느뇨?"

부인이 공의 엄정한 책망을 듣고 묵묵히 말이 없거늘, 공이 아들과 신부를 명하여 사당에 올라 쌍으로 잔을 드려 조종祖宗에 고하고, 외당에 나와 모든 손을 접대하며 술을 내와 즐기다가 날이 저물매 모든 손이 흩어지고, 공이 내당에 들어가 신부를 숙소에 보내어 편히 쉬게 하니라.

그 후 수삭數朔을 지나되 공자 한 번도 박 씨의 숙소에 옴이 없으니, 공이 크게 성내어 공자를 불러 꾸짖어 가로되,

"옛날 제갈 무후諸葛武侯[27]의 부인 황 씨는 인물이 박색이로되 공명孔明의 대접이 후하고, 필경 나와 벼슬하며 유 황숙劉皇叔[28]을 도와 설계할 때에 황 부인이 팔문둔갑법八門遁甲法과 호풍환우呼風喚雨하는 술법을 무후에게 전수하여 삼국에 이름이 진동하였으니 어찌 아름답지 않으리오. 그런고로 황 부인의 이름을 삼국에 떨쳐 별호를 절흥節興부인이라 일컬었으니, 이는 천하의 뛰어난 부인이라. 네 옛일을 미루어 나의 어진 며느리를 박대치 말라."

공자 부명父命을 거역지 못하여 박 씨 침소에 들어가되, 한편 구석에 옷 입은 채 누웠다가 밝기를 기다려 나갈 뿐이요 한 말도 접어接語치 아니하니 어찌 한심치 않으리오.

하루는 박 씨 아침 문안을 당하여 무슨 말을 하려다가 주저하거늘, 공이 물어 가로되,

"현부賢婦 무슨 소회 있느뇨?"

박 씨 부복하여 여쭈오되,

"소부小婦 용렬하고 누추한 자질로 존문尊門에 들어와 모셔 구고舅姑께 불미한 일이 많사오니 존전尊前에 아뢰기 황송하오나, 소부의 본성이 정히 유벽幽僻함을 즐기고 번화한 곳이 심히 괴로운 고로 천한 소회를 고하옵나니, 후원에 한 초당을 이루어 거처함이 소원이오니 대인은 허하심을 바라나이다."

공이 듣기를 다 하고 그 정지情地를 가긍히 여겨 흔연히 허락하고 즉시 가인家人을 명하여 후원에 십여 칸 초옥을 이루고 기화요초를 많이 심어 박 씨의 맑은 지취를 도우니 박 씨

---

27) 중국 삼국 시대 촉한의 전략가 제갈량. 사는 공명孔明이다.
28) 중국 삼국 시대에 촉한을 세운 유비.

공의 은혜를 감격하여 만만 사례萬萬謝禮하더라. 이러구러 후원 역사를 마치매 길일을 택하여 시비侍婢 계화를 데리고 초당에 이르러 원중園中을 살펴보니, 기이한 꽃은 봄빛을 자랑하고 청학 백학은 쌍쌍이 왕래하여 주인을 반기는 듯하니 짐짓 별유선경이라. 박 씨 기꺼하여 시비 계화를 명하여 서헌書軒[29]에 나아가 노야老爺[30]께 종이 한 장을 얻어 오라 하니, 계화 명을 받들어 서헌에 이르러 뜰아래 부복하여 박 씨의 말씀을 고하니, 공이 의아하여 즉시 서동書童을 시켜 색 좋은 종이 한 장을 가져오라 하여 친히 손에 들고 후원에 들어가니, 박 씨 급히 뜰에 내려 맞거늘, 공이 흔연히 물어 가로되,

"현부 종이는 무엇에 쓰려 하느뇨?"

박 씨 옷깃을 여미고 여쭈오되,

"그런 정결한 집에 당호堂號 없기로 쓰고자 함이로소이다."

공이 기꺼 가로되,

"내 현부의 필재筆才를 보고자 하노니 나의 앞에서 쓰라."

박 씨 명을 받들고 계화로 필묵筆墨을 가져오라 하여, 용연龍硯에 먹을 갈아 일필휘지하니 필법의 신기함이 청룡이 서린 듯하니, 그 현판에 피화정避禍亭이라 하고 그 옆에 '신미년 맹춘孟春에 취희당翠姬堂은 쓰노라.' 하였거늘, 공이 필법을 한 번 보고 격절擊節[31] 히 칭찬하여 가로되,

"짐짓 기재奇才로다. 현부, 엄친嚴親의 재주를 닮았도다."

박 씨 황감하여 사례하고 그 글자를 한번 뒤적이니 문득 금자 쓴 현판이 되거늘, 공이 더욱 신기히 여겨 가로되,

"현부는 만고에 기이한 재주로다. 시백이 용렬하여 구박이 자심하니 어찌 한흡지(한스럽지) 않으리오."

하더라.

하루는 박 씨 서당에 나아가 구고舅姑께 문안하고 인하여 부복하여 공에게 여쭈오되,

"명일 아침에 노복奴僕을 분부하시되, 종로 여각旅閣[32]에 가면 게마羯馬[33] 수십 필이 있사온 중 비루먹은 말을 잡고 값을 물으면 일곱 냥을 달랄 것이니, 그 말을 들은 체 말고 돈 삼백 냥을 주고 사 오라 하소서."

공이 놀라 물어 가로되,

---

29) 공부방이라는 뜻으로, 사랑방, 외당과 같은 말.
30) 어르신.
31) 무릎을 치면서 탄복하는 것.
32) 여각은 지방에서 나는 물품을 사고파는 소개를 하며 물건 임자를 묵게 하는 곳. 여기서는 말[馬]을 사고파는 이들이 묵는 여각을 말한다.
33) 마구간에 매여 있는 말.

"현부의 말이 괴이토다. 말 값이 일곱 냥이라 하면서 그다지 후가厚價를 주고 사 오라 하느뇨?"

박 씨 대답하여 여쭈오되,

"이후 보시면 자연 아오시리다."

공은 그러히 여기되, 부인은 냉소하여 공의 믿음을 웃더라. 명일에 공이 외당에 나와 노복 중 충복을 불러 돈 삼백 냥을 주고 분부하되,

"종로에 가서 여차여차하라."

하니, 노복이 명을 받들고 종로 말 여각에 가 본즉 과연 그러하거늘 마도위[34]를 불러 그중에 비루먹은 말을 가리켜 가로되,

"저 말 값이 얼마뇨?"

중도위[35] 이르되,

"좋은 말이 무수하거늘 구태여 파리한 말을 사려 하느뇨? 값은 일곱 냥이로라."

충복이 가로되,

"우리 노야 분부하시되 삼백 냥을 주고 사 오라 하시니 이 돈을 받으라."

마도위 놀라 가로되,

"이상한 말을 다시 말라. 일곱 냥 가는 말을 어찌 삼백 냥 중가重價를 받으리오."

충복이 가로되,

"나는 우리 노야의 분부라 어찌 거역하리오."

하고 삼백 냥을 억지로 주려 하니, 마도위 가로되,

"말 값 일곱 냥은 내어 놓고 그 나머지는 우리 양인이 분식分食하고 가서 삼백 냥을 다 주고 산 양으로 고하라."

충복이 그러히 여겨 반씩 나누어 가지고 말을 끌고 돌아오니, 공이 나와 말을 이끌고 후원에 들어가 박 씨를 불러 보라 하니, 박 씨 이윽히 보다가 공에게 여쭈오되,

"저 말을 도로 내어다 주라 하소서."

공이 의아하여 가로되,

"네 말대로 사 왔거늘 어찌 도로 주라 하느뇨?"

박 씨 가로되,

"대인은 모르시나 소부는 아옵나니 말 값을 덜 주고 사 왔사오니 무엇에 쓰리까. 그런고로 주라 함이니이다."

공이 놀라 충복더러 꾸짖어 가로되,

"네 말 값을 얼마나 주고 사 온다?"

---

34) 말을 사고팔 때 흥정을 붙이는 사람.
35) 장마당으로 돌아다니며 과일이나 나무를 서로 사고팔도록 흥정 붙이는 사람.

충복이 여쭈오되,

"노야의 주신 대로 사 왔나이다."

박 씨 몸을 돌이켜 충복을 꾸짖어 가로되,

"네 아무리 우매한 천인인들 상전 속이기를 능사로 하니 어찌 통분치 않으리오. 네 말 값을 다 중도위 놈을 주니, 그놈의 말이 말 값 일곱 냥만 빼어 놓고 나머지는 우리 둘이 분식하자 하니, 네 그놈의 말에 솔깃하여 나누어 가지고, 두 놈의 말이 '벼락 치는 하늘도 속인다.' 하였으나 나는 속지 못하니, 상전 기망한 죄는 종차從此 다스리려니와, 급히 나아가 네 분식한 돈을 말 장사를 주고 오되, 만일 지체하면 너의 목숨을 보전치 못하리라."

충복이 황겁하여 땅에 엎디어 만만 사죄하고 급히 말 여각에 가 마도위를 보고 꾸짖어 가로되,

"이 몹쓸 놈아, 너의 말을 곧이듣고 말을 가지고 갔더니 하마터면 상전께 중죄를 입을 뻔하였다."

하고, 말 값을 수합收合하여 말 임자를 찾아 사기를 말하고 삼백 냥을 억지로 주고 돌아와 박 씨께 연유를 고하여 가로되,

"인제는 다 주고 왔나이다."

박 씨 가로되,

"아직 물러 있으라."

하고, 공께 여쭈오되,

"그 말을 하루 깨 한 되와 청정미 오 홉씩을 죽을 쑤어 삼 년을 먹이고 이 초당 앞뜰에 찬 이슬을 맞혀 버려두었다가 쓸 곳이 있나이다."

공이 흔연히 허락하고 삼 년을 버려두었더니 하루는 박 씨 정당正堂에 나아가 구고께 문안하니, 부인은 박 씨의 용모가 보기 싫어 아미를 찡기고 공은 웃는 낯빛으로 손을 잡아 가로되,

"현부 무슨 말을 하고자 하여 왔느뇨?"

박 씨 여쭈오되,

"모월 모일에 명나라 황제 돌아간 패문 칙사牌文勅使[36] 올 것이오니, 심복心服하옵는 노자奴子를 분부하사 명일 식전에 그 말을 끌고 남대문 옆에 세워 두면, 패문 가지고 오는 장수 보고 '저 말 값이 얼마냐?' 묻거든 '말 값이 삼만 팔천 냥이오.' 하면 그 장수 그 수효를 다 주고 살 터이니 말 값을 받아 오라 하소서."

공이 박 씨의 말을 신기히 여겨 흔연히 허락하고 그 이튿날 심복하는 노자 원삼을 불러 분부하되,

---

36) 황제의 글을 가지고 온 사신.

"네 이 말을 끌고 남문 안에 섰으면 명국明國 칙사 여차여차 물으리니 말 값이 삼만 팔천 냥이라 하면 묻지 않고 다 주리니 주는 대로 받아 오라."

원삼이 영을 듣고 즉시 말을 이끌고 남문 안에 섰더니 과연 칙사 들어오다가 그 말을 보고 통사通事를 시켜 묻거늘, 그대로 말하였더니 묻지 아니하고 말 값을 다 주거늘, 받아 가지고 돌아와 공께 고한대, 공이 기특히 여겨 후원에 들어가 박 씨더러 말 값 받아 옴을 말하여 가로되,

"그 말 값이 어이 그리 많으뇨?"

박 씨 여쭈오되,

"그 말이 천리총千里驄이라 조선서는 알아보는 이도 없거니와, 명국은 지방이 넓삽고 미구에 쓸데 있는 고로, 칙사는 신명한 사람이라 알아보고 삼만여 금 중가를 아끼지 아니하고 사 갔사오나, 조선은 지방이 좁사와 쓸 곳이 없나이다."

공이 탄복하여 가로되,

"너는 비록 여자이나 신명함이 이러하니 만일 남자로 태어났던들 국가 동량이 되어 유익함이 많으리로다."

하더라.

이때 국가 태평하여 만민이 즐기니 상이 성묘聖廟[37]에 배알하시고 경사 과거를 배설하여 인재를 가리실새, 이시백이 과거에 응하고자 제구諸具를 갖추어 과장科場에 나아가려 하더라. 이날 밤에 박 씨 일몽을 얻으니, 후원 연못 가운데 화초 만발한 중 봉접蜂蝶이 날아들고 백옥 연적이 홀연 변하여 청룡이 되어 노닐다가 여의주를 얻어 물고 채운彩雲을 타고 옥경玉京으로 향하여 오르거늘, 놀라 깨달으니 침상일몽枕上一夢이라. 심히 괴이히 여겨 밝기를 기다려 연못가에 나아가 보니 과연 연적이 놓였거늘, 자세히 보니 몽중에 보던 연적이라. 갖다가 간수하고 즉시 계화를 불러 이르되,

"소서헌小書軒[38]에 나아가 상공께 잠깐 들어오심을 고하라."

계화 즉시 소서헌에 나아가 공자께 박 씨의 말씀을 고하니, 공자 좋지 않아 가로되,

"무슨 일이 있관대 아녀자 장부의 과거 길에 지체하게 하는다?"

계화 들어가 그대로 고하니, 박 씨 한참 잠잠하다가 다시 계화를 보내어 가로되,

"여자의 도리에 가부家夫를 앉아서 청함이 당돌하오나 잠깐 들어오시면 장중場中 제구諸具[39]에 드릴 것이 있으니 한 번 수고를 아끼지 마소서 하여라."

계화 마지못하여 박 씨의 말씀을 자세히 고한대, 시백이 크게 노하여 큰소리로 꾸짖어 가로되,

---

37) 공자를 모신 사당.
38) 작은사랑.
39) 과거 시험장 안에서 쓰는 여러 가지 도구. 종이, 붓, 먹, 벼루, 연적 따위.

"요망한 계집이 장부의 과거 길에 이렇듯 방자하니 어찌 통분치 아니하리오."

말을 마치매 분기 더욱 치밀어 노복을 호령하여 계화를 잡아 내려와 수죄數罪[40]하여 가로되,

"너의 주인이 향곡鄕曲에 생장하여 비록 사체事體를 모르나 여자 되어 장부의 거래去來를 마음대로 하니 어찌 해괴치 않으리오. 오늘에 너를 치죄治罪함은 너의 주인을 대신함이니 이대로 전하라."

하고 말을 마치자 매 삼십 도를 때려 물리치니, 계화 울며 들어와 지낸 말을 고한대, 박 씨 낙루落淚하여 가로되,

"이는 나의 죄를 너에게 연좌함이니 여자의 몸이 구차함을 오늘에야 알리로다."

말을 마치며 길이 탄식하여 연적을 주며 다시 전하여 가로되,

"이 연적의 물로 먹을 갈아 글을 지어 써 바치면 장원 급제하여 입신양명하온 후 부모 전에 영화 뵈고 문호를 빛내오리니 첩 같은 사람은 군자에게 불관不關하오니 생각지 마시고 고문거족高門巨族에 요조숙녀를 택하여 평생을 화락하옵소서 하라."

계화 다시 나와 연적을 드리고 박 씨의 말씀을 고하니, 공자 듣기를 다 하고 연적을 받아 보니 천하의 기이한 보배라. 자기가 너무 과도하게 하였음을 후회하여 이에 계화를 불러 앞에 세우고 얼굴빛이 화평하여 이르되,

"너의 주인께 고하라. '생이 천성이 급하여 부인의 말씀을 미안히 여겨 계화를 엄중히 다스리되 부인은 심지 온순하여 연적을 보내어 과거 기구를 도우시니 심히 부끄럽사오나, 생의 행사를 분히 여겨 타문他門에 재취하라는 말씀은 너무 과도한가 하나이다.' 고 하라."

계화 명을 받들고 들어와 공자의 말씀을 일일이 고하니, 박 씨 잠자코 대답이 없더라.

공자 그날 과거 제구를 갖추어 장중에 들어가 글제를 보고 즉시 용연에 그 연적 물로 먹을 갈아 일필휘지하니 문불가점文不加點[41]이라. 일천一天에 선정先呈하고[42] 방榜 나기를 기다리더니, 이윽고 방을 걸새 장원은 서울 사람 이시백이니 부父는 이조 판서 득춘이라 하였거늘, 공자 일변 놀라며 일변 기꺼하더니, 이윽고 대 위로서 신래新來[43] 부르는 소리 진동하거늘, 공자 만인총중萬人叢中에 몸을 빼쳐 대 아래 다다르니, 상이 장원을 보시매 만고 영준호걸英俊豪傑이라. 용안에 희색이 가득하사 이 공이 기자奇子를 두어 국가의 보필이 됨을 찬양하시고 어화御花와 청삼靑衫을 주시니, 장원이 천은을 사례하고 풍악을 거느려 궐문을 날새 금포옥대錦袍玉帶에 표연한 풍채 만인총중에 뛰어나더라.

---

40) 죄를 들추어 내는 것.
41) 문장이 훌륭하게 되어 한 가지도 흠잡을 데가 없는 것.
42) 제일 먼저 써서 올리고.
43) 과거에 급제하여 벼슬길에 나선 사람. 여기서는 새로 과거에 급제한 사람을 가리킨다.

장안 대로 상으로 나아가 옥면봉안玉面鳳眼[44]에 어주御酒를 반취한 거동이 짐짓 진세塵世의 선랑仙郎이더라. 행하여 안국방 동구에 이르러 사당에 올라 배례하고 부모께 뵈오며 일가친척에 예를 마치매, 외당의 치하 온 손들이 신래를 부르는 소리 진동하니, 공이 아들을 거느려 외당에 나오매 공의 친구 가득하여 신래를 머물러 기꺼하며 치하하더라.

차설, 모든 재상이 공을 향하여 분분히 치하하니 공이 여러 손을 이끌어 술을 내어 즐기더니, 날이 저물매 파연곡罷宴曲을 아뢰니 모든 손이 각각 집으로 돌아가고, 공이 아들을 거느려 내당으로 들어와 석반을 마치고 촛불로 낮을 이어 즐기나, 박씨 부인이 외모 불미하므로 손을 보기 부끄러 깊이 들어 있음을 서운히 여겨 심히 즐겨 아니 하니, 부인이 의아하여 물어 가로되,

"오늘 아들의 과거 본 경사는 평생에 두 번 보지 못할 경사어늘 상공의 기색이 좋지 아니하심은 필연 추악한 박 씨 좌석에 없음을 서운히 여기심이니 어찌 가소롭지 아니하리꼬."

공이 정색하여 가로되,

"부인이 아무리 지식이 천단淺短한들 다만 용모만 보고 속에 품은 재주를 생각지 아니하느뇨? 자부의 도학은 신명함이 옛날 제갈 무후의 부인 황 씨를 압두壓頭할 것이요, 덕행은 유한정정幽閑貞靜하여 태사太姒[45]를 비하리니, 우리 가문에 과분한 며느리어늘 부인 말이 우습지 않으리오?"

말을 마치매 안색이 심히 좋지 아니하더라.

이때 계화, 공자의 장원 급제함을 듣고 박 씨를 향하여 기쁨을 치하하고 또 탄식하여 가로되,

"아씨 시댁에 오신 후로 상공의 자취 한 번도 침실에 보이지 아니하고, 우리 아씨의 현철한 숙덕으로써 대부인의 박대하심을 당하사 적막한 후원에 홀로 주야 거처하사, 가중 대소사를 참예치 못하시고 중인衆人 연회에도 감히 나가지 못하시고, 수심으로 세월을 보내시니, 소비 같은 소견에도 아씨의 신세를 위하여 비창함을 이기지 못하리로소이다."

박 씨 태연히 대답하여 가로되,

"사람의 팔자와 흉화길복凶禍吉福과 고락은 다 하늘이 정하신 바라 인력으로 못 하나니, 자고로 홍안박명紅顔薄命이 한둘이 아니니 어찌 홀로 나뿐이리오. 분수와 명을 지켜 천명을 기다림이 옳으니 아녀자 되어 어찌 가부의 은정을 생각하리오. 너는 괴이한 말을 다시 말라. 외인이 이런 말을 들으면 나의 행신行身을 천히 여기리라."

계화 박 씨의 광활한 마음과 현숙한 말씀을 못내 탄복하더라.

---

44) 옥같이 깨끗하고 고운 얼굴과 봉의 눈과 같이 가늘고 끝이 위로 뻗친 눈. 인물이 잘생겼다는 말.
45) 중국 주나라 문왕文王의 왕비로, 어진 부인의 본보기로 일러 왔다.

이때 박 씨 시가에 온 지 이미 삼 년이라. 하루는 정당에 나와 구고께 문안하고 인하여 옷깃을 여미고 여쭈오되,

"소부 존문에 가취嫁娶한 지 삼 년이로되 본가 소식이 묘연하매 부모의 안부를 알려 잠깐 다녀오고자 하오니 대인은 허락하심을 천만 바라나이다."

하거늘, 공이 듣고 크게 놀라 가로되,

"이곳서 금강산이 오백여 리요 도로 험준하거늘 네 어찌 행코자 하는다? 장성한 남자도 출입하기 어려운지라 하물며 여자의 몸으로 이런 망령된 생각을 행여 먹지 말라."

박 씨 대답하여 가로되,

"소부도 그러하온 줄 아오나 부득불 다녀오고자 하옵나니 대인은 과도히 염려치 마소서."

공이 박 씨의 신명이 특이함을 아는지라 이에 허락하여 가로되,

"너의 말을 들으매 부득불 한 번 다녀오고자 하니 명일 근친覲親할 제구와 인마人馬를 차려 줄 것이니 속속히 다녀오라."

박 씨 다시 여쭈오되,

"소부 수삼 일 동안에 내왕할 도리 있사오니 인마 제구가 다 쓸데없나이다."

공이 박 씨의 재주 통달함을 짐작하나 그러나 이렇듯 내왕을 신속히 할 도리가 있음은 몰랐는지라. 이에 이 말을 듣고 더욱 신기히 생각하여 흔연히 허락하거늘, 박 씨 인하여 구고께 재배 하직하고 후당에 돌아와 계화를 불러 분부하여 가로되,

"내 친가에 잠깐 다녀오려니 너는 나의 행색行色을 외인에게 누설치 말라."

하고, 인하여 뜰에 내려 두어 걸음 행하다가 몸을 날려 구름에 올라 잠시간에 금강산 비취동에 다다라 부모께 재배하고 문안을 드리니, 처사 이에 박 씨의 손을 잡고 탄식하여 가로되,

"너를 시가에 보낸 지 삼 년에 홍안박명을 슬퍼하나 이는 천수天數에 매인 바요 인력으로 못 함이거니와 이제는 너의 액운이 다하고 복록이 무량할지라. 이달 십오일에 내 올라가리니 너는 잠깐 다녀가라."

박 씨 재배하고 명을 받잡고 인하여 부모 슬하에 모셔 몇 해의 회포를 펴고 수일 머물더니, 처사 부부 재촉하여 가로되,

"너는 존구尊舅께서 기다리시리니 빨리 돌아가서 시부모께 현알見謁하라."

박 씨 마지못하여 부모를 하직하고 날 새기를 기다려 다시 구름을 멍에하여[46] 잠깐에 후당으로 돌아오니, 계화 바삐 박 씨를 맞아 신속히 다녀옴을 기뻐하니, 박 씨 의복을 정제하고 정당에 들어가 구고께 문안하고 다시 꿇어 공에게 여쭈오되,

---

46) 구름을 멍에로 삼아. 구름을 타고 간다는 뜻.

"소부 올 때에 가친家親 말씀이, '이달 십오일에 갈 것이니 너의 시부께 아뢰라.' 하더이다."

공이 흔연히 고개를 끄덕이고 가인을 분부하여 주찬酒饌을 갖추어 처사의 오기를 기다리더니, 과연 십오일에 이르러 월색月色이 명랑하고 청풍淸風이 소소하더니 홀연 반공으로서 학의 소리 나며 처사 운무를 타고 내려오거늘, 공이 황망히 당에 내려 처사를 맞아 방에 들어와 예를 마치고 좌정하매, 공자 또한 의관을 정제하고 처사를 향하여 배례를 맞고 여러 해 문안을 말하니 풍의 동탕風儀動蕩[47]하여 짐짓 일대영걸이라. 처사 황홀하고 귀중히 여겨 공자의 손을 잡고 공을 향하여 치하하여 가로되,

"영랑의 거룩한 재주로 청운靑雲에 올라 계화桂花의 첫가지를 꺾어[48] 옥당玉堂[49]에 참례하니 존문에 이런 경사 없음을 아오나 비인의 천성이 졸렬하여 공께 치하를 베풀지 못하였더니, 금년이 여아의 액운이 다하여 지금 저의 흉한 용모와 누추한 바탕을 벗을 한限이 되었는 고로 비인이 존문에 나아와 현서賢婿의 과거한 경사를 치하하고 겸하여 여아를 보고자 왔나이다."

공이 처사의 말씀이 묘맥苗脈[50]이 있음을 짐작하고 쾌락함을 이기지 못하여 주객이 술을 내와 피차 정회를 일러 밤이 깊음을 깨닫지 못하더니, 문득 닭의 소리 요란하니 비로소 침상에 올라 편히 쉬고, 처사 박 씨의 침소에 들어가니 박 씨 급히 당에 내려 부친을 맞아 배례하고 근일 문안을 묻자온대, 처사 흔연히 박 씨의 손을 잡고 당에 올라 남향하여 박 씨를 앉히고 흔연히 웃어 가로되,

"금년은 너의 죄악이 다하였다."

하고 진언眞言[51]을 읽으며 소매를 들어 박 씨의 얼굴을 가리키니, 그 흉하던 면상의 허울이 일시에 벗어지고 옥모경안玉貌瓊顔의 기묘한 절색이 되거늘, 처사 쾌히 웃어 가로되,

"내 이 허물을 가져가고자 하나 의혹을 없이할 길이 없으니 시부께 말씀하여 궤를 얻어 넣어 너의 시모께와 가장을 보여 의심을 풀게 하라. 오늘부터 이별하면 이후 칠십 년이 지나 부녀 다시 만나 미진한 정회를 풀리라."

하고 말을 마치매, 외당에 나아가 공을 이별하고 가로되,

"이후 혹 어려운 일이 있거든 자부子婦더러 물으소서."

당에 내려 두어 걸음 행하더니 간 바를 모를지라, 공이 신기히 여기더라. 이튿날 계화 공께 나와 고하여 가로되,

---

47) 인물이 잘나고 활달하여 풍채가 뛰어난 것.
48) 과거에 장원 급제한 것을 이르는 말.
49) 홍문관의 딴 이름.
50) 일이 나타나게 될 실마리.
51) 주문 같은 것.

"작일昨日 처사 다녀가신 후로 우리 아씨의 형용을 벗겨 만고절색의 부인이 되었사오니 이런 신기한 술법이 없삽기로 노야께 고하나이다."

공이 이 말을 듣고 기쁨을 이기지 못하여 급히 후원에 들어가 보니 과연 한 미부인이 된지라. 박 씨 대에 내려 공을 맞거늘 공의 눈이 황홀하여 아무 말도 못 하고 섰으니, 박 씨 공손히 여쭈오되,

"소부 전생의 죄악이 심중하와 흉한 허물을 쓰고 세상에 나와 수십 년 액운을 채우매 하늘이 소부의 신세를 가긍히 여기사 가친을 명하여 본형本形을 주라 하신 고로, 작일에 오사 소부의 얼굴을 회복하여 주시고 즉시 돌아가심이니 대인은 의심치 마소서."

공이 듣기를 다 하고 반신반의하여 박 씨를 자세히 보니 옥안주순玉顔朱唇의 천태만염千態萬艷이 요요작작夭夭灼灼하여 짐짓 절대가인이라. 마음이 괴이하여 잠잠히 말을 못 하거늘, 박 씨 존구의 의심함을 보고 이미 벗은 허물을 드리거늘, 공이 보니 과연 적실한지라. 그제야 크게 깨달아 박 씨를 향하여 가로되,

"너의 아름다운 본형이 돌아왔으니 너의 시모와 아자我子 기꺼하리로다."

하고 정당으로 나오려 하니, 박 씨 공께 여쭈오되,

"궤 하나를 주시면 이 허물을 넣어 두었다가 존고尊姑와 낭군의 의혹을 풀고자 하나이다."

공이 흔연히 허락하고 즉시 외당에 나아가 궤를 얻어 들여보내니 박 씨 자기의 허물을 궤 속에 넣어 두니라. 이때 공이 내당에 들어가 부인과 아들을 대하여 박 씨의 형상이 바뀜을 말하니 부인이 믿지 아니하고 가로되,

"세상에 어찌 이런 괴이한 일이 있으리오?"

하고 시비를 명하여 박 씨를 부르니, 박 씨 의복을 정돈하고 계화를 명하여 허물 넣은 궤를 들리고 정당에 이르러 부인께 재배하고 슬하에 나아가니 부인이 이윽고 박 씨를 보다가 변색變色하여 가로되,

"세상에 요괴로운 일도 보았도다. 너의 흉한 허물이 어디 가고 저런 일색이 되었느뇨?"

박 씨 부복하여 여쭈오되,

"소부 추한 형상을 생각지 아니코 존문에 들어온 지 삼 년에 존고께 불효막대하오며 스스로 팔자를 한탄하옵더니, 전생 죄악이 다하기로 부친이 이르사 소부의 본형을 주시고 가시매, 벗은 허물을 궤 속에 넣어 두었다가 존고와 낭군께 뵈와 의심을 풀고자 함이니이다."

말을 맟고(마치고) 계화를 명하여 궤를 가져오라 하여 허물을 내어 드리니, 부인이 허물을 보고 의심을 풀어 비로소 사랑하는 마음이 통하여 박 씨의 손을 잡고 사랑함이 친녀에 덜함이 없더라.

이때에 상이 시백의 재덕才德을 사랑하사 벼슬을 돋우어 병조 판서를 하였으니, 판서 천은을 사례하고 집에 돌아와 공에게 뵈온대, 공이 가로되,

"너의 안해가 지금 어떠하더냐?"

시백이 황공하여 대답지 못하는지라, 공이 다시 가로되,

"사람의 영욕과 세상 사리를 측량치 못할 바니 너는 왕사往事를 생각지 못하는다? 이제 무슨 면목으로 처자를 보리오. 위인이 저렇듯 용렬하니 국가의 중임을 능히 감당할쏘냐?"

판서 황공하여 잠잠히 모셨다가 날이 저물매 다시 박 씨 침소에 들어가니, 박 씨 등촉을 밝히고 안색을 엄정히 하여 앉았으니 시백이 감히 일언을 못 하고 박 씨 발언하기를 기다리다가 밤이 깊은 후 판서 먼저 말을 펴되,

"시백이 혼암昏闇[52]하여 부인의 외모 불미함을 싫어하여 여러 해를 박대하였더니, 하늘이 생의 처복을 도우사 부인의 본형이 도로 되어 천고 절색이 되었으니, 생의 후회함이 부인을 상대할 면목이 없으나, 부인의 도리는 가부家夫를 승순承順함이 여자의 제일 경계라. 부인은 이를 생각하여 생의 허물을 용서하소서."

박 씨 발연변색勃然變色[53]하여 가로되,

"첩이 비록 인물이 흉악하나 시가에 들어온 후로 구고를 효성으로 봉양하고 군자를 승순하여 칠거의 큰 죄를 범함이 없거늘, 군자 첩을 행로인行路人같이 여기사 구박이 태심太甚하고 한갓 미색만 취하시니 다시는 첩 같은 위인을 생각지 마소서. 어진 가문의 아름다운 여자를 취하여 해로하시고 첩은 조금도 생각지 마소서."

판서 듣기를 다 하고 스스로 부끄러우나 이 도시 자기의 허물이라. 아무쪼록 박 씨의 마음을 감화코자 하여 밤이 다하도록 천사만단千事萬端[54]으로 애걸하여 무릎이 닳도록 사죄하니, 박 씨의 현숙한 덕성으로 판서의 지성을 보고 어찌 감동치 않으리오. 이에 공손히 대답하여 가로되,

"군자의 체위體位 존중하여 재상의 체도體度 뚜렷하거늘 어찌 경박소년輕薄少年의 행사를 하시느뇨? 내 본형을 감추고 추악함을 뵘은 군자의 마음을 혹지 아니하여 일향一向 정기精氣를 온전케 함이요, 수년을 박색을 꺼려 접어치 못하게 함은 군자의 언어를 삼가게 함이어니와, 군자의 심지를 쾌씸히 여겨 평생을 풀지 말았더니, 여자의 마음이라 군자의 이렇듯 하심을 보오니 첩의 마음이 감동하여 심곡 소회心曲所懷를 다 푸옵나니, 군자는 체위를 존중하옵소서."

판서, 부인의 설화를 들으매 마음이 그지없이 기꺼 박 씨를 향하여 사례하여 가로되,

"생은 인간의 무식한 용렬한 자라 식견이 고루하거니와 부인은 천생 선랑仙娘이라 의견이 활달하고 도량이 광원하시니, 용렬한 이시백이 어찌 부인과 화락함을 바라리오마는, 부인이 생의 죄를 사하시고 누년 맺힌 마음을 오늘날 풀어 버리시니 생의 즐거움이 평생

---

52) 어리석어서 사리에 어두운 것.
53) 왈칵 성을 내어 얼굴빛이 변한 것.
54) 여러 가지로 사정을 말하는 것.

처음인 듯싶도다."

박 씨 미미微微히 웃고 판서를 향하여 너무 과도함을 일컫고, 인하여 밤이 깊도록 담화하매 양인의 화기 가득하더니, 계화 들어와 금침을 포설鋪設하거늘, 판서 박 씨로 더불어 침상에 올라 비로소 운우지락雲雨之樂[55]을 이루니, 두 정이 흡연洽然하여 교칠膠漆[56] 같더라. 판서의 부부 화동和同한 지 수삭이 못 되어 태기 있으니, 공의 부부 손자의 재롱 보게 됨을 마음에 기꺼하여 손을 꼽아 기다리더니, 십 삭이 차매 쌍태에 아들 형제를 낳으니, 공의 부부 너무도 기뻐 시비를 거느리고 산실에 들어와 살펴보니, 기골이 청수淸秀하고 두 눈이 샛별 같아 영민함이 바로 냅다 말할 듯하니, 공의 부부 사랑함이 미칠 듯하여 천사만사를 잊을러라. 이에 손자의 이름을 희기, 희인이라 하여 장중보옥掌中寶玉같이 사랑하더라.

이때 상이 판서의 재덕을 아름다이 여기사 평안 감사를 제수하시니, 감사 황공하여 궐하에 나아가 천은을 축사하고 집으로 돌아오니, 일가친척과 가중 제인家中諸人이 판서의 외임外任함을 모두 기꺼하거늘, 판서 이에 행장을 차리며 장색匠色[57]을 불러 쌍교雙轎를 꾸미라 하니, 박 씨 물어 가로되,

"쌍교는 꾸며 무엇 하려 하느뇨?"

판서 가로되,

"부인을 데려가고자 하노라."

부인이 크게 놀라 가로되,

"장부 몸을 나라에 허하매 부모 섬길 날이 적다 하거늘, 하물며 처자를 돌아보리까. 첩이 집에서 구고舅姑를 받들리니, 상공은 첩을 생각지 마시고 빨리 도임하여 국사를 잘 다스리소서."

감사 부인의 말을 들으매 일마다 민첩한지라, 이에 머리를 조아 사례하여 가로되,

"부인의 말씀이 당연한지라 생이 용렬하여 노년 부모의 외로우심을 생각지 못하고 망령된 말을 발하였으니, 옆엣사람의 웃음을 받을지라. 부인은 생의 용렬함을 허물치 말고 두 분 존당尊堂을 봉양하소서."

말을 맞고, 공의 부부께 재배 하직하고 부인과 은근히 이별하고, 바로 궐하에 나아가 하직하고 즉시 길에 올라 여러 날 행하여 평양 감영에 도임하고, 나라에 충성을 다하여 백성의 질고를 살펴어, 각 읍 수령의 선악을 염탐하여 백성을 사랑하고 정사를 힘쓰는 자는 나라에 고하여 상을 받게 하고, 백성의 고혈을 빨아먹는 자는 봉고파직封庫罷職하여 명백함

---

55) 남녀가 관계하는 한없는 즐거움. 중국 초나라 혜왕이 운몽이라는 곳에서 꿈을 꾸었는데, 꿈에 무산 선녀와 즐겼다는 옛일에서 온 말이다.
56) 정분이 도타워 아교와 옻칠같이 떨어질 줄 모르는 것.
57) 장인바치.

이 거울 같으니, 도적이 변하여 양민이 되고 백성이 업을 편안히 하여 격양가擊壤歌로 세월을 보내니, 도내의 백성이 감사의 선정함을 칭송하며 거리거리 선정비를 세워 송덕頌德하는 소리 탑전榻前[58]에 오르니, 상이 감사의 선정함을 아름다이 여기사 병조 판서를 제수하사, 즉일 상경하여 행공行公하라 하시니, 감사 교지敎旨를 받자와 북향사배北向四拜하고 인마를 차려 올라올새 각 읍 수령과 수만 명 인민이 거리거리 모여 감사께 이별하며 유아 부모를 이별함같이 여기더라.

감사 여러 날 만에 경사京師[59]에 이르러 궐하에 부복한대, 상이 인견引見하사 칭사稱謝하여 가라사대,

"경은 그 애민선정愛民善政함이 모두 백성의 복이요 과인의 신하로다."

하시며 친히 잔을 들어 술을 권하시니, 판서 사은숙배謝恩肅拜하고, 퇴조退朝한 후 본가에 이르러 양당兩堂께 문안하매, 공이 손을 잡으며 판서를 향하여 가로되,

"내 너로 하여금 항상 용렬히 생각함은 전일 박 씨를 돌아보지 않음이러니, 이제 감사의 직책을 다하여 백성이 칭송하고 상이 네 행사를 기특히 여기사 벼슬을 돋우어 내직으로 들어오니, 이제야 네가 내 아들이요 임금의 마땅한 신하며 박 씨의 마땅한 지아비로다."

하여 희색이 만면하거늘, 판서 황공하여 사례하고 그리던 회포를 말씀하며 공의 부부 화기가 융융融融하매, 판서 밤이 깊음을 놀라 취침하심을 고하고 일어 박 씨 침소에 돌아오니, 박 씨 몸을 일어 맞거늘 판서 손을 들어 앉음을 명하고 양위兩位 존당 시봉侍奉함을 인사하여 화기 무르녹으니, 부인도 또한 수년간 객지에 괴로움을 말씀하여 이윽히 담화타가 양인이 한가지로 침상에 올라 구정舊情을 이루니 양인의 어수지락魚水之樂이 흡연하더라.

이때 명나라 남경南京이 요란하여 가달[60] 등이 변경을 침노하매 분분한 소문이 탑전에 이르니, 상이 깊이 근심하사 이시백으로 상사上使[61]를 제수하시고 가라사대,

"경의 가합可合한 사람으로 군관을 정하여 택일 발정하라."

하시니, 시백이 임경업林慶業으로 정함을 아뢰니, 원래 임경업은 충주 사람으로 여력膂力[62]이 무리에 뛰어나고 지략이 과인過人한지라. 일찍이 무과에 장원을 하매 벼슬이 마침 천마산 중군中軍[63]으로 있더니, 상이 임경업으로 상사 군관을 삼아 한가지로 남경에 이르니, 이때 명명 천자天子 조선 사신이 이름을 듣고 황자명으로 접빈사接賓使를 삼아 영접하는지라. 상사 경업으로 더불어 접빈사를 따라 궐내에 들어가 탑전에 사배四拜하고 표문表文

---

58) 임금이 앉아 있는 자리 앞.
59) 서울.
60) 중국 북쪽에 있던 부족.
61) 사신 행차의 책임자.
62) 몸의 힘.
63) 조선 시대에, 군영에서 대장이나 절도사 밑에서 군대를 거느려 다스리는 장수.

을 올리니, 천자 보시고 좌우를 명하여 조선 사신을 데리고 예부에 나아가 연향宴饗하라 하더니, 마침 북방 호국胡國 사신이 이르러 표문을 올리거늘, 상이 보시니 대강 하였으되,

　　가달이 강성하여 호胡 국경을 침노하매 군사 강하여 거의 패망 지경을 당한 고로 상국 上國에 급함을 고하오니 급히 인마人馬를 조발調發하사 일국의 생령生靈[64]을 구하여 주옵소서.

하였거늘, 천자 깊이 근심하여 호국에 보낼 장수를 택코자 하시니, 접빈사 황자명이 아뢰어 가로되,
　　"조선 상사 군관 임경업의 상을 보오니 비록 외국 인물이오나 용맹과 지략이 겸비하와 가히 가달을 물리칠 만하오니 이 사람으로 청병 대장請兵大將을 정함이 마땅할까 하나이다."
천자 들으시고 이시백을 가까이 인견하고 경업의 위인을 물으시니, 시백이 아뢰되,
　　"경업이 약간 장략將略[65]이 있사오나 이런 중임을 당치 못할까 하나이다."
명 천자 시백의 겸양함을 일컬으사 임경업으로 수군 병마 대원수를 하이시고 상방참마검尙方斬馬劍[66]을 주사,
　　"영을 어기는 자어든 선참후계先斬後啓하라."
하시며 삼만 군을 조발하여 주니, 원수 사은하고 물러 군중에 나와 장졸을 연습하고 대군을 거느려 여러 날 만에 호국에 이르니, 국왕이 경업의 인물이 웅장함을 보고 크게 기꺼하여 바삐 맞아 전상殿上에 올려 상빈례上賓禮로 대접하고 가달의 강성함을 이르니, 경업이 가로되,
　　"대왕은 근심 말라. 내 비록 재주 없으나 가달을 한 번에 파하리라."
하고, 대군을 거느려 적군과 싸워 삼십여 합에 이르되 승부를 모르더니, 임 원수 대갈일성 大喝一聲에 원비猿臂[67]를 늘여 가달을 사로잡아 본진에 돌아오니, 호왕이 문무 제신을 거느려 임 원수를 맞아 상좌에 앉히고 대연大宴을 배설하여 즐길새, 임 원수 장대將臺에 높이 앉아 군사를 호령하여 가달을 잡아들여 뜰아래 꿇리고 수죄數罪하여 가로되,
　　"네 비록 무지한 오랑캐인들 군사의 강함만 믿고 남의 지경을 범하는다?"
　　가달이 땅에 엎디어 사죄하여 가로되,

---

64) 백성들.
65) 장수의 지략.
66) 상방은 궁중에서 쓰는 기물을 만들고 관리하는 부서. 상방참마검은 상방에서 만든 것을 임금이 군사를 책임진 대장에게 주는 칼.
67) 원숭이의 팔이라는 뜻으로, 길고 힘이 센 팔.

"소방小邦[68]이 천위를 모르고 호국을 침범하와 장군께 죽을죄를 지었사오니 잔명을 사로시면(살리시면) 다시는 이심二心을 먹지 아니코 호국을 상국으로 복종하오리니 장군은 용서하심을 바라나이다."

원수 좌우를 명하여 그 맨 것을 풀고 장대에 올려 잔을 주어 위로하여 가로되,

"그대의 말을 들으니 전사前事를 후회한 듯한 고로 모든 죄를 사하나니 다시는 망령된 마음을 먹지 말며 천도를 어기지 말고 일국의 부귀를 누리라."

하거늘, 가달이 사례하여 가로되,

"죽을죄를 사하고 이렇듯 관대하시니 은혜는 백골난망이로소이다."

하고 원수를 향하여 백배사례하고 호왕과 하직하매 잔군殘軍을 이끌어 본국으로 돌아가니라. 호왕이 원수를 향하여 크게 칭찬하여 가로되,

"조선에 이런 명장이 있음을 과인이 몰랐도다."

하고 경업의 출중함을 사랑하여 부마駙馬 삼을 뜻이 있는 고로, 내전에 들어가 왕비와 의논하고 공주를 불러 경업의 영걸英傑한 풍도風度가 있음을 이르며,

"부마로 간택코자 하나니 네 뜻에 어떠하뇨?"

공주 옥안玉顔을 숙이고 부끄러움을 머금고 대답하여 가로되,

"부왕의 명교命敎 마땅하시나 여자의 백년 의탁을 범연히 못 하오리니 소녀 비록 식견이 없사오나 친히 보아 정하리다."

호왕이 가로되,

"그리하라."

하고 이튿날 외전에 나가 임 원수를 보고 가로되,

"과인이 장군을 사랑하여 청할 일이 있으니 장군은 용납할까?"

경업이 가로되,

"무슨 말씀을 하고자 하시느뇨?"

호왕이 가로되,

"과인이 한낱 공주 있기로 장군으로 과인의 부마를 삼고자 하여 공주에게 물어본즉 제 대답이 제 눈으로 보아야 정하겠다 하니 의향이 어떠하뇨?"

원수 가로되,

"삼가 봉행奉行하오리다."

하니, 호왕이 그게 기꺼 내전으로 들어가 이 말을 이르고 높은 누각에 주렴을 드리우고 공주를 그곳에 올려 보내니, 원수 벌써 공주의 상법相法[69]을 짐작하였던지라, 목화木靴 속에 세 치 포를 돋우고[70] 기다렸더니, 이윽고 들어오라 하거늘 경업이 들어갔더니, 공주 이윽

---

(68) 작은 나라. 자기 나라를 낮추어 하는 말.
(69) 관상을 보는 방법.

히 보다가 가로되,

"키 세 치 더하니 앞으로 보면 천일지표天日之表[71]요, 뒤로 보면 용봉龍鳳의 형상이니, 영웅은 영웅이로되 와석종신臥席終身[72]을 못 할 것이오니 가히 아깝도다."

하거늘, 호왕이 부마 삼지 못함을 애달아하나 하릴없어 원수더러 밖으로 나가라 하고, 호왕이 외당으로 나가 공주의 말을 이르고 놀라나, 부득이 원수를 이별할새 금은보화를 들여 상사賞賜하니 경업이 받아 여러 장수를 나누어 준대, 여러 장수 하례賀禮하여 가로되,

"소장小將[73] 등이 한 사람도 상함이 없사와 원수의 덕택이 하해 같삽거늘 이제 또 이렇듯 관대하시니 은혜 백골난망이로소이다."

하고 무수히 사례하니, 원수 호왕을 작별하고 대군을 거느려 여러 날 만에 남경에 득달하여 천자께 복명復命한대, 천자 칭사하여 가로되,

"조선에 이런 명장이 있음을 과연 몰랐노라. 이제 경업의 이름이 삼국에 진동하리니 가히 아름다운 일이라."

하시고 금은을 많이 상사하니, 이시백과 임경업이 사은하고 즉시 떠나, 여러 날 만에 서울에 득달하여 궐하에 나아가 탑전에 재배하고 경업의 이름을 아뢰었더니, 상이 크게 기꺼 가라사대,

"경업이 남경에 갔다가 이런 대공을 이루어 이름을 삼국에 진동케 하니 이는 과인의 고굉지신股肱之臣[74]이로다."

하사 벼슬을 돋우시니 경업이 머리를 조아 사례하더라.

차설, 호왕이 이시백과 임경업을 보내고 한탄하여 가로되,

"내 조선을 쳐 항복받아 우리 나라의 위엄을 빛내고자 하더니 불의에 가달로 인연하여 임경업을 보니 그 위세 장엄한지라 감히 조선을 경홀輕忽히 범치 못하리로다."

말을 마치매 심히 즐겨 아니 하니, 공주 곁에 있다가 여쭈오되,

"부왕은 염려 마소서. 신이 마땅히 조선에 들어가 이시백과 임경업을 없애고 오리다."

호왕이 기꺼 가로되,

"너의 지략이 과인하고 만부부당萬夫不當의 용맹이 있음을 아는 바이니 어찌 한 시백을 근심하리오."

하고 일습一襲 남복男服을 입히고 삼 척 비수를 주니, 공주 왕께 하직하고 길을 떠날새 모후母后 가로되,

---

70) 세 치 높이로 천을 덧대어 깔고.
71) 하늘의 해와 같다는 뜻으로, 임금의 상.
72) 자리에 누워 죽는다는 말로, 자기 병을 다 살고 죽는다는 뜻.
73) 장수가 자신을 낮추어 이르는 말.
74) 팔다리와 같이 믿고 중히 여기는 신하.

"너는 모로매(모름지기) 조선 지경을 당하여 의주 평양 여러 곳의 말소리를 배우며 조선 사람의 행동거지를 배운 후에, 한양 성중에 들어가 이시백의 집을 찾아 동정을 비밀히 하여 부디 남이 모르게 시백을 죽이고, 나오는 길에 의주에 이르러 임경업을 마저 없애고 돌아오되, 부디 행사를 진중히 하여 대공을 이루라."

공주 명을 받들고 바로 길을 떠나 조선을 향하여 들어올새 평안도 의주에 이르러 여러 날 유숙하며 조선말과 절차를 낱낱이 배운 후에 바로 떠나 여러 날 만에 한양에 이르러 이시백의 집을 찾아오니라.

이때 박 씨 하루는 정당에 저녁 문안을 마치고 침실에 들어왔더니 시백이 밤이 깊어 들어오거늘, 박 씨 판서를 맞아 좌정하니 판서 아들을 무릎에 앉혀 희롱하며 박 씨로 더불어 설화하더니, 밤이 이슥하여 계화 침금을 포설하고 물러가거늘, 박 씨 비로소 판서를 향하여 가로되,

"명일 황혼 후 강원도 원주 창기 설중매라 일컫고 상공 서헌으로 올라오리니, 만일 그 계집의 색모色貌를 탐하여 상공의 침실에 가까이하신즉 야간에 큰 화를 당할 것이니, 그 계집더러 여차여차 이르시고 첩의 침소로 들여보내시면 첩이 마땅히 여차여차하리니, 상공은 첩의 말을 허수히 듣지 마사 대사를 그르치지 마옵소서."

하거늘, 판서 웃어 가로되,

"부인의 말씀이 우습도다. 장부 어찌 한 조그만 계집의 손에 몸을 바치리오."

박 씨 아미를 찡기고 가로되,

"상공이 첩의 말을 믿지 아니커든 그 계집을 후원으로 들여보내시고 상공이 그 뒤를 쫓아 후원으로 들어오사 그 계집이 말하는 동정을 살펴보면 그 진위眞僞를 아시리다."

판서 응낙하고 박 씨와 같이 밤을 지내고, 명일 정당에 문안하고 조정에 들어가 공사를 처결하고 날이 늦은 후에 돌아오니 손들이 모였거늘, 이에 술을 내와 즐기다가 날이 저물매 손이 각각 돌아가거늘, 판서 석반을 마치고 서헌에 한가히 앉았더니, 과연 밤이 깊은 후에 한 여자 문을 열고 완연히 들어와 재배하거늘, 판서 눈을 들어 보니 그 계집이 연기年紀 이십이 되었고 용색이 백옥 같으니 요요작작한 절대가인이라. 놀라 물어 가로되,

"너는 어떠한 계집인고?"

그 여자가 가로되,

"소녀는 원주 사는 설중매옵더니 상공의 위풍이 향곡까지 유명키로 소녀 평생에 상공의 풍신風神을 사모하와 한번 첩실에 모시고자 하와 험로를 불계不計하고 올라왔사오니, 바라옵건대 상공은 어여삐 여기심을 비옵나이다."

판서 가로되,

"너의 말이 기특하나 서헌에 외객外客이 번다하니 후원 부인의 곳에 들어가 있으면 밤이 깊은 후 손이 모두 흩어지거든 너를 부르리라."

하고 내당 시녀를 불러 후원으로 인도하여 보내니, 설중매 부인 처소에 들어가 박 씨께 뵈오니, 박 씨 웃으며 가로되,

"너는 바삐 올라오라."
하니, 설중매 사양치 아니하고 들어오거늘, 박 씨 명하여 좌座를 주고, 계화로 하여금 주효酒肴를 가져오라 하여 산호배珊瑚盃에 부운주를 가득 부어 주니 설중매 가로되,
"첩이 본디 술을 먹지 못하오나 부인이 주심을 어찌 사양하리꼬."
받아 마시기를 연하여 사오 배 하니 취안醉顔이 몽롱하여 주력酒力을 이기지 못하여 침석에 굴어져 자거늘, 박 씨 그 여자의 자는 거동을 보니 얼굴에 살기 은은하여 흉덕凶德한 기운이 사람에게 쏘이거늘, 가만히 행장을 뒤지니 삼 척 비수 들었는지라, 박 씨 그 칼을 집으려 하니 그 칼이 변화무궁하여 사람에게 달려들거늘, 놀라 급히 피하고 진언을 외어 칼을 제어하고 잠 깨기를 기다리더니, 날이 밝은 후 정신을 진정하여 일어앉거늘, 박 씨 가로되,
"너는 모로매 바삐 너희 나라에 돌아가라."
설중매 가로되,
"첩은 강원도 원주 사는 계집으로서 부모를 모두 여의고 의지할 곳이 없사와 가무를 배웠삽거늘 어찌 본국으로 가라 하시나이까? 부인의 높은 이름을 듣고 왔나이다."
박 씨 소리를 높여 꾸짖어 가로되,
"네 종시 나를 업수이여겨 이렇듯 기망하니 어찌 통분치 않으리오. 네 호왕의 공주 기용대가 아닌다?"
기용대 혼비백산하여 만만 사죄하여 가로되,
"부인이 신명하사 첩의 행색을 아시니 조금이나 기이오리까. 첩은 과연 호왕의 공주로 부왕의 명을 받아 귀댁에 들어옴이니 부인의 너그러우신 덕택을 입어 잔명을 사하시면 본국에 돌아가 다시는 여공을 힘써 평생을 마칠까 하나이다."
박 씨 가로되,
"네 본색을 바로 고하기로 사하나니 이 길로 바로 너의 나라에 가 국왕더러 이르라. 조선에 들어갔더니 이 판서의 부인 박 씨를 만나 행색이 드러나 성사를 못하고 박 씨의 말이 네 잠시라도 지체하면 대화大禍를 만나리니 빨리 흩어져 가고 화를 자취自取치 말라 하라."
기용대 정신이 산란하여 엎디어 죄를 청하여 가로되,
"바라건대 부인은 죄를 용서하사 무사히 고국에 돌아가게 하옵심을 엎디어 바라나이다."
박 씨 가로되,
"너희 국왕이 참람僭濫[75]한 뜻을 내어 조선을 범하고자 하니 이는 도시 조선 운수 불길

---

75) 분수에 넘쳐 지나치다는 뜻.

함이나, 너의 병력이 아무리 강성할지라도 조선을 간대로 침노치 못하리니, 너는 바삐 나가 자세히 이르라."

하고 다시 술을 권하여 먹이고 나가기를 재촉하니, 기용대 머리를 조아 만만 사죄한 후 하직하고 나와, 길을 찾지 못하고 방황하여 사면으로 돌아다니기를 밤이 새도록 하되 나갈 길이 없는지라. 기용대 하늘을 우러러 탄식하여 가로되,

"호국 공주 기용대가 조선 이시백의 집에 이르러 죽을 줄 어찌 알았으리오."

하고 탄식하기를 마지아니한대, 박 씨 가로되,

"네 어찌 가지 아니하고 날이 새도록 그저 있느뇨?"

기용대 땅에 엎디어 가로되,

"첩이 부인 덕택을 입어 돌아가려 하오나 사면이 층암절벽이라 갈 바를 모르오니, 바라건대 부인은 길을 인도하여 주옵소서."

박 씨 가로되,

"너를 그저 보내면 필연 임 장군을 해하고 갈 듯한 고로 너로 하여금 나의 수단을 알게 함이라."

하더라.

각설卻說[76], 박 씨 기용대에게 수단을 알게 함이라 이르고, 이에 공중을 향하여 진언을 외우니 홀연 뇌성벽력이 진동하며 풍우 크게 일어나더니, 기용대의 몸이 절로 날려 순식간에 호국 성중에 이르러 궁중 내전에 놓이니, 호왕이 크게 놀라 가로되,

"우리 아이 어찌 공중으로서 내려오느뇨?"

기용대 한 식경은 지난 후에 겨우 정신을 차려 머리를 흔드며 가로되,

"소녀 하마터면 부왕을 다시 뵈옵지 못할 뻔하였나이다."

호왕이 급히 물어 가로되,

"여아의 말이 어쩐 말이뇨?"

기용대 조선에 들어와 지내던 일의 자초지종을 일일이 고하니 왕이 놀라 탄식하여 가로되,

"놀랍고 기이하도다. 이시백의 영웅지재英雄之材를 칭찬하였더니 그 부인이 이렇듯 기특한 재주 있으니, 조선이 비록 작으나 유명한 사람이 하나 둘 아님을 가히 알리로다."

하고 칭찬하기를 마지아니하고, 이에 만조滿朝를 모아 의논하여 가로되,

"과인이 조선을 쳐 항복받으려 하나니 뉘 능히 선봉이 되어 대공을 이룰꼬?"

말이 채 맞지 못하여 뜰아래 두 장수 아뢰어 가로되,

"신등이 비록 무재無才하오나 한 떼의 군사를 주시면 조선을 쳐 항복받으리라."

---

76) 옛 소설에서 이야기를 다른 쪽으로 돌릴 때에 쓰는 말.

왕이 보니 이는 대장군 용골대와 용홀대라. 왕이 크게 기꺼하여 이에 만조백관滿朝百官을 모으고 스스로 황제 위位에 나아간 후 연호를 고쳐 준치 원년이라 하고, 용골대 용홀대로 좌우 선봉을 삼고 정병精兵 삼만을 주며 가로되,

"이리로 동으로 돌아 병자 십이월 이십팔일에 한양 도성에 득달하되 부디 약속을 어기지 말라."

하고는, 용골대 형제 명을 듣고 군사를 교련하여 행군하니라.

각설, 박 부인은 공을 청하여 가로되,

"기용대 돌아간 후 호국 병세 점점 강성하여 군사를 이끌어 조선에 들어와 임경업을 죽이고 위로 전하를 항복받고자 하여, 용골대 형제로 좌우 선봉을 삼아 북으로 돌아 납월臘月[77] 이십팔일에 동대문을 깨치고 물밀듯 들어오리니, 부디 그날을 어기오지 마시고 상을 모셔 광주 산성으로 급히 피하사 급한 화를 면하옵소서. 그 뒷일은 소첩이 이곳에서 다 방비하리다."

공의 부자 본디 박 씨의 말을 신명히 아는지라 이에 응낙하고 그때를 기다리더니, 십이월 이십사일에 이르러 시백이 상께 아뢰어 가로되,

"신의 처 박 씨의 말이 금월 이십팔일 밤에 호국이 북으로 돌아 동대문을 깨치고 들어오리니 대전大殿과 왕대비전王大妃殿과 세자世子, 대군大君 삼 형제를 모셔 광주 성중으로 피화避禍하시게 하라 하오매, 신이 저의 신명하옴을 아는 고로 전하께 아뢰옵나이다."

상이 놀라사 산성으로 피란하려 하시니 영의정 김자점이며 좌의정 박운학이 아뢰어 가로되,

"도승지 이시백이 태평성대에 이런 패악한 말을 하여 성심聖心을 요동케 하오니 바삐 이시백을 삭직削職하사 후일을 징계하옵소서."

상이 유예미결猶豫未決하시더니 홀연 공중으로서 한낱 선녀 옆에 비수를 끼고 선연히 내려와 뜰아래 배알하거늘, 상이 놀라 물어 가라사대,

"선녀는 무슨 일로 이런 누지陋地에 왕굴枉屈하느뇨?"

그 선녀 다시 재배하여 가로되,

"신첩은 이시백의 부인 박 씨의 시비 계화옵더니, 박 부인이 신첩더러 이르되, 지금 성상이 간신 김자점의 참소를 들으시고 유예미결하시리니, 네 급히 들어가 나의 말을 아뢰어 산성으로 동가動駕[78]하시게 하라 하더이다."

하고 일어나 칼을 집에 꽂고 앞에 망두석望頭石[79]을 들어 김자점, 박운학을 겨누며 꾸짖어

---

77) 섣달 곧 12월.
78) 임금이 대궐 밖으로 나가는 것.
79) 무덤 앞에 세우는 한 쌍의 돌기둥.

가로되,

"김자점 박운학은 들어 보라. 너의 벼슬이 일품一品에 이르러 일인지하一人之下에 만인지상萬人之上이 되었으되 국은 갚음을 생각지 아니하고 나라에 직간直諫하는 충신을 참소하여 도리어 모해하려 하니, 너 같은 간신을 어찌 용납하리오마는 너의 죽을 기한이 아직 멀었기로, 우리 부인 말씀이 죽이지는 말고 저희 등의 죄과만 수죄하고, 또 조선의 국운이 장원長遠하니 불측不測한 뜻을 품지 못하게 하라 하시더라."
하고 무수히 질욕叱辱하니 김자점 등이 낯을 싸고 무료히[80] 물러나더라.

계화 다시 땅에 엎디어 아뢰어 가로되,

"만일 이 밤을 지체하시면 대화 당두當頭하리니 신첩의 부인의 말을 어기지 마옵소서."
하고 표연히 몸을 일어 돌아가거늘, 상이 심히 신기히 여기사 이에 이시백으로 병조 판서 광주 유수留守를 하이시사 내전과 세자, 대군을 거느려 이시백으로 호위하라 하시고 산성으로 가려 하시더라. 원래 망두석은 태조 대왕 즉위시에 일등 석수를 불러 만들어 세운 것이니 그 무게 천 근이라, 세상에 드는 사람이 없더니, 조그마한 삼 척 여자 드는 것을 보고 만조滿朝 공경公卿이 다 놀라 헤오되(헤아리되),

'박 씨의 시비 저러하니 그 상전의 도량과 용략을 어이 측량하리오.'

하니, 김자점 등 간신이 다 퇴조하여 나가고, 그 남은 백관은 어가御駕를 호위하여 산성으로 나가더니, 과연 백성의 전언傳言을 들으니 호병이 도성에 들어와 백성을 살해하며 궐내에 들어가 수직하는 관원을 버히고(베고) 재산과 부녀를 탈취하니 만성滿城 인민이 병화를 피하여 도로에 메였거늘, 상이 들으시고 크게 놀라 창황하신 중에 박 부인의 지감智鑑과 충성을 기특히 여기사 시백을 불러 무수히 찬양하시더라.

이때 용골대 대병을 거느려 도성에 이르러 보니 국왕이 광주로 피란하였거늘 분함을 참지 못하여 용흘대로 도성을 지키고, 스스로 철기鐵騎[81] 오천을 거느려 물밀듯 나가 송파松坡를 건너 평원광야에 진세陣勢를 이루고, 이에 산성 남문을 에워싸고 크게 외쳐 가로되,

"죽기를 두리거든 빨리 문을 열어라."

하거늘, 수문장이 황망히 들어가 상께 아뢰어 가로되,

"호장胡將 용골대 남문에 이르러 문을 열라 하니, 전하는 바삐 군졸을 내어 도적을 방비하소서."

상이 놀라 가라사대,

"이는 하늘이 망함이로다. 삼백 년 왕업王業을 과인에게 이르러 망할 줄 어찌 뜻하였으리오."

하시고 용루龍淚를 흘려 소매를 적시거늘, 이시백이 아뢰어 가로되,

---

80) 부끄럽고 열없다는 뜻.
81) 철갑을 입은 말과 군사.

"전하는 과히 근심 마소서. 이는 다 천수天數라 인력으로 어이하오리까. 제아무리 강성하여도 산성 사문이 견고하니 간대로 범치 못하오리다."

하고 백관이 호위하여 성심을 위로하더니, 문득 방포放砲 소리 천지진동하며 무수한 철기 사면으로 철통같이 에워싸고 사다리를 놓고 일시에 올라 성중으로 향하여 총을 놓으니 철환鐵丸이 비 오듯 하거늘, 만성 인민이 자상천답自相踐踏[82]하여 달아나며 호곡號哭하는 소리 성중을 들레는지라. 상이 경황하사 아무리할 줄 모르시더니 홀연 공중으로서 크게 외쳐 가로되,

"성상은 과히 근심치 마시고 적군과 화친하소서. 용골대 필연 세자, 대군 삼 형제 분을 볼모 잡아가오리니 비록 망극하오나 사직社稷의 위태함을 면케 하소서. 국운이 불길하와 호국의 침해를 받사옴은 다 운수라 면할 수 없나이다. 신첩은 다른 사람 아니오라 광주 유수 이시백의 처소이다. 신첩이 한번 나아가 칼을 들면 용골대의 머리와 호병 삼만을 풀 버히듯 할 것이로되 천의天意를 어기지 못함이오니 신첩의 죄를 사하옵소서."

상이 신기히 여기사 뜰에 내려 공중에 향하여 무수히 칭사하시고 적군과 화친을 청하니, 용골대 화친을 하고 세자, 대군과 왕대비전을 데려 광주를 떠나가니라. 이때 박 부인은 모든 친척과 충신열사의 집에 통기하여 피화정으로 피신케 하니라.

차설, 용골대의 아우 용홀대 후원에 들어가 풍경을 두루 구경하다가 한편을 바라보니 담 밖에 수목이 무성한 곳에 수간數間 초당이 정결하고 당 위에 한 가인佳人이 홍상채의紅裳彩衣를 선명히 입고 아미에 시름이 가득하여 수삼 세 된 아이를 좌우에 앉히고 희롱하거늘, 용홀대 한 번 보매 정신이 황홀하여 생각하되,

'장부 세상에 났다가 저런 미인을 사랑하지 못하면 어찌 원통치 않으리오.'

하고 몸을 일어 수백 철기를 거느려 그곳에 이르러 보니, 수목이 일시에 변하여 철기 되어 기치창검이 벌일 듯하는지라. 점점 나아가 보니 장중에 한낱 영채營寨[83]를 세우고 진문陣門 밖에 한 미인이 앞을 향하여 크게 꾸짖어 가로되,

"네 호국 장사 용골대의 아우 용홀대 아닌다? 네 본디 오랑캐로 천의를 모르고 남의 나라를 침범하고, 또 감히 사부가의 규문閨門을 당돌히 범하니, 너 같은 놈은 죽여 후일을 징계하리라."

하고 완완緩緩히 걸어 달아들며 이르되,

"네 나를 아는다? 나는 다른 사람이 아니라 광주 유수 이 공의 부인 박 씨의 시비 계화로소니, 네 선봉이 되었다가 나 같은 여자의 손에 목 없는 귀신이 될 터이니 어찌 불상코 자닝치 않으리오."

하며, 내 칼을 받으라 하는 소리 옥반에 진주를 굴리는 듯한지라. 용홀대 바라보니 그 미인

---

82) 저희끼리 서로 엎어지고 짓밟는 것.
83) 군영 곧 진터.

이 머리에 태화관을 쓰고 몸에 금사화의錦紗華衣를 입고 허리에 직금사만대織金絲縵帶를 두르고 손에 용문자 화검龍文字華劍을 들고 완연히 섰으니 나는 제비 같은지라. 용홀대 정신이 어질하나 분기를 참지 못하여 다시 정신을 차려 꾸짖어 가로되,

"조그마한 여자 엄연히 장부를 꾸짖는다? 내 너를 잡지 못하면 어찌 세상에 서리오."

하고 달아들거늘, 계화 용홀대를 보니 머리에 용봉쌍학 투구를 쓰고 몸에 황금사문갑黃金紗紋甲을 입고 허리에 진홍 보호대를 두르고 손에 삼백 근 금강도金剛刀를 들었거늘, 서로 싸워 사십여 합에 승부를 모르더니, 계화의 칼이 번듯하며 용홀대의 머리 검광을 좇아 마하馬下에 내려지니, 계화 그 머리를 칼끝에 꿰어 들고 좌우충돌하여 사방으로 달리니, 모든 장졸이 혼비백산하여 일시에 항복하니, 계화 용홀대의 머리를 박 부인께 드리니, 부인이,

"그놈의 머리를 높은 낡에(나무에) 달아 두라. 용골대 제 아우의 머리를 보면 낙담상혼落膽喪魂하리라."

하니, 계화 영을 듣고 후원 전낡에(전나무에) 높이 달아 두니라.

그 후 여러 날 만에 용골대 인마를 거느리고 호기 있게 승전고를 울리며 왕십리를 지나 동대문을 들어오다가, 제 아우 용홀대 박 씨의 시비 계화에게 죽음을 듣고 분기 대발大發하여, 즉시 박 씨 있는 곳을 찾아가 소리를 벽력같이 질러 가로되,

"박 씨는 어떠한 여자완데 감히 대장을 죽이고 또 그 머리를 전낡에 달았으니 어찌 당돌치 않으리오. 바삐 나와 내 칼을 받으라."

하고 달아드니, 박 씨 분기를 참지 못하여 계화를 불러 가로되,

"네 가서 죽이지 말고 이리이리하여 간담이 서늘케 하라."

계화 응낙하고 나올새 일월국화관日月菊花冠을 쓰고 몸에 홍금수라紅錦繡羅 오색채화의五色彩華衣를 입고 손에 삼 척 비수를 들고 문밖에 내달아 용골대의 거동을 보니, 얼굴은 무른 대춧빛 같고 눈은 번개 같아 보기에 흉악한지라. 계화 목성을 가다듬으며 꾸짖어 가로되,

"용골대야, 네 대장으로 조선에 와 나 같은 조그마한 여자에게 욕을 보고 돌아가려 하니 어찌 애달프지 않으리오."

용골대 눈을 부릅뜨고 소리를 우레같이 질러 가로되,

"네 한낱 천한 계집이 감히 대장부를 수욕羞辱하기를 능사로 하는다? 너를 죽여 내 아우의 원수를 갚으리라."

하고 달아들거늘, 계화 맞아 싸워 십여 합에 이르러 용골대 계화의 신력神力을 당치 못할 줄 알고 다시 꾸짖어 가로되,

"네 내 아우의 머리를 내어 주면 이 길로 돌아가려니와 그렇지 아니면 저 피화정을 짓밟아 쑥밭을 만들리라."

계화 크게 웃어 가로되,

"네 아무리 용맹하여도 나는 당치 못하리라. 나라의 운수 불길하여 너희 오랑캐에게 욕

을 보았거니와, 너의 아우 하나는 우리 부인의 신명한 법으로 목을 버혀 나라의 위엄을 빛내었나니 어찌 그 머리를 줄까 보냐? 너는 들으라. 옛날의 조 양자趙襄子 지백智伯을 죽여 그 머리로 오줌 그릇을 만들었더니, 우리 부인도 네 아우의 머리로 그릇을 만들어 성상께 진상하여 위엄을 빛내고자 하시나니, 너는 망령된 말을 다시 말고 빨리 돌아가 네 아우와 죽지 맢이 마땅하리라. 네 세자, 대군을 모셔 감은 나라의 운수라 부득이하거니와 왕대비 전하는 못 모셔 가리니 빨리 피화정으로 모시게 하되, 만일 순종치 아니한즉 목숨을 보존치 못하리라."

용골대 분노하여 삼백 근 철퇴를 들고 달아들거늘, 계화 거짓 패하여 화계花階[84]를 헤치고 달아나니, 용골대 승승장구하여 따르며 꾸짖어 가로되,

"네 달아나면 능히 철퇴 아래 죽음을 면할쏘냐?"

거의 잡히게 되었더니 문득 천지를 분별치 못하게 어두워지더니, 계화 쥐었던 칼을 공중에 치치며 진언을 외우매 모래와 돌이 날리고 사면으로 어두귀면지졸魚頭鬼面之卒[85]이 에워싸 들어오고 눈비 크게 내려 잠시간에 물이 길이 넘는지라. 용골대 아무리 용맹한들 박 부인의 도술을 어찌 당하리오. 수족을 놀리지 못하고 혼비백산하여 이에 애걸하여 가로되,

"소장이 눈이 있어도 망울이 없어 존위를 범하고 죽을죄를 범하였사오니 측은히 여기사 잔명을 사로시면 이 길로 본국으로 돌아가고자 하나이다."

계화 가로되,

"네 그리할진대 왕대비 전하를 이곳으로 모시라."

용골대 황망히 군사를 불러 왕대비 전하를 바삐 피화정으로 모셔 오라 하니, 군사 영을 듣고 급히 나아가 왕대비전께 피화정으로 가심을 고하니 왕대비 전하 군사의 말을 들으시고 세자, 대군 삼 형제를 붙드시고 낙루하여 가라사대,

"삼위三位는 부디 몸을 조심하여 무사히 환국함을 바라노라."

세자, 대군 삼 형제 부복하여 눈물을 머금고 인하여 하직하거늘, 왕대비 전하 군졸의 인도함을 따라 피화정에 이르시니, 박 부인이 급히 당에 내려 복지 통곡하여 국가의 불행함을 아뢰고, 계화를 명하여 용골대를 놓아 돌아가게 하라 하니, 계화 나와 부인의 명을 전하고 가로되,

"네 돌아가다가 의주에 이른즉 임 장군에게 죽기를 면치 못하리니 이 글을 드리면 하릴없이 너를 놓아 보내리라."

용골대 머리를 조아 사례하고 인마를 거느려 의주에 득달하니, 의주 부윤 임경업이, 용골대 동으로 들어와 인민을 살육하고 세자, 대군 데려감을 보고 대로하여 필마단창匹馬單

---

84) 뜰 한쪽에 흙을 쌓아 만든 꽃밭.
85) 물고기 대가리와 귀신 낯짝의 군사들, 곧 괴상하고 험상궂게 생긴 군사.

槍[86)]으로 나는 듯이 내달아 소리를 벽력같이 질러 가로되,
"오랑캐는 빨리 목을 늘여 내 칼을 받으라."
하거늘, 용골대 황망히 말께 내려 땅에 엎디어 가로되,
"장군은 노염을 그치시고 이 글을 보소서."
하고 두 손으로 글을 받들어 올리거늘, 임경업이 칼끝으로 받아 보니, 그 글에 하였으되,

> 이조 판서 광주 유수 이시백의 처 박 씨는 임 장군 좌하座下에 한 장 글월을 부치나니, 이제 나라의 운수불길하여 이런 망극한 변을 당하였으니 이는 다 하늘의 정한 수라, 용골대 세자, 대군을 모셔 돌아가는 것이니, 장군은 분심을 진정하고 용골대를 무사히 돌아가게 하여, 삼 년 후에 세자, 대군을 평안히 환국하시게 함이 상책이오니, 장군은 부디 박 씨의 말을 신청信聽하기 바라옵나이다.

하였더라.
임 장군이 보기를 다 하매 분기를 참고 말께 내려 세자, 대군을 뵈옵고 피눈물을 뿌리며 머리를 조아 가로되,
"바라옵건대 전하는 망극함을 참으시고 삼 년만 계시면 신이 죽기로써 호국에 가 모셔 오리니 전하는 신의 말을 헛되이 생각지 마옵소서."
세자, 대군이 하릴없이 경업을 이별하고 떠나시니라.
화설, 상이 왕대비전과 세자, 대군을 호국에 보내시고 성심이 망극하사 침식이 불안하시더니, 하루는 공중으로서 한 선녀 머리에 일월국화관을 쓰고 몸에 오색운무채화의를 입고 완연히 내려와 땅에 엎디거늘, 상이 놀라서 급히 물으시되,
"선녀는 뉘시완데 과인의 곳에 이르렀느뇨?"
박 씨 다시 일어 재배하여 가로되,
"신첩은 광주 유수 이시백의 처 박 씨로소이다."
상이 놀라 가라사대,
"경의 지략을 매양 탄복하더니 이제 경의 선형仙形[87)]을 구경하니 과인의 마음을 위로하리로다."
하시고 이시백을 돌아보아 가라사대,
"경의 충의忠義 쌍전雙全[88)]하기로 저런 부인을 두었으니 어찌 기특지 않으리오."
유수의 벼슬을 돋우어 세자사世子師를 하이시고, 그 부인 박 씨로 정경부인 직첩을 내리

---

86) 군사를 거느리지 않고 혼자서 말을 타고 창을 든 것.
87) 선녀의 용모.
88) 두 가지 다 완전한 것.

시고, 시백의 부친 득춘으로 보국숭록대부輔國崇祿大夫 봉조하奉朝賀[89]를 하이시고, 그 부인 강 씨로 정경부인을 봉하시니, 이시백이 머리를 조아 가로되,

"신이 촌공寸功이 없삽거늘 외람한 관작을 주시니 황공무지하여이다."

상이 다시 가라사대,

"경이 위란지시危亂之時를 당하여 과인을 호위하여 충성을 다하고, 경의 부인이 여러 번 과인의 급함을 구하고 용골대의 방자함을 꾸짖고 왕대비전을 경의 집에 편히 모셨으니, 이는 과인의 뼈에 사무치는 은혜어늘 조그마한 관작으로 어찌 갚기를 바라리오."

하시고, 이에 환궁하실새 거리거리 백성이 어가御駕를 호위하여 영접하더라. 상이 인하여 궐내에 드시니 왕대비전이 또한 환궁하시고, 이튿날 백관의 진하進賀를 받으시고 법사法司의 죄수를 모두 놓으시니라. 왕대비전이 조용한 때를 타 박 씨의 은덕으로 피화정에 있다가 돌아오심을 세세히 말씀하시니, 상이 박 씨의 일을 아름다이 여기사 예부에 전지傳旨하사 충신문忠臣門을 세우시고, 피화정 옆에 한 당을 세우되 이름을 일가정一駕亭이라 하시고 상이 매년 일차씩 춘삼월에 행행行幸하사 화류花柳를 완상하시더라.

그 후 이시백의 공덕을 아름다이 여기사 시백으로 의정부議政府 우의정에 대광보국大匡輔國을 하이시고, 부인 박 씨로 충렬忠烈 정경부인을 봉하시고 시백과 박 씨를 못내 탄복하시더니, 이러구러 세자 호국에 간 지 삼 년이 되었는지라. 왕대비전과 상이 소식을 몰라 주야 근심하시더니, 한 신하 나아와 아뢰어 가로되,

"신이 비록 무재하오나 호국에 가 세자, 대군 삼 형제를 모시고 올까 하나이다."

상이 보시니 전임 의주 부윤 임경업이라. 상이 기꺼하사 임경업으로 병조 판서 훈련대장을 겸임하이시고 상사上使를 하이사 즉일 발행發行하라 하시니, 경업이 재배 사은하여 어전에 하직하고 위의威儀를 거느려 수월 만에 호국에 득달하여 황문시관黃門侍官[90]에게 통하니, 황문이 탑하榻下에 들어가 조선국 사신이 왔음을 아뢴대, 호왕이 바삐 들어오라 하거늘, 경업이 들어가 재배하니, 호왕이 기꺼 가로되,

"경이 수천 리 험한 길에 옴은 어쩜이뇨?"

경업이 가로되,

"신이 옴은 다름 아니오라 조선 왕이 예물을 갖추어 드리고 세자궁 삼 형제 돌려보내시기를 바라나이다."

하고 금은보배의 가진 재물과 표문을 올리니, 호왕이 표문을 보니 말씨 온공溫恭하고 예물이 욕심에 족한지라. 이어 기꺼 웃어 가로되,

"조선 왕이 가히 예를 아는 임금이로다."

이에 세자, 대군 삼 형제를 불러 가로되,

---

89) 종이품의 벼슬아치가 늙어서 벼슬을 내놓고 물러가면, 그 사람을 대접하여 내리는 벼슬.
90) 내시부의 벼슬아치.

"너희 나라 사신이 와 너희 등을 데려가려 하니 무슨 소원이 있거든 각기 말하라."
하니, 세자 가로되,
"신은 아무것도 싫고 부왕이 기다리시니 인자 된 마음에 일각一刻이 삼추三秋 같은지라 바삐 돌아가기를 원하나이다."
둘째 대군은 가로되,
"신은 여러 해 만에 본국으로 돌아가매 혼자만 감이 불가하오니 이미 수백 명 본국 인민이 와 있사온즉 그를 주시면 데려가려 하나이다."
셋째 대군은 가로되,
"신은 일등 미녀를 한 사람 주시면 데려가 부왕께 뵈오려 하나이다."
호왕이 각각 소원을 이루어 주니, 경업이 즉시 호왕을 하직하고 세자, 대군 삼 형제를 모셔 여러 날 만에 한양에 득달하여 사은한대, 상이 원로에 무사히 환국함을 기꺼하시고 세자, 대군 삼 형제를 불러 호국에 가 수년간 고생함을 묻고 또 가라사대,
"경들이 올 때에 호제胡帝 무슨 말을 묻더뇨?"
세자 먼저 아뢰되,
"신은 일각이 삼추 같으니 바삐 본국에 돌아가 부왕을 뵈겠노라 하였나이다."
둘째 대군은 가로되,
"신은 본국인들을 호지胡地에 두기 분한 고로 데려감을 청하였나이다."
셋째 대군은 가로되,
"신은 일색 미녀를 주면 데려가 부왕께 뵈옵겠다 하였나이다."
상이 둘째 대군을 칭찬하여 가라사대,
"경은 가히 일국 생명을 거느릴 도량이로다."
하시고, 셋째 대군을 꾸짖어 가로되,
"너는 미녀를 데려다 나를 주면 무엇이 유족하뇨? 가히 무식한 위인이로다."
하시고 벼루를 들어 치시니, 왼편 다리를 맞아 절각折脚이 되니 다리를 절고 다니더라.
화설, 전 영의정 김자점이 이시백과 임경업을 시기하여 해코자 할새 먼저 경업을 해하리라 하고 거짓 어명이라 일컫고 경업을 형벌을 중히 하여 전옥典獄에 가두고 장차 죽이기를 꾀하니, 세자 경업이 자점의 해를 당할 줄 아시고 참연慘然히 여기사 전옥으로 가려 하사 전지를 내리오니, 전옥 문 앞에 홍살문紅箭門을 중수하여 세우고 거둥하기를 대령하였더니, 만조 간하여 가로되,
"조정 신하를 보시려 전옥에 친행親行하심이 없사오니 바라옵건대 전하는 깊이 살피소서."
세자 그러히 여기사 중지하시니, 이때에 경업은 형벌을 별로히 더하여 기묘년 삼월 이십육일에 명이 다하니, 나이 삼십이 세라.
하루는 상이 침석에 의지하여 계시더니 비몽사몽간에 경업이 일신에 피를 흘리며 걸어오며 고하여 가로되,

"신이 생전에 지성으로 성상을 섬기고자 하였더니 시운이 불길하여 김자점의 해를 만나 일신이 성한 곳이 없이 중상을 입어 몸을 망하오니 어찌 통분치 아니하리꼬. 바라옵건대 성상은 신의 일신을 애휼愛恤하사 역적 김자점을 죽여 원수를 갚아 주옵시면 신은 죽은 혼백이라도 충성을 다할까 하나이다."

하고 울며 가거늘, 상이 놀라 다시 묻고자 하시다가 번드쳐 깨치시니 남가일몽南柯一夢이라. 상이 몽사를 의심하사 이시백을 명초命招[91]하사 경업의 일을 물으시니, 시백이 복지하여 눈물을 흘리며, 자점이 음흉하여 경업을 데려 전옥에 가두매 장독杖毒이 나 원통히 죽음을 아뢰니, 상이 크게 노하사 자점을 금부禁府로 내려 엄중히 문초하시매 전후 죄상이 드러나는지라. 상이 더욱 노하사,

"자점을 군기시軍器寺 전前에 처참處斬하여 머리를 각 읍에 돌리고 경업의 가족에게 자점의 일신을 내어주어 임의로 복수케 하며 처자를 교교絞하고 가장집물家臟什物을 적몰籍沒하라."

하시니, 가히 원통하다. 자점이 일국의 영의정으로 부귀가 족하거늘 흉모를 꾀하다가 몸을 온전히 못 하니 혼백인들 어데 가 용납하리오. 이때 이시백이 전교를 받자와 자점의 죄목을 나타내고 일신을 결박하여 군기시 전에 세우고 먼저 목을 버히고 몸을 찢으니 경업의 권솔眷率이 달아들어 자점의 살을 씹으며 간을 내다가 영위靈位에 제사하여 설원雪冤하니라.

이때 상이 경업의 죽음을 애연히 여기사 예부에 전지하여 충신문을 세우라 하시고, 벼슬을 추증하여 대광보국 의정부 영의정 세자사를 하이시고, 시호를 충렬공이라 하고 국구國舅[92]의 예로 장사하라 하시며, 그 자식에게 벼슬을 주어 기복출사起復出仕[93]케 하시고, 제문祭文을 친필로 지으사 예관禮官을 보내어 치제致祭[94]하시며, 죽은 후 십 년까지 영의정의 녹祿을 누리게 하시니 성덕이 하해 같더라.

이때 어후御侯 미령靡寧하사 추구월秋九月 초순에 승하하시니 재위 삼십이 년이라. 만조 상사를 발하고 세자 즉위하시니, 시년時年이 십구 세라. 세상이 태평하여 길에 빠진 것을 줍지 않고 산에 도적이 없고 밤에 문을 닫지 아니하며 거리거리 격양가를 부르더라.

시백이 이러한 태평 시절에 일국 재상이 되어 음양陰陽을 다스려 사시四時를 순케 하며 백성을 인의仁義로 인도하니 공의 이름이 일국에 진동하고, 그 아들 희인 형제 다 급제하여 하나는 평안 감사를 하고 하나는 송도 유수를 하매 양인의 정사 청백하고, 자손이 각각 십여 인이되 개개 옥수玉樹[95] 기린 같아 노승상 안전眼前에 있어 재롱으로 세상을 보내더니,

---

91) 왕의 명령으로 신하를 부르는 것.
92) 왕의 장인.
93) 부모의 삼년상을 마치기 전에 벼슬에 나가는 것.
94) 왕이 신하에게 내리는 제사.

노승상이 우연히 병을 얻어 일지 못하고 인하여 별세하니 승상 부부 호천망극昊天罔極[96]하여 주야로 애통함을 마지아니하더니, 태부인이 이어 별세하니 시년이 팔십삼 세라. 공의 부부 일시에 천붕지통天崩之痛을 당하매 더욱 애통하여 혼도昏倒하였다가 겨우 음식을 내와 기운을 진하고 장일에 다다르매 예로써 선산先山에 장사하니라.

상이 들으시고 비감함을 마지않으사 예관을 보내어 치제하시고 인하여 공을 편전으로 부르사 용모 쇠로함을 보시고 심히 근심하사 위로하시니, 승상이 천은을 황공하여 부복 사은하니, 상이 공의 너무 비창하여함을 보시고 가라사대,

"경의 괴로운 직책을 갈아 봉조하를 하이나니 조회에 참예치 말고 고당에 한가히 있어 자손의 영효榮孝를 받으라."

하시고 희인의 벼슬을 돋우어 이조 판서를 하이시고, 희기로 도승지 형조 참판을 하이사,

"불일不日 상경하여 과인의 바람을 저버리지 말라."

하시니, 양 공이 궐하에 나아가 사은하온대, 상이 가라사대,

"경 등은 충성으로 직책을 다하라."

하신대, 양 공이 즉시 퇴조하여 집에 돌아와 공의 부부께 뵈옵고 일가친척을 청하여 여러 해 그리던 정회를 펴니라.

이때 이 공 부자 나라에 충성을 다하고 자손을 교훈하여 부귀를 누리더니, 이러구러 공의 나이 팔십이 지나되 기운이 강건하여 강장强壯한 소년을 당하더니, 추구월 망간에 이르러 월색이 명랑하니, 공이 부인으로 더불어 완월대에 올라 남녀 자손을 좌우에 앉히고 수작酬酌[97]을 열어 즐길새 공이 스스로 잔을 잡아 두 아들을 주어 가로되,

"내 소년 적 일이 어제 같더니 어느 사이 팔십이 지나니 세상사 일장춘몽이라 어찌 한심치 않으리오. 우리 부부 세상 연분이 다하매 장차 너희들을 영결永訣고자 하나니, 너희 두 사람은 조금도 설워 말고 자손을 거느려 길이 영화 부귀를 누리라."

두 아들이 망극한 말을 받자오매 황황망조하여 슬픈 눈물이 앞을 가리니 잔을 받아 마시려 하나 가슴이 막혀 잔을 놓고 울기를 마지않거늘, 공의 부부 정색하고 꾸짖어 가로되,

"사람이 세상에 나매 일생일사一生一死는 면치 못할 일이요, 네 아비 나이 팔십이 지나고 관록이 일품에 이르고 자손이 번성하여 문호를 빛내니 지금 죽은들 무엇이 원통하리오. 너희 등은 무익한 슬픔을 일으켜 자손의 민망한 정지를 돌아보지 아니하느뇨?"

말을 마치매 안색이 심히 좋지 않거늘, 두 아들이 황공하여 안색을 고쳐 사죄하고 다시 모시니 공이 모든 손자를 면면이 이같이 하고, 인하여 상을 물리라 하고 부부 양인이 침석을 바루고 세상을 버리니, 이 판서 형제 발상發喪하여 애통함을 마지아니하고 슬픈 기운이

---

95) 재주가 뛰어난 사람.
96) 부모의 은혜가 하늘같이 넓고 커서 다함이 없다는 뜻.
97) 술잔을 서로 주고받는 것.

온 집에 진동하더라.

  상이 들으시고 또한 비감하사 예관을 보내어 치제하고 부의賻儀를 두터이 하시며 시호를 문충공文忠公이라 하시고, 박씨 부인으로 충렬비忠烈妃를 봉하여 추증하시더라. 계화도 이에 죽으니 이 판서 형제 더욱 설워하다. 상례喪禮를 차려 입관 성복成服하고 길일을 가려 선산에 안장安葬하고, 판서 형제 주야로 양친 여막廬幕에 거하여 효성으로 삼 년을 지낸 후에, 상이 그 충효를 아름다이 여기사 다시 이조 판서의 중임을 맡기시니, 공의 형제 기특한 충성으로 임금을 섬겨 벼슬이 일품에 오르고 자손이 대대로 충효를 다하더라.

세 소설에 관하여

정홍교

소설 〈홍길동전〉, 〈전우치전〉, 〈박씨부인전〉은 17세기에 쓰인 소설 문학의 대표 작품들이다.

우리 민족 발전의 역사에서 17세기는 외적을 반대하는 두 차례의 고생스러운 전쟁을 통하여 봉건 통치배들의 부패와 무능이 여지없이 드러나고 인민들의 민족적 자각과 애국심이 비할 데 없이 높아지고 있던 시기이다. 또한 봉건 사회의 모순이 더욱 첨예해지고 민족의 존엄을 지키며 착취와 억압에서 벗어나려는 싸움이 곳곳에서 세차게 벌어지고 있던 시기이다.

소설 〈홍길동전〉, 〈전우치전〉, 〈박씨부인전〉에는 17세기의 민족 생활을 특징짓는 이러한 현실이 홍길동, 전우치, 박씨 부인의 모습을 통하여 퍽 진실하고 생동하게 반영되어 있다.

〈홍길동전〉과 〈전우치전〉은 임진왜란을 전후한 시기를 배경으로 삼고 있다. 두 소설은 시대 배경이 같고 사상 예술적 특성에서도 공통점을 가지고 있으나, 〈홍길동전〉에는 창작자가 밝혀져 있고 〈전우치전〉은 그렇지 않다.

〈홍길동전〉의 작가는 16세기 말에서 17세기 초에 활동한 허균許筠이다. 허균은 호를 교산蛟山 또는 성소惺所라고 하였다. 그는 당대에 시와 문장으로 이름을 떨친 문필가, 학자 집안에서 나고 자랐다. 허균의 아버지 허엽許曄은 16세기의 유명한 철학자인 서경덕의 제자였고, 형인 허성과 허봉도 박식하고 재능 있는

학자이자 문인이었으며, 누이인 허난설헌은 당시 중국까지 널리 알려진 시인이었다. 허균은 이러한 집안의 영향을 받으면서 어려서부터 문학에 깊은 관심을 가졌다.

허균의 사상 발전과 창작에 직접 영향을 미친 사람은 스승인 손곡孫谷 이달李達이었다. 허균은 열두 살에 아버지를 여의고 형 허봉의 소개로 이달에게 수업을 받았다. 손곡 이달은 시를 잘 써 이름이 널리 알려졌으나, 서자여서 양반이면서도 양반 축에 들지 못하고 시골에 묻혀 불우한 생활을 하고 있었다.

서자는 첩의 몸에서 태어난 것으로 하여 남다른 재능과 지식을 가지고 있어도 다른 양반들과 같이 벼슬길에 나설 수 없었고, 집에서는 아버지를 아버지라 부르지 못하고 형을 형이라 부를 수 없었다. 서자들에게는 뛰어난 재능과 지식이 집안의 자랑이나 기쁨으로 된 것이 아니라 온갖 불행의 뿌리로 되었으며, 그만큼 서자들의 가슴에는 원한이 맺히고 울분이 차 있었다.

허균은 스승의 삶을 통하여 적서 차별의 가혹함과 현실 생활의 불합리를 보았고, 그것은 허균에게 강한 충격을 주었다. 그러하기에 허균은 과거 시험에 합격하고 벼슬살이를 하면서도 서자들의 억울한 처지를 동정하였으며, 적서의 차별을 반대하여 꿋꿋하게 싸웠다. 또한 그것으로 통치배들의 미움을 받아 귀양살이를 하면서도 뜻을 굽히지 않았다. 허균은 결국 박응서, 서양갑, 심우영 들과 함께 적서의 차별과, 가난한 백성들을 깔보고 푸대접하는 봉건 정부의 그릇된 정사를 반대하였다는 죄 아닌 죄에 몰려 사형을 당하였다.

〈홍길동전〉은 이처럼 허균의 곡절 많은 한생의 생활 체험을 바탕으로 하고 있다. 소설에는 허균이 일생을 통하여 터득한 생활의 바람, 사형을 당하면서도 굽히지 않은 사상 지향이 반영되어 있다.

허균은 적서의 차별과 가혹한 인민 착취를 없애고자 하는 바람을 소설에 재현하면서 사람들 사이에서 입으로 전해지던 전설의 인물 홍길동을 주인공으로 내세웠다.

18세기에 활동한 실학자 이익李瀷은 《성호사설星湖僿說》에서 홍길동에 관하여 이렇게 썼다.

"예부터 서도에 큰 도적이 많았다. 그 가운데 홍길동이 있었는데 세상에서는 그가 얼마나 되는지 알지 못한다."

허균은 이처럼 실제 인물이면서도 전설의 인물로 알려진 농민군 두령 홍길동을 그대로 작품의 주인공으로 내세우고 거기에 첨예한 시대적 과업을 구현하였으며 그 형상을 예술적으로 한층 더 완성시켰다.

〈홍길동전〉은 크게 세 부분으로 이루어져 있다.

소설의 첫 부분은 대대로 내려오는 명문거족인 홍 판서의 아들로 태어난 주인공 홍길동이 여종 춘섬의 몸에서 난 서자라는 이유로 아버지를 아버지라 부르지 못하고 온갖 멸시와 천대를 받으며 자라는 과정을 보여 주며, 길동이 집안의 알력으로 생명의 위험까지 당하게 되어 집을 뛰쳐나오는 것으로 엮여 있다.

다음 부분에서는 원한과 울분을 안고 집을 떨쳐 나온 홍길동이 차차 사회 모순과 불합리를 깨닫고 농민 봉기군의 두령으로 되어 백성들의 원한을 산 절, 관청, 부잣집들을 습격하고 재물을 빼앗아 헐벗고 굶주리는 사람들을 구제하는 과정을 보여 주고 있다.

적서 차별로 인한 집안 내의 설움에서 출발하여 차차 당대 사회 현실의 모순과 불합리를 깨닫고 봉건적 억압과 착취를 반대하는 싸움에 나선 홍길동의 성격 특질과 그가 체현한 사상 지향의 진보적 측면들은 이 부분에서 집중 표현되고 있다.

소설의 마지막 부분은 위협과 회유로 일관된 통치배들의 교활한 흉계를 짓부수고 자신의 요구를 관철하여 임금에게서 병조 판서의 벼슬을 받은 홍길동이 조선을 떠나 율도국에 가서 '이상 왕국'을 세우고 스스로 왕이 되어 온갖 부귀영화를 누리는 이야기로 엮여 있다.

소설은 이러한 이야기를 통하여 우선 일부다처제의 가족 제도와 적서 차별의 악습, 그로 인한 봉건 양반 집안의 부패함과 비극적 참상을 폭로하고 있다.

홍길동의 아버지인 홍 판서는 세도 양반으로서 겉으로는 점잖은 것 같지만 실상은 우유부단하고 무맥하며 도덕 생활은 더구나 난잡하여 정실부인과 기생첩까지 두고서도 몸종들을 거리낌 없이 희롱한다. 길동을 중심으로 하여 집안에서 벌어지는 어수선한 인간관계, 추악한 계략과 음모 따위는 모두 홍 판서의 위선적인 생활과 축첩 행위에 뿌리를 두고 있으며, 그것은 곧 가정불화와 비극적 참상의 화근으로 되고 있다.

홍 재상은 길동의 뛰어난 총명과 재주를 마음속으로 사랑하고 그의 억울한 처지를 가엾게 여기면서도 몸종의 몸에서 난 자식이라고 도리어 차갑게 대하고 엄하게 꾸짖으며, 길동을 없애 버리려는 기생첩 초란의 흉계에 넘어가 버리기도 한다.

교활한 기생첩 초란이는 몸종 춘섬이가 아들을 낳아 재상의 사랑을 받는 것을 시기하여 길동을 죽여 없앨 흉계를 꾸미며, 길동의 배다른 형인 인형과 유씨 부인도 초란의 간계에 말려들어 "첫째는 나라를 위함이요, 둘째는 대감을 위함이요, 셋째는 홍씨 집안을 지키기 위함"이라고 하면서 길동을 죽이는 데 동의한다.

소설은 이런 추악한 흉계를 통하여 말로는 오륜을 부르짖으면서도 권세와 재물을 위해서 시기와 질투, 기만과 모해, 살인까지도 서슴없이 저지르는 양반 집안의 썩은 내막을 날카롭게 드러내 보여 주고 있으며, 또한 그것이 일부다처제의 가족 제도와 적서 차별의 악습과 관련되어 있음을 폭로하고 있다.

그러나 소설은 이러한 제도를 근본적으로 뒤집어엎을 데 대한 문제는 제기하지 못하였다. 여기에 이 소설의 제한성이 있다. 소설의 이러한 제한성은 홍길동이 모순되고 불합리한 현실 세계에 맞서 세운 율도국에서 집중 표현되고 있다. 율도국은 적서의 차별이 없고 만백성이 편안하고 행복하게 살게 하려는 홍길동의 사상적 바람을 구현한 사회이다. 그런데도 홍길동은 이 이상 사회에서 자신이 스스로 왕이 되고 두 안해를 거느린다(원문에는 두 안해로 되어 있다.). 이것은 결국 작가가 적서의 차별을 반대하고 서자들도 재능에 따라 쓸 것을 주장하는 데 그치고, 일부다처제까지 반대하지 못하였다는 것을 말해 준다.

〈홍길동전〉의 사상 예술적 특성과 문학사에서 갖는 의의를 규정할 때 특별히 중요한 것은 주인공 홍길동과 활빈당의 활동을 통하여 당시 농민 봉기군의 투쟁을 보여 주고, 왕을 비롯한 봉건 통치배들의 무능함과 그릇된 정사를 폭로 비판한 것이다.

작가는 소설에서 주인공 홍길동의 의식 성장 과정을 다양한 생활을 통하여 감명 깊게 보여 주면서 길동을 인민들의 슬기로움을 구현해 내는 인물로, 인정 많고 대바르며 용감하고 변화무쌍한 재능을 가진 비범한 인물로 형상하였다.

홍길동의 이러한 성격적 특질은 가난 구제를 활동의 목적으로 삼고 둔갑술을 써서 합천 해인사, 함경도 감영 등을 습격하여 그릇 쌓은 재물을 도로 빼앗아 백성들에게 나누어 주며, 서울로 올라가는 양반들의 봉물을 빼앗아 뇌물 주고받기를 일삼는 통치배들의 간담을 서늘케 하는 데서 나타나고 있다. 또한 길동의 신기한 술법은 조정의 영을 받고 자기를 잡으러 온 포도대장을 골려 주고 혼쌀 내는 장면을 비롯하여 여러 대목들에서 나타나고 있으며, 특히 지푸라기 허수아비 일곱에 혼백을 불어넣어 꼭 같은 모습을 한 여덟 홍길동이 팔도에서 동시에 활동하게 함으로써 통치배들을 혼란에 빠뜨리고 공포에 떨게 하는 데서 집중 표현되고 있다.

소설이 이처럼 착취받고 억압당하는 인민들의 사상 감정을 진실하게 구현할 수 있는 것은 인민 설화의 주인공을 그대로 작품의 주인공으로 내세웠을 뿐더러 작가 자신이 그에 깊은 동정과 애착을 가지고 당대의 현실 생활을 진지하게 파고들어 묘사하였기 때문이다. 여기에 〈홍길동전〉이 거둔 성과가 있으며, 또한 소설이 가난한 사람들에게 기쁨과 희망을 주면서 널리 읽힌 까닭도 바로 이와 관련된다.

소설은 비록 봉건 사회 제도의 본질을 환히 밝히지 못하고 행복한 생활의 출로를 '안빈낙도'의 유교적 이념에 기초하여 찾으려고 한 제한성을 가지고 있지만, 농민 봉기군의 형상을 정면으로 등장시키고 그들의 활동을 통하여 적서 차별의 부당함, 봉건 양반 집안의 썩은 내막을 날카롭게 폭로 비판한 것으로 하여 뜻있는 작품이다.

〈전우치전〉은 작가뿐 아니라 언제 창작되었는지도 확인할 만한 자료가 없다. 다만 17세기 초에 활동한 실학자 이수광李睟光의 《지봉유설芝峯類說》과 17세기 전반에 편찬된 유몽인柳夢寅의 패설집 《어우야담於于野談》에 전우치에 관한 이야기가 적혀 있고, 또 소설 자체의 내용과 특성으로 보아 대체로 〈홍길동전〉과 같은 시기인 17세기 초에 진보 사상을 가진 어떤 작가가 전우치 설화를 바탕으로 하여 창작한 것으로 짐작한다.

〈전우치전〉은 내용과 구성 조직이 〈홍길동전〉보다 단순하지만 당시 봉건사회를 비판하는 기백은 훨씬 더 강하다.

소설은 주인공 전우치가 왜적의 노략질과 거듭되는 흉년에 "백성들의 참혹한 형상은 이루 다 붓으로 그리지 못할" 형편인데도 조정의 벼슬아치들이 권력 싸움에만 피눈이 되어 있는 데 통분함을 금치 못하여 집을 떨쳐 나와 부정과 부패를 치고 가난과 불행을 건져 주는 의로운 활동을 벌이다가 태백산에 들어가 도를 닦는 이야기로 엮여 있다.

소설에서 전우치의 형상은 인민 설화의 성격을 띠고 있으며, 그의 활동은 욕심 사납고 못된 통치배들을 골려 주고 징계하며, 가난하고 억울하게 사는 백성들을 도와주는 것으로 일관되어 있다.

전우치의 특질이 인민의 바람을 체현했다는 것은 먼저 당시 백성들에게 가장 긴급한 문제였던 양식을 해결해 주고 그들의 생활을 편안하게 하는 데서 표현되었다.

전우치는 신선으로 몸을 바꾸어 왕에게 나라 안의 금붙이를 모조리 거두어들여 황금 대들보를 만들게 하고, 그것을 다른 나라에 팔아 낟알을 사다가 백성들에게 나누어 주며, 그것으로 양식을 삼고 씨곡을 마련하게 한다.

그러고는 자기가 한 일의 취지를 글로 써서 거리에 내붙인다. 이 글에서 전우치는 먼저 어질고 선량한 백성들의 것을 빼앗기만 하고 전혀 돌보지 않는 통치배들의 죄행을 매섭게 규탄하고 이어서 백성들에게 이렇게 호소하였다.

"내 하늘을 대신하여 부귀한 자들에게 황금을 빼앗아, 죽기에 이른 그대들을 구한 것이로다. 그러니 그대들은 모름지기 이 뜻을 깨달아 잠깐 남에게 맡겼던 것이 돌아온 줄로 알 뿐 남에게 힘입은 것으로 여기지 말지어다. 더욱이 제 스스로 심부름한 내게 무슨 공이 있으리오. 이렇게 말하는 나는, 처사 전우치로다."

전우치가 써 붙인 이 글에는 백성들을 착취하고 약탈하여 호화롭게 사는 양반 통치배들에 대한 증오와 규탄, 애써 일하면서도 헐벗고 굶주리는 인민들에 대한 동정과 그들의 고통을 덜어 주고 생활을 안착시키려는 절절한 바람이 반영되어 있다. 이는 당대 사회 현실이 제기하는 절박한 시대의 요구이고 당시 인민들이 간절히 바라던 지향이라고 할 수 있다.

전우치의 이러한 성격은 왕을 속여 황금 대들보를 만들게 한 것이 탄로 나 왕 앞에 잡혀갔을 때 조금도 주저하거나 동요하지 않고,

"신이 바로 전우치이옵나이다. 부디 신의 죄를 다스릴 공력으로 백성이나 편안케 함이 옳을까 하옵나이다."

하고 부르짖는 데서도 뚜렷이 나타나고 있다.

또한 나라의 운명은 아랑곳하지 않고 허영에 들떠 거드름을 부리면서 사치하고 부화방탕한 벼슬아치들을 골탕 먹이는 데서 표현되고 있다. 전우치는 자기가 선전관으로 임명된 것과 관련하여 차린 잔치에서 거들먹거리는 선배 선전관들의 안해들을 기생으로 변신시켜 그 남편들을 망신시키며, 자기를 시기하고 모함하려는 벼슬아치를 천 년 묵은 여우로 만듦으로써 그 집안에 소동을 일으킨다. 또한 여색을 즐기는 선비에게는 안해를 구렁이로 만들어 버릇을 뚝 떼게 하며, 권세를 믿고 남에게 죄를 뒤집어씌우는 못된 자들을 찾아내어 요절낸다. 반면 불쌍하고 죄 없는 사람들, 효성이 지극하고 의리를 지킬 줄 아는 착한 사람들을 지성으로 도와주고 보살펴 준다.

전우치의 이러한 활동은 당대의 모질고 야속한 현실에 대한 증오와 강한 비판을 뚜렷이 표현하고 있으며, 그 바탕에는 악을 미워하고 선량한 것을 사랑하며 권세보다 도덕과 의리를 중히 여기는 민족의 고유한 생활 감정과 함께 파렴치한 권세가들에게 억눌려 기를 펴지 못하는 당시 인민들의 억울하고 분한 심정이 놓여 있다.

그러나 소설은 주인공 전우치의 활동을 봉건 제도 자체의 전면 부정으로 끌고 가지 못하고 결국 전우치가 산속에 숨어 사는 것으로 끝을 맺고 있다. 이것은 주인공의 의로운 활동을 실현시킬 수 있는 가능성이 아직 없었고, 또 그 참된 길을

알 수도 없었던 당대의 사회 조건과 세계관의 제한성을 반영하고 있다. 그러나 천대받고 억압당하는 인민들의 바람을 반영하여 통치배들과 맞선 의로운 인간 형상을 창조한 점에서 이채를 띠는 작품이다.

사실 중세 때에 창작된 우리 나라 소설들 가운데 통치배들의 죄행을 단죄하고 인민들의 불행한 처지를 동정한 작품들이 많지만 〈전우치전〉처럼 주인공을 인민들 바람의 체현자로, 특히 봉건 사회에서 신성불가침의 존재인 왕과 정면으로 맞서 날카롭게 규탄하는 인간으로 형상한 작품은 그리 많지 않다. 이런 의미에서 〈전우치전〉은 〈홍길동전〉과 함께 당대 소설 문학에서 새로운 전진을 이룩한 가치 있는 작품이다.

〈박씨부인전〉은 1636년의 병자호란을 배경으로 하는 반침략 애국을 주제로 하는 작품이다. 이 소설도 작가가 밝혀져 있지 않다. 그러나 작품의 시대 배경과 등장인물들, 표현 수법 들로 미루어 보아 대체로 17세기 중엽이나 후반기에 창작되었을 것이다.

소설의 내용은 크게 두 부분으로 이루어져 있다. 앞부분에서는 주인공 박 씨가 이시백과 혼인하게 된 과정과 이씨 집안에서 생활하는 박씨 부인의 모습을 보여 주고 있다. 시집을 올 때 박씨 부인은 용모가 끔찍할 정도로 보기 흉하며 이 때문에 남편과 시집 식구들의 구박을 받는다. 그러나 부인은 아주 뛰어난 재능과 슬기를 가진 여인이므로 그것을 조금도 탓하지 않고 남편을 지성으로 도와 과거에 장원 급제하게 한다. 이 과정에 부인은 흉한 허물을 벗고 아름다운 여인으로 변신한다.

소설의 뒷부분에서는 외적의 침략 책동을 걸음마다 짓부수고 나라의 존엄을 지켜 내는 부인의 애국 활동을 보여 준다. 부인은 침략을 앞두고 우리 나라의 방위력을 혼란시키려는 적들의 기도를 미리 꿰뚫고 남편인 이시백과 명장 임경업을 살해하기 위하여 기어든 자객을 들추어냄으로써 그 음모를 파탄 낸다. 또한 적들이 서울까지 몰려들어 나라가 위급하게 되었을 때에는 사람들을 자기 집에 피신시키고 몸종 계화를 시켜 적장 용홀대를 처단하며 그 형 용골대를 굴복시켜 돌아가게 한다.

　소설에서 박씨 부인은 외세의 침략을 반대하고 나라를 지키기 위한 애국 투쟁의 중심인물로 등장하며, 그의 활동과 지혜에 의하여 나라의 안전이 보장된다. 박씨 부인의 형상에서 주된 측면은 민족의 자존심과 군건한 애국정신이다.

　남존여비 사상이 지배하던 봉건 사회의 여성들은 가정에 묻혀 남자에게 순종하는 존재였다. 그러나 소설에서는 박씨 부인을 반침략 애국 투쟁의 주인공으로 내세웠을 뿐 아니라 자신의 판단과 결심에 따라 행동하며 자신보다 나라를 먼저 생각하고 적들을 반대하여 타협 없이 싸워 나가는 인간으로 형상하였다. 박씨 부인은 남편이 나라를 위하여 맡은 일을 잘 해내도록 도와주며 그릇된 생각을 깨우쳐 주고 감화시킨다. 안해의 용모가 흉하다고 하여 푸대접하고 구박하던 이시백이 허물을 벗고 아름다운 본모습을 드러낸 박씨 부인 앞에서 밤늦도록 사죄하고 애걸하는 장면은 사실 봉건 시기의 다른 소설 작품들에서는 찾아보기 어렵다.

　부인은 또한 전쟁의 가장 엄혹한 시기에 스스로 싸움에 나서며 자신의 비상한 재주와 지략으로 침략자들을 무릎 꿇리고 나라를 구원하며 왕에게까지 어떻게 처신해야 하는가를 깨우쳐 준다.

　〈박씨부인전〉은 주인공 박씨 부인이 체현하고 있는 민족 자존심과 애국 투쟁 정신을 돋보이게 하려고 주인공을 실제 인물인 이시백, 임경업 들과의 관계 속에서 형상하였다. 작가는 이야기를 역사적 사실에 기초하여 구성하고 전개해 나가면서도 사실을 그대로 옮겨 놓지는 않았다. 작품에서는 주인공의 애국 사상과 민족의 자부심을 뚜렷이 표현하며 주제와 사상 과제를 실현할 수 있도록 허구를 적절히 도입하였으며, 조선 사람이 침략자들보다 지략과 힘이 더 뛰어나고 도덕성으로도 우월한 것으로 형상하였다.

　그러나 소설에서는 전쟁의 승패와 인간의 운명, 나라의 흥망을 모두 하늘이 미리 정한 것으로 묘사하였고, 그리하여 왕의 비겁함과 배신행위를 합리화하고 충군 사상을 강조하였다. 또한 소설에서는 개별 인물들, 양반 출신 벼슬아치들의 활동과 공적을 과장한 반면 침략자들을 반대히고 나라의 존엄을 지켜 용감히 싸운 인민들은 전혀 등장시키지 않았다.

소설은 이렇게 제한된 시각을 가지고 있으나 병자호란 때의 반침략 애국 투쟁을 꽤 폭넓게 보여 주고 조국에 대한 사랑과 민족의 긍지를 뚜렷이 표현하고 있는 점에서 17세기 반침략 애국 소설의 대표 작품이며, 이후에 나타난 소설 문학 발전에도 영향을 미쳤다.

〈홍길동전〉, 〈전우치전〉, 〈박씨부인전〉은 사회 모순과 불합리를 폭로 비판하고 가혹한 속박에서 벗어나 자유롭게 살 것을 갈망하는 인민들의 소박한 바람, 그리고 반침략 애국주의 사상을 반영하고 있는 우리 나라 중세 소설 문학의 귀중한 유산들이다. 이 소설들은 독자들이 16~17세기의 봉건 사회 현실을 깊이 이해하도록 하는 데 기여할 것이다.

글쓴이 허균 許筠

1569년에 나서 1618년까지 살았다. 학식이 뛰어나다는 평을 받는 한편, 이단을 좋아하여 도덕을 어지럽힌다는 비판도 함께 받았다. 정치관이나 학문관에서, 서자를 비롯하여 하층민을 대변하는 급진성을 보였다. 광해군 때 역적모의를 했다 하여 참형되었다.

'유재론遺才論'에서 하늘이 사람에게 고루 재능을 주었는데 신분을 따져 사람을 쓰고 안 쓰고 하는 것은 하늘을 거역하는 것이라 했다. '호민론豪民論'에서는 "천하에 가장 두려운 것은 오직 백성"이라고 하면서 복종만 하던 백성이 원망을 품고 항거하게 되는 과정을 밝히면서 정치가들을 각성시키려 했다. 허균의 이러한 생각이 〈홍길동전〉에 잘 담겨 있다.

고쳐 쓴 이 로은욱, 림왕성, 리영규

〈홍길동전〉을 고쳐 쓴 로은욱은 설화와 야담과 고전 소설을 연구한 학자로, 고전 소설 〈김태자전〉도 고쳐 썼다.
〈전우치전〉을 고쳐 쓴 림왕성은 고전 소설을 연구하는 한편, 역사에서 글감을 찾아 소설을 쓰기도 했다.
〈박씨부인전〉을 고쳐 쓴 리영규는 1916년 평안도 정주에서 나서 1981년쯤까지 산 것으로 전한다. 작가동맹 작가이면서 문예출판사 부주필을 지냈다. 혁명 전통 주제를 따르는 소설들과 역사 소설을 여러 편 쓴 것으로 알려졌다.

겨레고전문학선집 23

홍길동전, 전우치전, 박씨부인전

2007년 5월 1일 1판 1쇄 펴냄 | 2015년 9월 23일 1판 4쇄 펴냄
글쓴이 허균 외 | **고쳐 쓴 이** 로은욱 외 | **편집** 김성재, 남우희, 전미경, 하신영 | **디자인** 비마인bemine
제작 심준엽 | **영업 홍보** 박봉현, 안명선, 양병희, 이옥한, 정영지, 조병범, 조서연, 최민용 | **경영지원** 임혜정, 전범준, 한선희 | **인쇄** 미르인쇄 | **제본** (주)경일제책 | **펴낸이** 윤구병 | **펴낸곳** (주)도서출판 보리 | **출판 등록** 1991년 8월 6일 제 9-279호 | **주소** 경기도 파주시 직지길 492 우편 번호 108-81 | **전화** 영업 (031)955-3535 홍보 (031)955-3673 편집 (031)955-3678 | **전송** (031)955-3533 | **홈페이지** www.boribook.com | **전자 우편** classics@boribook.com

ⓒ 보리, 2007 | 이 책의 내용을 쓰고자 할 때는, 보리 출판사의 허락을 받아야 합니다. | 잘못된 책은 바꾸어 드립니다. | 값 18,000원

ISBN 978-89-8428-434-0 04810
   978-89-8428-185-1 04810(세트)

이 책의 국립중앙도서관 출판시도서목록(CIP)은 e-CIP 홈페이지 (http://www.nl.go.kr/cip.php)에서 볼 수 있습니다. (CIP 제어 번호: CIP2007001070)